管理科学与
工程经典译丛

MIS CASES

管理信息系统案例

利用应用软件进行决策

（第**4**版）

利萨·米勒（M. Lisa Miller） 著

尹秋菊 译

中国人民大学出版社

· 北京 ·

图书在版编目（CIP）数据

管理信息系统案例：利用应用软件进行决策：第 4 版／（美）米勒著；尹秋菊译 . —北京：中国人民大学出版社，2013.9

（管理科学与工程经典译丛）

ISBN 978-7-300-18076-2

Ⅰ . ①管… Ⅱ . ①米… ②尹… Ⅲ . ①管理信息系统 Ⅳ . ①C931.6

中国版本图书馆 CIP 数据核字（2013）第 216500 号

管理科学与工程经典译丛

管理信息系统案例——利用应用软件进行决策（第 4 版）

利萨·米勒　著

尹秋菊　译

Guanli Xinxi Xitong Anli

出版发行	中国人民大学出版社			
社　址	北京中关村大街 31 号	**邮政编码**	100080	
电　话	010 - 62511242（总编室）	010 - 62511398（质管部）		
	010 - 82501766（邮购部）	010 - 62514148（门市部）		
	010 - 62515195（发行公司）	010 - 62515275（盗版举报）		
网　址	http：//www. crup. com. cn			
	http：//www. ttrnet. com（人大教研网）			
经　销	新华书店			
印　刷	北京东君印刷有限公司			
规　格	185 mm×260 mm　16 开本	**版　次**	2013 年 9 月第 1 版	
印　张	23.25 插页 1	**印　次**	2013 年 9 月第 1 次印刷	
字　数	544 000	**定　价**	49.00 元	

《管理科学与工程经典译丛》
出版说明

中国人民大学出版社长期致力于国外优秀图书的引进和出版工作。20世纪90年代中期，中国人民大学出版社开业界之先河，组织策划了两套精品丛书——《经济科学译丛》和《工商管理经典译丛》，在国内产生了极大的反响。其中，《工商管理经典译丛》是国内第一套与国际管理教育全面接轨的引进版丛书，体系齐整，版本经典，几乎涵盖了工商管理学科的所有专业领域，包括组织行为学、战略管理、营销管理、人力资源管理、财务管理等，深受广大读者的欢迎。

管理科学与工程是与工商管理并列的国家一级学科。与工商管理学科偏重应用社会学、经济学、心理学等人文科学解决管理中的问题不同，管理科学与工程更注重应用数学、运筹学、工程学、信息技术等自然科学的方法解决管理问题，具有很强的文理学科交叉的性质。随着社会对兼具文理科背景的复合型人才的需求不断增加，有越来越多的高校设立了管理科学与工程领域的专业，讲授相关课程。

与此同时，在教材建设方面，与工商管理教材相比，系统地针对管理科学与工程学科策划组织的丛书不多，优秀的引进版丛书更少。为满足国内高校日益增长的需求，我们组织策划了这套《管理科学与工程经典译丛》。在图书遴选过程中，我们发现，由于国外高等教育学科设置与我国存在一定的差异，不存在一个叫做"管理科学与工程"的单一的学科，具体教材往往按专业领域分布在不同的学科类别中，例如决策科学与数量方法、工业工程、信息技术、建筑管理等。为此，我们进行了深入的调研，大量收集国外相关学科领域的优秀教材信息，广泛征求国内专家的意见和建议，以期这套新推出的丛书能够真正满足国内读者的切实需要。

我们希望，在搭建起这样一个平台后，有更多的专家、教师、企业培训师不断向我们提出需求，或推荐好的教材。我们将一如既往地做好服务工作，为推动管理教学的发展做出贡献。

中国人民大学出版社

前　言

▓ 简　介_____

作为一本补充性教材，《管理信息系统案例——利用应用软件进行决策》（第4版）可用于任何商业课程，它鼓励学生利用应用软件来解决管理方面的问题。本案例教材尤其适用于管理信息系统导论、个人生产力、终端用户系统以及基础层次的管理信息系统等方面的课程。它为学生提供了不同的案例场景，关注各种软件包及其整合，强调解决管理问题，案例的难度也各不相同。正是由于本案例教材提供了各种不同难度的案例，因此教师也可以将本书作为一种考核或教学的工具。

《管理信息系统案例——利用应用软件进行决策》（第4版）中包括大量的案例，涵盖人力资源、生产、会计、财务以及营销等多方面的管理决策问题。这些案例向学生展现了管理决策中从最基本的一直到非常复杂的各种活动。书中案例丰富且具有多样性，教师可以从中选择最适合的部分用于自己的教学，也可以在不同学期使用不同的案例。

为准备每个案例的学习，学生需要使用电子表格、数据库或者网页开发软件。每个案例都鼓励学生利用他们自身的知识、创造性和软件技能，来解决现实中的管理问题。有14个案例需要学生利用各种层次的数据库开发技能，还有14个案例需要学生利用各种层次的工作表技能，其余的2个案例需要学生利用基本的网页开发技能。其中有几个是综合案例，需要学生应用几种软件包的知识来解决管理问题。特别是，有2个综合案例需要学生使用中高级的工作表和数据库技能。这些综合案例的难度评级为5星，可能需要更多的时间才能完成。

▓ 组　织_____

《管理信息系统案例——利用应用软件进行决策》（第4版）中的每个案例都使用了标准的格式。它们都有一个虚拟的公司和一些特征来表述其要求。每个案例都包括难度评级、技能检定、案例背景、案例描述、信息需求、实施关注、设计测试以及案例作业等部分。为了使数据库和综合案例部分更易进行准备，这些案例中还包括存储需求和输入需求部分。与之类似，工作表和网页开发方面的案例包含了设计规范部分。

每个案例都给定了一个难度评级。难度评级部分用来帮助教师判定该案例是否适合他的学生。案例开头的一颗或多颗星即表示其难度评级。仅有一颗星表示这是本教材中最简单的案例，而有五颗星则表示这些案例是比较难的。

技能检定部分为教师和学生提供了为完成案例所需的主要技能清单。教师可以利用这个技能检定清单来确定该案例是否适合他的学生，或判断该案例是否可用作测评或教学工具。学生可利用这个技能检定清单来判定，是否在了解该案例之前，还需要学习其他的内容。

案例背景部分为教师和学生提供了案例的一个快速概览。同时，这也使教师能够确定该案例是否适合他的学生。案例描述部分为应用和决策制定活动设定了场景，并简要识别出案例的若干信息需求。信息需求部分对案例的辅助信息需求进行了概述。实施关注部分提供了该应用设计和开发的最终评价。这部分也指出了可能引起学生关注的地方，并提供了关于学生可以使用哪些工具或技术来避免潜在问题的一些有帮助的提示。

在学生完成应用的开发后，设计测试部分要求学生对他的应用做修改。该部分鼓励学生开发一个能够适应管理者不断变化的需求的灵活应用。例如，该部分可能要求学生生成一个新的查询，向数据库增加新的记录，向工作表中插入新的列和公式，或者向网页中增加其他内容。

案例作业部分规定了应该向教师提交哪些内容。每个案例都要求学生准备他所提出解决方案的书面和口头报告。该部分也要求学生提供其方案可实际运行的电子版本以及案例所要求的信息结果的打印版。教师可以自行决定，要求学生提交其中的一个或全部作业。

第4版包括工作表、数据库和网页的教程和术语。教程引导学生一步一步地经历工作表、数据库和网页的创建过程。术语部分向学生提供了简短解释和截屏示图，用于描述每个案例中技能检定部分所提出的技能。

支持材料

本案例教材主要的支持材料包括学生数据文件、解决方案文件和教师手册。* 为使多数案例更易于准备，本书提供了学生数据文件。在创建了数据库或工作表后，学生可以使用数据文件来对其内容进行填充。对于本案例教材的选用者，还提供了多数案例的解决方案文件和教师手册。教师手册包括教学要点、有关案例的附加评论，以及多数案例的建议解决方案。

致　谢

正如在大多数的商业场景下一样，一个目标的完成是一个团队努力的结果。如果没有来自培生团队（Pearson Prentice Hall）、学生、同事和家庭的帮助与贡献，这本《管理信息系统案例——利用应用软件进行决策》（第4版）是不可能面世的。

培生出版公司的许多人都给予本书很大的帮助，其中 Robert Horan 和 Kelly Loftus 对

---

　* 读者可登录人大经管图书在线（www.rdjg.com.cn）下载相关支持材料。——译者注

本书做出了重要贡献。我要特别感谢 Robert Horan，他渊博的知识、具有启发性的电子邮件和鼓励，对第 4 版的奉献是显而易见的。Kelly 的专业修养、引导、支持，以及对细节无限的关注极大地提高了第 4 版的质量。

我的学生和同事提供了很多有价值的评论和建议。我很幸运，能够与中央俄克拉何马大学（University of Central Oklahoma）一群有天分的人一起工作。我要向 Saba Bahouth 博士、David Noel 博士、Hassan Pourbabaee 博士、Randall Ice 博士、Robert Terrell 博士、Bambi Hora 博士，以及 Katherene Terrell 博士致以特殊的感谢，他们为本书提供了反馈。特别向 Bambi Hora 博士和 Katherene Terrell 博士致以最真诚的谢意。从第 1 版一直到第 4 版，Hora 博士和 Terrell 博士一直都为我提供了额外的帮助。

在第 4 版的准备期间，来自家人的理解和支持是我前行的不竭动力。Mark，James，Joan，Tracy，Jacob，Danette，Baylee，Caedee 和 Jacob Hass 是我最大的灵感。另有一份特殊的感谢要献给我的先生 Mark，他在第 4 版的准备期间给我提供了许多帮助、见解、建议和评论。

目　录

第 I 篇　工作表案例 ··· (1)

案例 1　米利根庭院储藏套件公司 ································· (3)

案例 2　皮德蒙特拖车制造公司 ··································· (8)

案例 3　弗朗西斯科草坪护理公司 ································· (14)

案例 4　马克西杂货超市 ·· (19)

案例 5　克莱因技术研讨公司 ····································· (24)

案例 6　特雷尔夫妇资产管理公司 ································· (32)

案例 7　马克收藏品公司 ·· (37)

案例 8　梅根·戴维斯会展中心 ··································· (41)

案例 9　BJR 投资公司 ·· (46)

案例 10　麦迪逊百货公司 ··· (52)

案例 11　湖西大学 ··· (57)

案例 12　贝莉·伯德玩具公司 ····································· (62)

案例 13　埃德蒙·格兰特医药公司 ································· (68)

案例 14　莫利·麦肯齐游船码头 ··································· (74)

第 II 篇　数据库案例 ··· (83)

案例 15　可可宠物犬俱乐部 ······································ (85)

案例 16　苏珊调味酱公司 ··· (92)

案例 17　琼外婆饼干 ··· (99)

案例 18　"患难之交"慈善组织 ··································· (108)

案例 19　"再次喜爱的电影"网站 ································· (116)

案例 20　难忘的麋鹿房车公园 ···································· (123)

案例 21　泰龙街机游戏店 ··· (130)

案例 22　凯勒工业公司 ··· (137)

案例 23　ABC 公司的健康福利 ···································· (145)

案例 24　赖特兄弟机场班车服务公司 ······························ (152)

案例 25　娜塔莉旅行社 ··· (160)

案例 26　健康植物苗圃 ··· (168)

案例 27　富兰克林大学：学生奖学金管理 ························· (174)

案例 28　莱蒂服饰租赁店 ··· (184)

第Ⅲ篇　网页开发 ··· (191)

案例 29　山景城牙科诊所 ··· (193)
案例 30　家庭宠物医疗和护理诊所 ··· (196)

第Ⅳ篇　教程 ·· (199)

工作表教程 ··· (201)
数据库教程 ··· (232)
网页教程 ·· (270)

第Ⅴ篇　术语 ·· (297)

工作表术语 ··· (299)
数据库术语 ··· (328)
网页术语 ·· (359)

译后记 ··· (361)

第 I 篇

工作表案例

- 米利根庭院储藏套件公司
- 皮德蒙特拖车制造公司
- 弗朗西斯科草坪护理公司
- 马克西杂货超市
- 克莱因技术研讨公司
- 特雷尔夫妇资产管理公司
- 马克收藏品公司
- 梅根·戴维斯会展中心
- BJR 投资公司
- 麦迪逊百货公司
- 湖西大学
- 贝莉·伯德玩具公司
- 埃德蒙·格兰特医药公司
- 莫利·麦肯齐游船码头

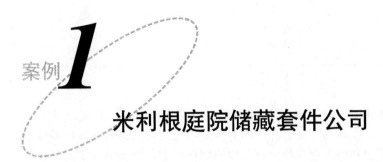

米利根庭院储藏套件公司

工作表案例　　　　　　　　　　　　　　　　　　　　　　　难度评级：★

技能检定
你应该复习如下知识点：

工作表技能

√ **AVERAGE 函数**	√ **NOW 函数**
√ **单元格格式**	√ **排序**
√ **图表**	√ **SUM 函数**
√ **MAX 函数**	√ **工作表格式**
√ **MIN 函数**	

▓ 案例背景_____

　　米利根庭院储藏套件公司（Milligan's Backyard Storage Kits）是一家邮购公司，它向客户销售各种庭院储藏单元工具包和美化装饰用品。虽然目前公司能够盈利，但是公司老板大卫·米利根（David Milligan）认为可以通过更好的库存管理来提高公司的运作效率。米利根请你帮他准备一份库存分析工作表。要求该库存分析工作表提供有关产品年销售额、销售成本、总利润、加价率、存货周转率和库存天数等的信息。为米利根准备该工作表需要你在表格中插入列、运用多种函数，并使用适当的工作表和单元格格式。

案例描述

　　10 年前, 大卫·米利根的庭院缺乏储藏空间。在商店仔细寻找庭院储藏工具包后, 米利根发现现有的产品均不能符合他的需求, 因此他自己为庭院设计了储藏单元。这时, 米利根意识到很多业主都会有类似的储藏需求, 因此他开始通过邮购的方式销售庭院储藏单元套件。他认为, 只要给予适当的指导, 提供按规格裁切的木料以及必要的硬件, 任何人都可以进行储藏单元的装配。这一想法非常受欢迎, 米利根公司现在存有并销售 35 种不同的产品, 其中包括储藏库、露台和美化装饰包等。

　　米利根并没有使用正式的连续的库存跟踪系统, 而是自己和员工定期查看库存中备有哪些套件。虽然他尽量使每种套件都保持一定的库存水平, 但由于缺乏正式的库存系统, 因此导致一些产品积压而另一些产品存货不足。实际上只有在客户提出要购买某个套件时, 米利根才会意识到该套件已经脱销了。如果一个套件没有存货, 米利根必须告诉客户该套件现在缺货, 并只能期望该客户能够等到套件有货时再来购买。

　　最近米利根开始考虑构建自己的库存管理办法, 期望能够更好地管理库存。作为切入点, 首先他想要检查产品的成本、销售、加价率、总利润、库存水平、库存周转率以及库存天数等信息。他请你帮助他检查库存并提出改进意见。他为你提供了图 1 中所示的数据, 并请你帮他准备一份库存分析工作表。

米利根庭院储藏公司					
库存数据					
产品编号	产品描述	单位成本	单位价格	平均在库量	平均年销售量
A00100	8′×6′铝制小屋	$148.14	$199.99	48	475
A00110	10′×8′铝制小屋	$185.17	$249.99	50	400
A00120	12′×20′铝制小屋	$1 393.56	$1 950.99	32	65
A00130	6′×4′铝制小屋	$346.36	$519.59	50	241
A00140	8′×4′铝制小屋	$424.58	$620.75	50	215
A00150	10′×14′铝制小屋	$650.99	$1 200.00	20	250
A00210	8′×10′铝谷仓	$840.47	$1 050.59	75	202
A00310	12′×8′双门铝制小屋	$1 043.57	$1 304.47	80	302
A00320	16′×10′双门铝制小屋	$1 141.84	$1 507.24	12	50
A00410	8′×10′木制仓库	$541.33	$804.49	50	700
A00420	8′×12′木制仓库	$751.87	$999.99	48	140
A00430	10′×16′木制仓库	$808.26	$1 074.99	10	67
A00510	8′×10′餐桌	$269.28	$399.99	26	299
A00520	3′×7′餐桌	$270.42	$299.99	77	850
A00530	8′儿童餐桌	$210.59	$350.99	44	157
A00610	10′八角杉木露台	$2 499.99	$2 999.99	71	144
A00620	12′八角杉木露台	$2 963.99	$3 430.99	15	39

A00710	4′×6′杉木棚	$ 333.33	$ 500.00	80	200
A00720	8′×10′杉木棚	$ 1 135.32	$ 1 702.99	72	75
A00730	6′×10′杉木花园小屋	$ 1 135.00	$ 1 350.00	80	175
A00740	8′×10′杉木小屋	$ 1 148.56	$ 1 607.99	75	136
A00750	6′×6′杉木花园小屋	$ 879.99	$ 950.78	114	325
A00810	6′×20′廊桥	$ 1 250.00	$ 1 400.99	42	75
A00820	8′×40′廊桥	$ 2 509.72	$ 4 700.00	2	2
A00910	货车播种机	$ 11.42	$ 15.99	237	702
A00920	箱式播种机	$ 21.02	$ 27.99	230	845
A00930	4′风车	$ 30.66	$ 45.99	275	201
A00940	6′风车	$ 43.99	$ 65.99	300	278
A00950	6′许愿井	$ 53.32	$ 79.99	300	780
A00960	12′许愿井	$ 130.66	$ 195.99	25	147
A01100	木制花架	$ 202.30	$ 252.87	10	25
A01110	铜制花架	$ 379.29	$ 505.72	14	35
A01120	波士顿折叠花架	$ 145.92	$ 207.56	12	42
A01130	微型折叠花架	$ 48.00	$ 54.87	20	100
A01140	米利根高级花架	$ 764.81	$ 899.78	1	7

图1　库存数据

□ 设计规范

米利根期望你能确定平均库存成本、年销售收入、产品销售成本、年总利润、毛利率、加价率、库存周转率以及每种产品的库存天数等指标。为了测定这些值，你需要在库存分析工作表中增加列。米利根需要你利用图2中的公式建立库存分析工作表。

由于米利根希望在演示过程中使用库存分析工作表，因此他希望该工作表看起来足够专业。为了改进工作表的外观，你应该为该表格创建适当的标题、格式以及行列标签。表格的标题应当显示公司的名称、该表格的名称以及当前日期。在创建表格时，你可以将所有包含美元值的列设置为货币格式。同时可以将所有包含百分数的列设置为百分比格式，并且保留两位小数。

库存分析工作表公式	
年总利润	年销售收入－年产品销售成本
年销售收入	单位价格×年平均单位销售量
平均库存成本	单位成本×平均单位在库量
产品销售成本	单位成本×年平均单位销售量
毛利率	年总利润/每单位年销售收入
基于成本的加价率	（单位价格－单位成本）/单位成本
库存周转率	产品销售成本/平均库存成本
库存天数	365/库存周转率

图2　库存分析工作表公式

信息需求

对于平均库存成本、年销售收入、产品销售成本、年总利润、毛利率、加价率等指标，米利根需要获得这些指标的平均值、最小值以及最大值。此外，米利根需要获得单位成本、单位价格、库存周转率、库存天数这些指标的最小值以及最大值。最后，米利根希望了解平均库存的总成本、年总利润、产品销售总成本以及年销售收入总额等指标。

米利根还需要回答下列问题。利用你新设计的库存分析工作表，帮助米利根解决他的问题：

1. 米利根希望所有产品的加价率都至少为 30%，哪些产品的加价率低于 30%？
2. 在年销售收入方面，哪个产品的年销售收入最低？
3. 在年销售收入方面，米利根上一年销售收入最高的产品是哪些？列举前 5 个。
4. 该公司的年销售收入总额是多少？
5. 该公司的年总利润是多少？
6. 哪 5 个产品的平均单位销售量最高？哪 5 个产品的平均单位销售量最低？
7. 米利根希望利用柱状图比较销售额前 5 名的产品。根据年销售收入指标，为米利根绘制柱状图。
8. 哪些产品的库存周转率大于 12？
9. 哪些产品的库存天数大于 150 天？

实施关注

虽然你可以自由地选择工作表的设计样式，但是各工作表应该有一个统一、专业的外观。在设计工作表时，你应该遵守基本单元格和工作表的格式原则。例如，美元值应当显示美元符号并且保留两位小数。

设计测试

在创建了库存分析工作表后，你应该对自己的设计进行测试，并完成以下操作。请记住你可能需要插入额外的行和列，以便为米利根展示信息。

1. 为库存分析工作表添加如图 3 所示的 6 个产品。
2. 对不同库存产品来说，米利根希望了解每种产品占年总销售收入的百分比。
3. 对不同库存产品来说，它们的单位利润各是多少？哪个产品的单位利润最大？哪个产品的单位利润最小？
4. 绘制柱状图来比较花架产品的库存天数。
5. 根据库存周转率指标，哪 5 个产品的在库时间最长？
6. 米利根希望使库存减少 20 万美元，你建议将哪些产品从库存中移除？为什么？

产品编号	产品描述	单位成本	单位价格	平均在库量	平均年销售量
A01020	$10' \times 20'$铝制车库	$999.99	$1 789.95	27	45
A01030	$12' \times 24'$铝制车库	$1 199.99	$1 888.72	25	50
A01040	$14' \times 20'$铝制车库	$1 307.84	$2 500.99	15	27
A02010	$8' \times 12'$木制屋顶	$1 326.42	$1 550.42	4	10
A02020	$12' \times 20'$木制屋顶	$2 787.96	$4 100.00	10	12
A00160	$6' \times 6'$铝制小屋	$370.11	$458.93	75	150

图3 新增的产品数据

案例作业

为了令人满意地完成这个案例，你需要按照案例描述中的内容创建工作表，并准备书面和口头的报告。除非另有规定，否则要向你的教授提交以下内容：

1. 一份书面的报告，列出你对该案例所做的全部假设，以及该案例的关键因素。另外，你是否增加了哪些内容以使得工作表具有更多的功能？用户友好性如何？（请注意，这些假设不能与上述提出的任何需求有冲突，并且必须获得教授的认可。）

2. 每张工作表的打印版。

3. 每个工作表公式的打印版。

4. 能够符合案例描述和需求部分所提到的条件的工作表电子版。

5. 上述问题的结果。（还应该包括对这些结果的说明。）

6. 如前所述，你应该准备一份口头报告。（你的指导教师将确认你报告的时间。）你可以使用报告软件并说明你所设计的工作表的主要特性。同时，还要说明这项工作能够为米利根带来什么样的帮助。工作表中还应该包括哪些信息以使它的功能更强大？

案例 2

皮德蒙特拖车制造公司

工作表案例   难度评级：★

技能检定
你应该复习如下知识点：

工作表技能

✓ 单元格格式	✓ **IRR** 函数
✓ 单元格引用	✓ 单元格保护
✓ 图表	✓ 区域名称
✓ 合并工作表	✓ **SUM** 函数
✓ 公式	✓ 工作表格式

■ 案例背景

　　皮德蒙特拖车制造公司（Piedmont Trailer Manufacturing Company）是一家全国知名的拖车制造商，主要生产一系列标准规格的和客户定制的拖车。虽然皮德蒙特拖车制造公司在其大部分的业务中都应用了最先进的信息系统，但是它的客户订单追踪流程仍然主要是手工完成的，需要进行全面改进。为了改进客户订单追踪流程，该公司正在进行系统的分析和设计项目。作为系统开发团队的一员，你的一项职责就是准备一份经济可行性分析报告，并向管理者演示。

　　这个项目的项目经理杰拉尔丁・帕布洛（Geraldine Pablo），请你创建一份经济可行性工作簿。该工作簿用于总结和分析与拟建的客户订单追踪项目相关的利润和成本。准备这份经济可行性工作簿需要你设计五个工作表，运用一些公式和函数，使用基本的单元格和工作表格式，并且能够将多个工作表中的数据合并到汇总表中。

案例描述

　　质量上乘的拖车和优质的客户服务，是皮德蒙特拖车制造公司能够成为全国最大的标准拖车和客户定制拖车制造商的主要原因。虽然该公司的大部分收入来自标准拖车的销售，但是客户定制的订单数量也在日益增多。当客户提交定制订单后，该需求就被记录成各种形式的文档，并传送到生产部门。一个客户定制订单被提交到生产部门通常需要三个月。这是由于要给予客户足够的重视，并仔细地指导他们选择合适的成品、固定装置、拖车大小以及其他设施。管理人员认为该客户订单追踪流程不仅低效、耗时，而且成本高昂。为了改进客户订单追踪流程，你的项目团队被分配了开发客户订单追踪系统的任务。

　　在项目规划阶段，你的项目团队明确了一些有形的收益和成本。新的客户订单追踪系统能够通过削减库存、雇员以及订单返工的开销来帮助公司省钱。此外，拟建系统应当能够增加销售量、提高订单处理速度、提供更好的数据管理并精简活动。表 1 总结了这些收益以及它们各自能够节省的开销。

表 1　　　　　　　　　　　年经常性收益

收益	估计值
储藏节约费用	$30 000
雇员减少（2 人）费用	$45 000
减少订单返工费用	$14 000
增加销售额	$100 000
更快的订单处理	$40 000
更好的数据管理	$125 000
精简活动	$80 000

　　拟建的客户订单追踪系统将会导致一次性成本以及经常性成本的产生。根据你所学过的商业课程，你了解到一次性成本往往出现在项目的启动和推进过程中，而经常性成本则贯穿新系统的整个生命周期。项目的一次性成本通常包括开发产生的人员费用、培训费用、与项目相关的技术购买费用、场地准备费用以及一些杂务费用。表 2 中列举了一次性成本的条目以及它们的估计值。经常性成本通常包括软件维护、硬件、耗材、新的信息技术岗位以及场地租赁费用。表 3 对这些经常性成本进行了总结。

表 2　　　　　　　　　　　一次性成本

一次性成本	估计值
开发人员费用	$142 000
培训费用	$45 000
与项目相关的技术购买费用	$65 000
场地准备费用	$105 250

续前表

一次性成本	估计值
杂务费用	
会议相关费用	$7 500
耗材	$2 704
复制费用	$3 249

表3　　　　　　　　　　　年经常性成本

成本	估计值
软件维护	$55 000
硬件	$30 000
耗材	$35 000
信息技术岗位（3人）	$160 000
场地租赁	$38 000

□ 设计规范

　　由于目前处于项目开发的初期，你希望设计的工作簿尽可能灵活，以便在确定一些额外的成本或收益后，能够简便地将其增加到该经济可行性工作簿中。你认为该经济可行性工作簿应包括至少五个工作表，分别是：文档、一次性成本、经常性成本、有形收益以及经济可行性汇总表。其中，文档工作表应当提供有关创建者、每个单独的工作表描述以及创建日期等信息。（你的教授将向你提供有关文档工作表的附加说明。）

　　你决定先创建一次性成本工作表、经常性成本工作表和有形收益工作表，因为这些表格设计简单。这些表格每个都包含两列，第一列指出条目类别，第二列给出该条目的相关估计值。每个工作表都需要对估计值进行汇总，这些汇总的数据将会应用到经济可行性汇总工作表中。

　　如图1所示，经济可行性汇总工作表有着较为复杂的设计。由于经济可行性汇总工作表是一个总结性工作表，因此需要将一次性成本工作表、经常性成本工作表和有形收益工作表中的数据进行合并，这就要求你引用这些工作表中特定的单元格。

　　作为设计经济可行性汇总工作表的一部分，你必须将经常性收益和成本折算成现值。有多种确定收益现值的方法，你决定用经常性收益（或成本）乘以现值系数来计算该数值。由于每年都需要不同的现值系数，因此工作表必须对每年的现值系数进行计算。你决定用如下公式确定每年的现值系数。（在下面的公式中，i 表示贴现率，n 表示年数，图1中所示的表假设该项目的周期是5年。）为了确定某一年收益或成本的现值，你需要将该年的经常性收益或经常性成本与该年的现值系数相乘。所有收益或成本的净现值是一个将历年（直到本年度）收益（或成本）相加的总和。总体净现值是所有收益净现值与所有成本净现值的差值。现金流部分反映了一个年度中现金的流动情况，也是总体现金流的汇总。

$$PVF = 1/(1+i)^n$$

皮德蒙特拖车制造公司 客户订单追踪项目 (当前日期)							
贴现率	0.14						总计
年份	0	1	2	3	4	5	
收益							
经常性收益值	$0.00	$434 000.00	$434 000.00	$434 000.00	$434 000.00	$434 000.00	
现值系数	1.000 000	0.877 193	0.769 468	0.674 972	0.592 080	0.519 369	
收益现值	$0.00	$380 701.75	$333 948.91	$292 937.64	$256 962.84	$225 406.00	
总收益净现值	$0.00	$380 701.75	$714 650.66	$1 007 558.30	$1 264 551.14	$1 489 957.14	$1 489 957.14
成本							
一次性成本	($370 703.00)						
经常性成本		($318 000.00)	($318 000.00)	($318 000.00)	($318 000.00)	($318 000.00)	
现值系数		0.877 193	0.769 468	0.674 972	0.592 080	0.519 369	
经常性成本现值		($278 947.37)	($244 690.67)	($214 640.94)	($188 281.53)	($165 159.24)	
总成本净现值	($370 703.00)	($649 650.37)	($894 341.04)	($1 108 981.98)	($1 297 263.51)	($1 462 422.75)	($1 462 422.75)
总净现值							$27 534.39
现金流分析							
年净现值现金流	($370 703.00)	$101 754.39	$89 258.23	$78 296.70	$68 681.31)	$60 246.77	
总净现值现金流	($370 703.00)	($268 948.61)	($179 690.38)	($101 393.68)	($32 712.37)	$27 534.39	

资料来源：Adapted from Modern Systems Analysis and Design, fifth edition, Jeffrey A. Hoffer, Joey F. George, and Joseph S. Valacich.

图 1　经济可行性汇总工作表

　　虽然帕布洛是这个经济可行性汇总工作表的主要使用者，但是一些其他的项目成员也会访问该表。因此，你决定除所有的输入单元格以外，为其他的单元格设置保护。（你可能需要使用系统在线帮助功能来复习工作表的保护设置。）

□ 信息需求

　　帕布洛希望分别从乐观、中立、悲观的角度来生成数据，因此她要求能够迅速调整贴现率。为了满足这一需求，你在经济可行性汇总工作表中增加了一个单元格来设置贴现率。如图 1 所示，表示贴现率的单元格被放置在整个工作表的顶部。几个公式的计算中都要用到这个贴现率，因此在公式计算时引用这个单元格能够为经济可行性分析带来便利。

　　经济可行性汇总工作表总结了所有的成本和收益，表明了成本和收益的现值，计算出了总体净现值，并展示了项目每年的现金流和总体现金流。虽然没有在图 1 中出现，但是帕布洛要求确定该项目的盈亏平衡点和内部收益率。帕布洛将在对管理者所做的演示中使用盈亏平衡点这一数据来帮助证明该项目的可行性，并向管理者展示该项目能够在多久后收回投资。由于内部收益率同样能够说明一个项目的可行性，因此帕布洛也将利用内部收益率这一数据向管理者证明该项目具有投资价值。

帕布洛还需要回答以下问题，请利用你新设计的经济可行性工作簿，帮助帕布洛解决她的问题。

1. 贴现率分别是 8％，10％，12％，14％，16％时，对项目的可行性有什么影响？

2. 将贴现率调整到 14％，绘制盈亏平衡分析图来比较总收益净现值和总成本净现值。

3. 如果管理者规定内部收益率必须与贴现率相等或大于贴现率，该项目是否仍然合理？

4. 假设贴现率为 14％，减少一个成本为 32 500 美元的工作岗位，对可行性评估会产生什么影响？

5. 假设表 3 中提到的雇员岗位被取消，场地准备费用增加到 120 000 美元，贴现率为 14％，这些改变对项目的可行性有什么影响？

6. 假设管理者有足够的资金投资两个开发项目，在你计算上述项目的内部收益率后，将其内部收益率与以下拟建开发项目的内部收益率进行比较。根据内部收益率这一指标，你认为管理者是否会投资客户订单追踪系统开发项目？

拟建项目	内部收益率（IRR）
配送系统	15.7％
人力资源系统	27.8％
库存追踪系统	18.9％
预测系统	23.7％

□ 实施关注

为了设计案例描述中所提到的经济可行性工作簿，你将创建一个包含五个工作表的工作簿。你应当分别创建文档工作表、一次性成本工作表、经常性成本工作表、有形收益工作表及经济可行性汇总工作表等表格。由于经济可行性汇总工作表合并了其他三张表中的数据，因此你应该最后创建该表。虽然你可以自由地选择工作簿的设计样式，但是各工作表应该有一个统一、专业的外观。在设计工作表时，你应该遵守基本单元格和工作表的格式原则。例如，美元值应当显示美元符号并且保留两位小数。

□ 设计测试

在创建了如案例描述中所述的经济可行性工作簿后，你应该对自己的设计进行测试。请完成下列操作：

1．如果项目的周期由 5 年变为 3 年，你对该项目的可行性有什么建议？如果变成 6 年呢？（利用原始数据值并假设贴现率为 14％。）

2．指出至少三个可由该项目衍生出的额外收益。估计它们的值并把它们纳入你的分析中。这些新的收益对你的经济可行性估计有什么影响？

3．指出至少一个额外的一次性成本和三个经常性成本。估计它们的值并把它们纳入你的分析中。这些新的成本对你的经济可行性估计有什么影响？该项目是否仍然合理？为什么？

案例作业

为了令人满意地完成这个案例，你需要按照案例描述中的内容创建工作簿，并准备书面和口头的报告。除非另有规定，否则要向你的教授提交以下内容：

1．一份书面的报告，列出你对该案例所做的全部假设，以及该案例的关键因素。另外，你是否增加了哪些内容以使得工作表具有更多的功能？用户友好性如何？（请注意，这些假设不能与上述提出的任何需求有冲突，并且必须获得教授的认可。）

2．每张工作表的打印版。

3．每个工作表公式的打印版。

4．能够符合案例描述和需求部分所提到的条件的工作簿电子版。

5．上述问题的结果。（还应该包括对这些结果的说明。）

6．如前所述，你应该准备一份口头报告。（你的指导教师将确认你报告的时间。）你可以使用报告软件并说明你所设计的工作簿的主要特性。同时，还要说明这个工作簿能够为帕布洛带来什么样的帮助？工作簿中还应该包括哪些信息以使它的功能更强大？

案例 **3**

弗朗西斯科草坪护理公司

工作表案例   难度评级：★

技能检定
你应该复习如下知识点：

工作表技能

√ 单元格格式	√ PMT 函数
√ 单元格引用	√ 排序
√ 图表	√ SUM 函数
√ COUNTA 函数	√ SUMIF 函数
√ COUNTIF 函数	√ VLOOKUP 函数
√ 公式	√ 工作表格式

■ 案例背景_____

    费尔南多·弗朗西斯科（Fernando Francisco）拥有并经营着一个小型的草坪护理公司，名为弗朗西斯科草坪护理公司（Francisco's Lawn Care）。目前，公司的存储记录已经达到了峰值，弗朗西斯科需要一个更好的系统来记录他的客户信息、服务日期、支付情况以及公司收益。在考虑了多种改进存储记录系统的方法后，弗朗西斯科决定使用微软 Excel。草坪护理工作簿包括多张工作表，分别为：客户工作表、支付工作表以及分期偿还工作表。设计这个工作簿要求你创建并为多张工作表设置格式，编写多个计算公式，运用多种函数并绘制图表。

案例描述

　　由于弗朗西斯科的客户日益增多，他不希望仅凭自己的记忆来记录报价、服务日期、支付情况以及公司收益等信息。他选择使用微软 Excel 来记录这些信息。假定你对微软 Excel 非常熟悉，你同意帮助弗朗西斯科创建草坪护理工作簿。

　　目前，弗朗西斯科利用他的笔记本记录草坪护理客户的基本信息。在他的笔记本中记录了客户姓名、标准费用、每周额外费用、每周总费用、服务天数、草坪尺寸以及服务开始日期等。当一个客户请求一个估价时，弗朗西斯科会提供一个以图 1 中所示的标准费用为基础计算出的原始报价。标准费用是按草坪尺寸收取的服务最低费用。在给出最终报价前，弗朗西斯科会实地考察客户的草坪，并可能根据考察结果调整原始报价。在弗朗西斯科实地考察客户的草坪后，会确定是否需要收取每周额外费用。这些额外费用包括额外的杂草处理、施肥、清洗花坛等费用。对每个客户来说，每周总费用包括了标准费用以及每周额外费用。

弗朗西斯科草坪护理公司 标准定价指南	
草坪尺寸	标准费用
小型	$ 25.00
中型	$ 35.00
大型	$ 50.00
商业型	$ 75.00

图 1　价格指南

　　在弗朗西斯科实地考察客户的草坪后，会给客户一个每周总费用的最终报价。如果客户同意最终报价，弗朗西斯科就会安排每周草坪维护日程。弗朗西斯科希望创建一个报价表来汇总每周的费用。当他结束实地考察返回办公室后，将准备一份报价单并将其邮寄给客户。

　　在一次谈话中，弗朗西斯科提到他需要购买新的草坪护理设备，他将使用信用贷款方式购买该设备。在购买草坪护理设备之前，他需要评估不同的支付方案。作为工作簿设计的一部分，他请你为他建立一个分期偿还工作表。

设计规范

　　草坪护理工作簿将存储目前记录在笔记本中的客户、服务以及支付信息。在草坪护理工作簿中，需要创建一个名为客户的工作表。该客户工作表用于存储客户信息。客户工作表需要包含一些用于存放客户的姓氏、名字、标准费用、每周额外费用、每周总费用、服务天数、草坪尺寸、服务开始日期以及备注的列。弗朗西斯科将使用备注列记录一些有关客户服务的备注信息，例如为什么需要收取额外的费用。当查看客户工作表时，弗朗西斯科希望看到当前客户总数、每天的预计总收益、每周的预计总收益以及每月的预计总收益。由于标准费用与草坪尺寸相关，弗朗西斯科建议你在客户表中重新创建标准定价，然后运用 VLOOKUP 函数来检索不同草坪尺寸的标准定价。（如果你对 VLOOKUP 函数不熟悉，可利用系统在线帮助功能了解。）客户应该按照姓氏的字母顺序进行排序。

弗朗西斯科请你为他创建一份支付工作表。该表能够帮助弗朗西斯科记录客户的支付情况。支付表应当包括支付日期、客户姓名、每周总费用、一次性费用、本周总费用、支付金额、余额以及备注列。

有时，客户会询问弗朗西斯科他能否帮助清除树枝或修剪树篱。由于这类一次性费用并没有反映在每周总费用中，因此弗朗西斯科希望在支付工作表中增加一次性费用列。有时客户并没有支付正确的金额，因此弗朗西斯科希望表中增加一列用来记录客户的支付余额。备注列便于弗朗西斯科输入任何用于日后交易参考的备注信息。而对于每周总费用这一列，弗朗西斯科建议你从客户工作表中查阅相关值。

弗朗西斯科请你为他编制一份报价表。在完成实地考察后，弗朗西斯科将利用该报价表计算客户的总费用。报价表需要展示标准费用、每周额外费用以及每周总费用等信息。弗朗西斯科同样希望报价表中包含公司名称、当前日期以及服务开始日期等信息。

弗朗西斯科将以信贷方式购买新的草坪护理设备。为了帮助他管理他的还款，他请你创建一份分期偿还工作表。该表中显示每月所偿还的金额中有多少用于支付利息，有多少用于偿还本金，以及剩下的贷款余额。弗朗西斯科将每月额外支付不同的金额，因此他希望表中能够显示这一需求。

☐ 信息需求

除了上述指定的信息需求，弗朗西斯科还需要得到以下问题的答案：

1. 获得一份基于服务天数的客户名单。请为他提供该名单。

2. 比较不同工作日的公司预计收益。绘制图表比较不同工作日的预计收益（自行选择图形）。

3. 比较不同草坪尺寸的每周收益。绘制图表比较不同草坪尺寸的每周收益（自行选择图形）。

4. 如果一个当地的设备商店张贴广告说，假如购买款项能够在自购买日算起的一年之内结清，那么支付金额将免除利息。弗朗西斯科希望获得这种优惠，那么他每月需要支付的金额为多少？（假设他花费 12 000 美元购买新设备，给出每月需支付金额。）

5. 如果利率为 5％，贷款期为两年，弗朗西斯科每月应当支付多少钱？

☐ 实施关注

虽然你可以自由地选择工作簿的设计样式，但是各工作表应该有一个统一、专业的外观。在设计工作表时，你应该遵守基本单元格和工作表的格式原则。例如，包含美元值的单元格应当使用货币格式并且保留两位小数。你的工作表应该有适当的名称以及相应的行列标题。

为了根据如上规则创建草坪护理工作簿，你将设计一系列工作表，编写一些公式，可能会用到 IF，COUNTIF，COUNTA，SUM，SUMIF，VLOOKUP 等函数，并需要绘制图表。如果你对上述技能不熟悉，可以使用在线帮助功能来了解这些技能。

□ 设计测试

在创建了工作簿后，你应该对自己的设计进行测试。请完成下列操作：

1. 如果草坪护理公司今年仅运营了 5 个月，那么预计的收益是多少？（假设没有增加新客户。）

2. 弗朗西斯科获得了 5 个新客户，将如下 5 个新客户增加到你的草坪护理工作簿中（在你觉得必要时做出假设）。

姓氏	名字	每周额外费用	日程安排	草坪尺寸	开始日期
你的姓氏	你的名字	$10.00	周二	小型	5/6/2008
马尔科姆（Malcom）	洛雷塔（Loretta）	$15.00	周二	大型	5/6/2008
奥罗斯可（Orosco）	阿迈伦（Amilso）		周二	商业型	5/6/2008
波普拉（PoPoola）	拉杰什（Rajesh）		周三	中型	5/7/2008
瑞舍尔（Rishel）	拉维（Rari）	$25.00	周三	中型	5/7/2008

3. 弗朗西斯科明年可能会对服务进行提价。使用现有的客户数据分析，提高价格将会对明年的收益产生什么影响？

最新草坪护理价格	
商业型	$90.00
大型	$60.00
中型	$45.00
小型	$35.00

■ 案例作业

为了令人满意地完成这个案例，你需要按照案例描述中的内容创建工作簿，并准备书面和口头的报告。除非另有规定，否则要向你的教授提交以下内容：

1. 一份书面的报告，列出你对该案例所做的全部假设，以及该案例的关键因素。另外，你是否增加了哪些内容以使得工作表具有更多的功能？用户友好性如何？（请注意，这些假设不能与上述提出的任何需求有冲突，并且必须获得教授的认可。）

2. 每张工作表和图的打印版。

3. 每个工作表公式的打印版。

4. 能够符合案例描述和需求部分所提到的条件的工作簿电子版。

5. 上述问题的结果。（还应该包括对这些结果的说明。）

6. 如前所述，你应该准备一份口头报告。（你的指导教师将确认你报告的时间。）你可以使用报告软件并说明你所设计的工作簿的主要特性。同时，还要说明这个工作簿能够为弗朗西斯科带来什么样的帮助。工作簿中还应该包括哪些信息以使它的功能更强大？

案例 **4**

马克西杂货超市

技能检定
你应该复习如下知识点：

工作表技能

√ 绝对单元格引用	√ 分页
√ 单元格格式	√ 单元格保护
√ 图表	√ 相对单元格引用
√ 公式	√ SUM 函数
√ IF 函数	√ 工作表格式

■ 案例背景

　　自 50 年前开业以来，马克西杂货超市（Maxi's Grocery Mart）不断发展壮大。这个家族企业经历了许多风风雨雨，目前依然保持着业务的稳步增长。勒罗伊·费龙蒂（Leroy Feronti）是该公司目前的拥有者，他希望通过整修杂货超市来扩大家族业务。虽然费龙蒂目前有一些个人资金，但是他仍需要从当地银行贷款。在同当地银行进行洽谈之前，他希望准备并审查一些财务报表。如果费龙蒂决定执行整修，他将利用这些财务报表作为贷款申请的一部分。费龙蒂希望首先编制一份利润表，他请你帮他准备。编制利润表要求你设计一个带有输入部分和信息部分的工作表、为该工作表设置正确的格式、编写简单的公式、执行模拟分析，并最终生成图表。

案例描述

　　马克西杂货超市是一个家族企业，自 20 世纪 50 年代开始营业。费龙蒂对自己的工作非常积极热情，他聘用了一名商店经理、一名经理助理，以及 17 名员工。商店经理和经理助理支付年薪，其他员工支付小时工资。每个员工每周工作 40 小时，每年工作 50 周。

　　费龙蒂刚刚从他父母手中继承该企业，他认为如果要让企业保持成功，就需要对杂货超市进行整修。翻新现有建筑将耗资约 450 000 美元，费龙蒂必须从当地银行取得 300 000 美元的贷款，然后用杂货超市的收益来偿还贷款。费龙蒂请你帮他编制一系列财务报表。他将利用这些报表分析他的业务。如果他决定执行整修项目，他将利用这些财务报表作为贷款申请的一部分。

　　费龙蒂建议你使用如图 1 所示的利润表数据，并将杂货超市 2008 年的销售数据作为基数。你将利用 2008 年的销售数据来估计企业之后三年的销售额、产品销售成本、营运费用、税金以及净收入等数据。当你编制利润表时，需要一些假设和额外的信息。图 2 提供了这些假设和额外的信息。

马克西杂货超市 利润表				
	2008 年	**2009 年**	**2010 年**	**2011 年**
销售额				
熟食	假设为每年销售总额的 5%			
奶制品	假设为每年销售总额的 19%			
罐头食品	假设为每年销售总额的 10%			
冷冻食品	假设为每年销售总额的 22%			
肉类	假设为每年销售总额的 21%			
农产品	假设为每年销售总额的 12.5%			
干货	假设为每年销售总额的 9%			
视频销售（video sale）	假设为每年销售总额的 1.5%			
销售总额	假设 2008 年的销售总额为 3 750 000.00 美元			
产品销售成本				
熟食	假设为每年熟食销售额的 50%			
奶制品	假设为每年奶制品销售额的 50%			
罐头食品	假设为每年罐头食品销售额的 75%			
冷冻食品	假设为每年冷冻食品销售额的 65%			
肉类	假设为每年肉类销售额的 50%			
农产品	假设为每年农产品销售额的 65%			
干货	假设为每年干货销售额的 66%			

视频销售	假设为每年视频销售额的 30%			
产品销售总成本				
毛利润				
营运费用				
营销	假设为每年销售总额的 5.5%			
一般费用及行政费用	假设为每年销售总额的 8.75%			
折旧费用	假设每年 20 000 美元			
薪酬	包括雇员工资、商店经理和经理助理的薪资			
共同成本	费龙蒂的工资			
总营运费用				
税前收入				
税金				
净收入				

图 1 马克西杂货超市利润表

马克西杂货超市 假设及额外信息	
增长及税率	**薪酬**
2009 年增长 6.25%	费龙蒂：毛利润的 12%
2010 年增长 7.75%	商店经理：57 000 美元
2011 年增长 8.25%	经理助理：42 000 美元
税率：35%	员工小时工资：13.00 美元

图 2 假设及额外信息

设计规范

由于费龙蒂将使用利润表作为贷款申请的一部分，他要求设计的工作表具有统一、专业和布局良好的外观。费龙蒂明确要求工作表应具有合适的标题，并且单元格和工作表均使用恰当的格式。

以图 1 和图 2 作为指导，你认为工作表应当包含输入和信息两部分。图 1 为创建信息部分提供了大纲和指导，图 2 为输入部分提供了必要的数据。通过分别创建这两部分，费龙蒂不仅易于查看利润表中的输入数据，而且能够在必要时更改参数，从而便于他的决策活动。

信息部分包含了利润表，这个部分为费龙蒂提供了销售额、产品销售成本、营运费用以及 2009—2011 年净收入的估计值。这一部分以杂货超市 2008 年的销售数据作为预测的基础。你要确保在适当的情况下，信息部分的公式可以引用输入部分单元格的值。

研究过图 1 后，你发现费龙蒂希望将产品销售额、产品销售成本以及营运费用表示为总销售收入的百分比。为了便于费龙蒂的分析，你将总销售收入值与其他一些假设放在了输入部分。通过这样做，信息部分可以引用实际的总销售额数值。当研究过图2后，你注意到费龙蒂的薪酬是毛利润的12%。由于费龙蒂只有在杂货超市盈利的情况下才能获取薪酬，因此你必须将该逻辑设置到利润表中。你可以使用IF函数实现该功能。为了防止信息部分公式的意外修改，你需要为信息部分的单元格设置保护。

费龙蒂希望用单独的页面打印输入和信息部分。对于每个部分的打印输出，他希望结果显示在单独的页面上。打印时应当选取纵向打印，水平居中或垂直居中。

信息需求

费龙蒂需要信息来支持他做出与马克西杂货超市整修相关的决策。利用新创建的利润表，为费龙蒂提供他需要的信息。（在回答下列问题前，将你的工作表设置为初始值。）

1. 如果杂货超市2009年的销售额增长9%、2010年增长9.5%、2011年增长10%，对该超市的净收入分别有什么影响？

2. 如果杂货超市2009年的销售额增长4%、2010年增长5%、2011年增长5.5%，对费龙蒂的净收入分别有什么影响？

3. 费龙蒂希望用一张图来比较2008年不同产品的销售额。他请你选择一种合适的图示类型并绘制该图。

4. 如果费龙蒂将他的薪酬降低到毛利润的8%，将员工的时薪提高到15美元，对杂货超市的净收入有什么影响？

5. 假设费龙蒂现在有19个小时工而不是17个，这两个额外的员工对企业的净收入有什么影响？

实施关注

对该案例中工作表的准备要求你具备基本的工作表构建概念。由于费龙蒂将在他的决策活动中更改输入的数据值，因此你需要为输入值设置一个独立的输入部分。请记住信息部分的公式将会引用输入单元格中的数据。你应当使用绝对和相对的单元格引用，而不是使用固定数值。

设计测试

在创建了利润表后，你应该对自己的设计进行测试。请完成下列操作：

1. 假设2008年的销售额为250万美元而不是375万美元，会产生什么影响？各项产品销售额、费用或净收入是否会发生显著改变？（除了指定值之外，其他值使用原始数据。）如果将2008年的销售额改为700万美元呢？

2. 调整利润表中以下产品的销售额百分比：熟食占销售总额的4%，奶制品占销售总额的18%，罐头食品占销售总额的18%，冷冻食品占销售总额的20%，肉类占销售总额的17%。

3. 更改以下工资标准：费龙蒂的薪酬为毛利润的16%，商店经理的薪酬为60 000美元，经理助理的薪酬为48 000美元。这些改变对杂货超市的净收入有什么影响？

4. 将销售额百分比和工资标准重置为原始值，然后做出以下更改。假设杂货超市的隔壁开了一家折扣连锁店，费龙蒂认为这可能会减少他的销售额。他认为2009 年的增长减少了 12％，2010 年的增长减少了 10％，2011 年的增长减少了5％。在这种情况下，你是否仍然建议整修杂货超市，为什么？

案例作业

为了令人满意地完成这个案例，你需要按照案例描述中的内容创建工作簿，并准备书面和口头的报告。除非另有规定，否则要向你的教授提交以下内容：

1. 一份书面的报告，列出你对该案例所做的全部假设，以及该案例的关键因素。另外，你是否增加了哪些内容以使得工作表具有更多的功能？用户友好性如何？（请注意，这些假设不能与上述提出的任何需求有冲突，并且必须获得教授的认可。）

2. 每张工作表和图的打印版。

3. 每个工作表公式的打印版。

4. 能够符合案例描述和需求部分所提到的条件的工作簿电子版。

5. 上述问题的结果。（还应该包括对这些结果的说明。）

6. 如前所述，你应该准备一份口头报告。（你的指导教师将确认你报告的时间。）你可以使用报告软件并说明你所设计的工作簿的主要特性。同时，还要说明这个工作簿能够为费龙蒂带来什么样的帮助？工作簿中还应该包括哪些信息以使它的功能更强大？

案例 **5**

克莱因技术研讨公司

技能检定

你应该复习如下知识点：

工作表技能

√ **AVERAGE** 函数	√ **MODE** 函数
√ 单元格格式	√ 透视图
√ 图表	√ 透视表
√ **COUNTIF** 函数	√ **SUM** 函数
√ **MEDIAN** 函数	√ 工作表格式

▉ 案例背景_____

    克莱因技术研讨公司（Klein Technology Seminars）为本地企业提供信息技术研讨课程，并不断致力于向企业客户提供优质及时的帮助。作为其质量优先战略的一部分，研讨小组的学生被要求完成客户满意度调查。然后由该公司的创始人克莱因（Klein）博士查看这些调查。克莱因将根据调查结果调整公司的课程。

    为了便于进行客户满意度调查分析，克莱因请你创建一个调查结果工作簿。准备该工作簿需要你设计一些工作表，运用一些公式和函数，使用基本的单元格和工作表格式，然后准备数据透视表和数据透视图报表。

案例描述

　　克莱因博士是克莱因技术研讨公司的创始人和总裁。作为一个前大学副校长，克莱因接触到了许多企业的管理人员。企业的管理人员经常强调让员工在其所处领域保持先进的重要性。克莱因将这个信息铭记在心，多年前当他从学校退休后，成立了克莱因技术研讨公司。

　　自营运以来，克莱因技术研讨公司保持了业务的稳步增长，并且以向客户提供优质的指导而享有很高的声誉。该公司久负盛名的部分原因是它拥有 10 名高素质的全职教授。这些教授指导多门课程，范围从生产力课程到认证课程等。这些课程均为期一周，每天从上午 8 点到下午 5 点，并仅限 24 名学生。该公司在其校区、客户公司或其他地点开设课程。

　　当一个研讨小组的学生完成他的课程后，他需要完成一份满意度调查。该调查有助于克莱因评价课程和教授质量。图 1 展示了调查的样本。

克莱因技术研讨公司
满意度调查

1. 你之前是否参加过克莱因技术研讨公司的技术研讨课程？
　　A. 否
　　B. 是

2. 你之前是否参加过其他公司的技术研讨课程？
　　A. 否
　　B. 是

3. 总的来说，我对课程满意。
　　非常同意　同意　中立　不同意　非常不同意

4. 我将参加克莱因技术研讨公司的其他课程。
　　非常同意　同意　中立　不同意　非常不同意

5. 课程中的信息对我的工作有用。
　　非常同意　同意　中立　不同意　非常不同意

6. 教授在其学科领域知识渊博。
　　非常同意　同意　中立　不同意　非常不同意

7. 研讨的内容非常适时。
　　非常同意　同意　中立　不同意　非常不同意

8. 教授所讲授内容符合预定的课程目标。
　　非常同意　同意　中立　不同意　非常不同意

图 1　客户满意度调查

　　到现在为止，克莱因仅看过调查问卷，并没有时间进行调查数据分析。克莱因意识到该调查中包含了大量信息，他希望利用工作表应用程序来分析数据。克莱因为你分配了创建一个调查结果工作簿的任务，要求该表能够让他输入并记录满意度调查结果。

　　调查数据收集上来后，克莱因或他的秘书将对每个被调查者的答案进行编码。对于每个问题，可能出现的答案都被指定了唯一的数字。例如，如果被调查者对问题1选择了答案"否"，那么克莱因将在工作表的单元格中记录"1"。如果被调查者对问题1选择了答案"是"，那么克莱因将在工作表的单元格中记录"2"。图2展示了问卷答案的编码。

如果答案是	编码
否	1
是	2
非常同意	5
同意	4
中立	3
不同意	2
非常不同意	1

图2　客户满意度调查编码

□ 设计规范

　　克莱因交给你一份名为克莱因调查表的不完整工作簿。克莱因调查表目前包含了回复工作表中的抽样调查数据。克莱因要求你在设计调查结果工作簿时使用回复工作表中的数据。图3和图4展示了目前调查数据在回复工作表中的布局。列A～E说明了课程的基本信息。由于这些信息容易获得，因此不需要从被调查者处收集。相反，在克莱因将被调查者的答案输入工作表中时，他将同时输入一般课程信息。图5解释了列A～E中的编码。

	A	B	C	D	E
1	Course No.	Location	Instructor ID	Class Size	Seminar Start Date
2	RTS1	2	2	10	10/6/2008
3	RTS1	2	2	10	10/6/2008
4	RTS1	2	2	10	10/6/2008
5	RTS1	2	2	10	10/6/2008
6	RTS3	3	5	12	10/6/2008
7	RTS3	3	5	12	10/6/2008
8	RTS3	3	5	12	10/6/2008

图3　调查结果样本数据列A～E

　　列F～M展示了从调查表中获取的数据。在这些列中显示的数据已被编码，意味着调查的答复已使用图2中显示的代码进行了编码。例如，如果一个学生在调查表中勾选了"否"作为问题1的答案，那么在列F中将显示"1"。同样，如果一个学生在调查表中勾选了"是"作为问题1的答案，那么在列F中将显示"2"。（编码有助于进行便利的数据分析。）

	F	G	H	I	J	K	L	M
1	Question 1	Question 2	Question 3	Question 4	Question 5	Question 6	Question 7	Question 8
2	1	2	4	3	4	4	4	4
3	2	2	5	4	4	5	4	5
4	1	2	1	2	5	1	2	5
5	2	1	1	2	4	4	4	4
6	2	2	4	4	2	5	4	5
7	2	1	4	2	1	5	5	2
8	2	1	5	5	5	4	5	2

图 4   调查结果样本数据列 F～M

列	编码	解释
A	使用实际课程编号	包含课程编号
B	1＝客户公司 2＝克莱因技术研讨公司 3＝其他地点	表明开设课程的地点。课程可以在客户公司、克莱因技术研讨公司或其他地点开设
C	使用教授的标识码	包含教授标识码
D	使用班级招收的学生数	表明班级招收的学生数（不是所有学生都提交了调查问卷）
E	使用课程的开始日期	表明课程的开始日期

图 5   一般课程信息编码

回复工作表将调查答复数据保存两周的时间。克莱因希望你在克莱因调查工作簿中增加一个汇总工作表，然后将该工作簿保存为调查结果工作簿。使用汇总工作表的目的是总结包含在回复工作表中的调查回复数据。对于每个工作表，你应当拟一个适当的标题。克莱因希望标题能够反映工作表中的内容，以及工作表涵盖的日期范围。克莱因同样希望为每个列拟定描述性名称。

回收调查问卷后，克莱因或他的助手将进行编码，然后将单独的调查结果输入回复工作表中。在向回复工作表输入调查数据时，克莱因希望为每份调查结果分配一个答复编号。这个请求需要在表中插入一个新列。该列应放置在工作表的最左边，并包含一个唯一编号来标记每行的调查结果。因此，假设你有 20 份调查问卷，你应该分别对这些调查结果从 1 到 20 进行编号。

如前所述，汇总工作表的目的是总结包含在回复工作表中的数据。对每个问题来说，汇总工作表应该为每种可能的答复提供一个计数。这个计数反映了对一个问题而言，某个特定的答复出现的次数。例如，汇总工作表应当能够展示在回复工作表的位置列中输入了多少个 "1"，输入了多少个 "2"，输入了多少个 "3"。对于问题 3 到问题 8 来说，克莱因希望能够在汇总工作表中看到它们答复代码的平均数、众数以及中位数。汇总工作表还应当展示每班学生人数的平均数、众数以及中位数。

克莱因希望在可能的情况下，汇总工作表以图形格式显示。具体来说，他请你绘制一些图表，例如用柱状图比较每门课程的客户满意度评价，用柱状图比较不同教授的满意度评价，用条形图展示认为课程非常有用的被调查者人数等。

信息需求

克莱因将根据不同的细节分析调查数据。如上所述，他希望将调查结果输入回复工作表，然后在汇总工作表中查看汇总结果。他还希望根据多个条件查看数据（如课程教授的满意度评价）。你建议克莱因使用数据透视表和透视图等优秀工具进行这种类型的分析。克莱因将利用这些工具查看不同课程教授的整体满意度评价，以及不同教授课程达到预定教学目标的满意度评价。

除了上述的信息需求，克莱因还需要你回答以下问题：

1. 对每个课程来说，每班平均人数是多少？

2. 百分之多少的被调查者之前参加过研讨课程？使用饼图展示结果。

3. 有多少参加过其他公司研讨课程的被调查者，表示非常同意他们将会参加克莱因技术研讨公司的其他课程？

4. 有多少学生非常同意他们的教授在其学科领域知识渊博？为每门课程单独显示结果信息。

5. 学生怎样评价他们的教授在满足课程目标这一方面的能力？为每个教授计算每种答复的统计数。如果可能的话，克莱因希望这些信息以图表形式汇总（自行选择图表类型）。

6. 在问题 6 中，对哪个教授，学生回答非常同意的比例最高？

实施关注

虽然你可以自由地选择工作簿的设计样式，但是各工作表应该有一个统一、专业的外观。在设计工作表时，你应该遵守基本单元格和工作表的格式原则。

该案例要求你在工作表中插入列、合并信息到汇总表中、运用公式和函数，并使用数据透视图和透视表工具。虽然最终取决于你如何设计汇总工作表，但是在公式中可使用 COUNTIF 函数来确定答复统计数。

设计测试

在创建了调查结果工作簿后，你应该对自己的设计进行测试。请完成下列操作：

1. 从克莱因调查工作簿中的设计测试数据工作表中复制调查结果，将这些结果粘贴到 2008 年 10 月 13 日记录的下方。

2. 图 6、图 7 和图 8 展示了三份调查的结果。将每份调查的结果输入回复工作表中。（你需要对答复数据进行编码。）对图 6 中显示的调查结果来说，该课程从 10 月 13 日那一周开始上课，课程编码是 RTS4，位置编码是 3，教授标识码是 2，该课程有 15 名学生。对图 7 中显示的调查结果来说，该课程从 10 月 20 日那一周开始上课，课程编码是 RTS4，位置编码是 2，教授标识码是 3，该课程有 23 名学生。对图 8 中显示的调查结果来说，该课程从 10 月 27 日那一周开始上课，课程编码是 RTS2，位置编码是 1，教授标识码是 4，该课程有 10 名学生。

3. 根据课程人数为每个教授统计满意度评价。使用数据透视表展示该信息。

4. 在问题 8 中，对哪个教授，学生回答非常同意的比例最高？

5. 对那些参加过其他公司的研讨课程的学生来说，他们怎样评价克莱因技术研讨公司？与那些没有参加过其他公司的研讨课程的学生对克莱因技术研讨公司的评价相比，有什么不同？使用数据透视表展示该信息。此外，利用图表展示上述信息（自行选择图表类型）。

6. 按班级来看，有多少学生非常同意课程为他们的工作提供了有用信息？使用条形图展示结果。

克莱因技术研讨公司
满意度调查

1. 你之前是否参加过克莱因技术研讨公司的技术研讨课程？
　Ⓐ. 否
　B. 是

2. 你之前是否参加过其他公司的技术研讨课程？
　A. 否
　Ⓑ. 是

3. 总的来说，我对课程满意。
　非常同意　同意　中立　不同意　非常不同意

4. 我将参加克莱因技术研讨公司的其他课程。
　非常同意　同意　中立　不同意　非常不同意

5. 课程中的信息对我的工作有用。
　非常同意　同意　中立　不同意　非常不同意

6. 教授在其学科领域知识渊博。
　非常同意　同意　中立　不同意　非常不同意

7. 研讨的内容非常适时。
　非常同意　同意　中立　不同意　非常不同意

8. 教授所讲授内容符合预定的课程目标。
　非常同意　同意　中立　不同意　非常不同意

图6　第一份调查结果

克莱因技术研讨公司
满意度调查

1. 你之前是否参加过克莱因技术研讨公司的技术研讨课程？
　A. 否
　Ⓑ. 是

2. 你之前是否参加过其他公司的技术研讨课程？
　A. 否
　Ⓑ. 是

3. 总的来说，我对课程满意。
　非常同意　同意　中立　不同意　非常不同意

4. 我将参加克莱因技术研讨公司的其他课程。

　　非常同意　同意　中立　不同意　(非常不同意)

5. 课程中的信息对我的工作有用。

　　非常同意　同意　中立　(不同意)　非常不同意

6. 教授在其学科领域知识渊博。

　　非常同意　同意　中立　(不同意)　非常不同意

7. 研讨的内容非常适时。

　　非常同意　同意　中立　(不同意)　非常不同意

8. 教授所讲授内容符合预定的课程目标。

　　非常同意　同意　中立　不同意　(非常不同意)

图7　第二份调查结果

克莱因技术研讨公司

满意度调查

1. 你之前是否参加过克莱因技术研讨公司的技术研讨课程？

　　(A. 否)

　　B. 是

2. 你之前是否参加过其他公司的技术研讨课程？

　　(A. 否)

　　B. 是

3. 总的来说，我对课程满意。

　　非常同意　(同意)　中立　不同意　非常不同意

4. 我将参加克莱因技术研讨公司的其他课程。

　　(非常同意)　同意　中立　不同意　非常不同意

5. 课程中的信息对我的工作有用。

　　非常同意　(同意)　中立　不同意　非常不同意

6. 教授在其学科领域知识渊博。

　　非常同意　(同意)　中立　不同意　非常不同意

7. 研讨的内容非常适时。

　　非常同意　(同意)　中立　不同意　非常不同意

8. 教授所讲授内容符合预定的课程目标。

　　(非常同意)　同意　中立　不同意　非常不同意

图8　第三份调查结果

案例作业

　　为了令人满意地完成这个案例，你需要按照案例描述中的内容创建工作簿，并准备书面和口头的报告。除非另有规定，否则要向你的教授提交以下内容：

1. 一份书面的报告，列出你对该案例所做的全部假设，以及该案例的关键因素。另外，你是否增加了哪些内容以使得工作表具有更多的功能？用户友好性如何？（请注意，这些假设不能与上述提出的任何需求有冲突，并且必须获得教授的认可。）

2. 每张工作表和图的打印版。

3. 每个工作表公式的打印版。

4. 能够符合案例描述和需求部分中所提到的条件的工作簿电子版。

5. 上述问题的结果。（还应该包括对这些结果的说明。）

6. 如前所述，你应该准备一份口头报告。（你的指导教师将确认你报告的时间。）你可以使用报告软件并说明你所设计的工作簿的主要特性。同时，还要说明这个工作簿能够为克莱因博士带来什么样的帮助。工作簿中还应该包括哪些信息以使它的功能更强大？

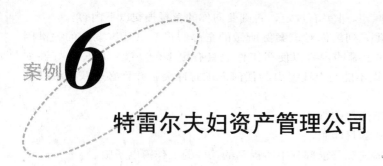

案例**6**

特雷尔夫妇资产管理公司

技能检定
你应该复习如下知识点：

工作表技能

√ **AVERAGE** 函数	√ **MIN** 函数
√ 单元格格式	√ **SUM** 函数
√ 图表	√ 模板
√ 外部单元格引用	√ 工作表格式
√ **MAX** 函数	

▓ 案例背景

  雷纳·特雷尔（Reyna Terrell）和鲁珀特·特雷尔（Rupert Terrell）夫妇拥有一家小型的资产管理公司，包括 4 套复式公寓、3 套出租房及 3 栋写字楼。作为资产管理业务的一部分，特雷尔夫妇跟踪记录每项资产的收入和花费，以及整个公司的总收入和总花费。虽然现在的文档管理系统能满足基本需求，但是他们需要一个更加灵活的物业管理系统，以便他们监控并分析不同细节层次的业务现金流。

  特雷尔夫妇请你准备一个标准的现金流工作表模板，以汇总每项出租资产的收入和花费。并且准备一张汇总工作表，用来根据所有出租资产的收入和支出，计算整个公司的收入和支出。为了更好地组织现金流工作表，你可能会用到多个工作表。设计现金流工作表要求你使用正确的单元格和工作表格式，运用多个函数，引用外部工作簿，并使用多个工作簿。

案例描述

　　去年特雷尔夫妇开始寻找赚取额外退休收入的方法。在寻找、购买并装修了一些位于火山湖地区的房产后，他们开始向公众出租房产。目前他们拥有 4 套复式公寓、3 套出租房及 3 栋写字楼。虽然出租房产能够为他们带来可观的收入，但是房屋的维护费用非常可观，这是由于所有的房屋都需要家电、房产税、保险、广告、日常维护、材料、电话费、公共设施、劳务以及杂务等花费。

　　复式公寓、出租房及写字楼内都配备了基本家电，如洗碗机、洗衣机、烘干机和冰箱等。当一个家电无法再维修时，特雷尔夫妇就将进行更换，并向租户收取更换费用。特雷尔夫妇还必须为每套房产支付房产税和保险费。房产税通常是每年12 月支付一次，保险费则通常是每年 6 月和 12 月支付两次。日常维护费用包括草坪修剪、一般的环境美化、更换空气过滤器、打扫空的出租房以及垃圾处理等费用。当一出租房需要维修或日常维护时，特雷尔夫妇就将劳务费用和消耗的材料成本记录下来。材料包括了用于维修或打扫一个房屋所需要的任何事物。为了吸引潜在租户，特雷尔夫妇为所有房屋包括写字楼支付了电话费。当有房屋闲置时，特雷尔夫妇就在当地的报纸上刊登广告，直到该房屋租出去，才撤下该广告。

　　特雷尔夫妇使用简单的文档系统来记录每个出租房的收入和支出。虽然这个文档系统向他们提供了必要的收入和支出数据，但是分析这些收入和支出却非常麻烦。他们意识到使用工作表应用程序会使他们的资产管理变得更加简单、有效和准确。特雷尔夫妇请你将他们的收入和支出数据放置到电子工作簿中，以便他们更好地管理出租资产。

设计规范

　　特雷尔夫妇请你为每个出租房创建一个现金流工作表，并且创建一个汇总现金流工作表。由于特雷尔夫妇希望每张现金流工作表都有相似的外观，并且打算将这些现金流工作表用于未来的资产购买，因此你认为有必要设计一个标准的现金流工作表模板。当你创建了标准现金流模板后，特雷尔夫妇就可以利用这个模板为每个出租房输入收入和支出数据。图 1 展示了一个部分现金流工作表草图。（图 1 中显示了 6 个月的现金流量，你的现金流工作表应该完整展示 12 个月的现金流量。）

　　如图 1 所示，现金流工作表记录了每个出租房的月收入和支出。虽然没有在图 1 中显示，但是特雷尔夫妇需要了解每个月的总支出、每个月的现金流、整体现金流、本年度截至现在每项支出的总额，以及本年度截至现在每项收入的总额。每月现金流是每月收入与每月支出总额的差值，整体现金流是截止到当前月每月现金流的总和。本年度截至现在每项支出的总额表示迄今为止今年支出的总和。本年度截至现在每项收入的总额表示迄今为止今年收入的总和。

特雷尔夫妇资产管理公司 现金流工作表 （当前日期）						
	1/1/2008	**2/1/2008**	**3/1/2008**	**4/1/2008**	**5/1/2008**	**6/1/2008**
租金						
支出						
广告						
家电						
电话费						
保险费						
劳务						
材料						
杂务						
物业						
日常维护						
公共设施						

图 1　现金流工作表

特雷尔夫妇希望单个的现金流工作表能够依据资产类型分类。由于他们主要有三种类型的出租资产，因此你创建了复式公寓、出租房及写字楼工作簿。在创建了现金流工作表和工作簿后，你准备了一张汇总工作表，并将该表放在其所属的汇总工作簿中。汇总工作表统计了其他工作簿中的收入和支出数据。汇总工作表应当显示出租房的名称以及该出租房截至现在的年收入，以及截至现在每项支出的年总额等条目。汇总工作表还需要显示每种资产类型（写字楼、复式公寓、出租房）的总支出和整体现金流。由于汇总工作表必须引用包含在其他工作簿中的数据，因此你决定在汇总工作表中使用外部单元格引用，以便从其他工作簿中检索必要数据。（这时，你可能需要查看系统的在线帮助功能来复习外部单元格引用。）特雷尔夫妇还希望汇总工作表与单独的现金流工作表相类似。

□ 信息需求

特雷尔夫妇将使用现金流工作表对他们的出租房实施更好的管理。每张单个的现金流工作表都提供了某个出租单位的每月收入和支出、本年度截至现在收入的总额、本年度截至现在每项支出的总额、每月现金流、整体现金流等具体信息。除了这些信息，特雷尔夫妇还需要计算每张单个的现金流工作表和汇总工作表中每项支出的平均值、最小值和最大值。特雷尔夫妇请你利用汇总工作表中的数据绘制两张图。第一张图用于比较每个出租单位的收入，第二张图用于比较每个出租单位的整体支出（自行选择图表类型）。

除了如上所述的信息需求，特雷尔夫妇还需要能够回答以下问题。利用新创建的工作表，帮助特雷尔夫妇解决这些问题：

1. 上一年所有出租单位的租金收入是多少？
2. 上一年每项支出的平均值是多少？
3. 根据汇总工作表中的数据，最大的开支出现在什么地方？

4. 不同资产类型的总收入是多少？

5. 不同资产类型的总支出是多少？

6. 不同资产类型的营运利润是多少？

7. 特雷尔夫妇是否应该提高某种类型资产的租金，为什么？

实施关注

虽然你可以自由地选择工作簿的设计样式，但是各工作表应该有一个统一、专业的外观。在设计工作表时，你应该遵守基本单元格和工作表的格式原则。例如，美元值应当使用美元符号并且保留两位小数。由于这些工作表有着相似的条目，并包含相似的数据，因此你应该尽力保持这些工作表外观的一致性。

特雷尔夫妇将利用单个的现金流工作表来保存他们出租单位的收入和支出数据。汇总工作表统计了单个现金流工作表中的数据。由于汇总工作表引用了外部数据，因此你需要使用外部工作簿引用。虽然你可以在汇总工作表的单元格中手动输入一个外部工作簿引用，但是使用点击方法将更加简便，并且不容易出错。（使用系统的在线帮助功能获取更多有关外部工作簿引用的信息。）

设计测试

在创建了写字楼、复式公寓、出租房和汇总工作表后，你应该对自己的设计进行测试。请完成下列操作：

1. 根据以下资产信息绘制一张新的现金流工作表，并修改现有的汇总工作表。

特雷尔夫妇购买了一套三层复式公寓，并且目前已经将其中一层公寓出租出去（第 2 层公寓正在装修）。这套公寓位于知更鸟街 1412 号，每层租金为每月 1 950 美元。已出租的公寓的租期为 11 月和 12 月，10 月份的劳务花费为 2 500 美元，材料费用为 705 美元，广告费用为 25 美元，公共设施费用为 98 美元，家电花费为 1 050.72 美元，日常维护费为 50 美元。11 月份的电话费为 84.48 美元，公共设施费用为 98 美元，日常维护费为 50 美元。12 月份的电话费为 84.48 美元，公共设施费用为 98 美元，日常维护为 50 美元。房产税和保险费在 12 月份支付。房产税为 1 050 美元，保险费为 600 美元。

2. 特雷尔夫妇希望用一张图来比较每个出租单位的截至现在的年收入（自行选择图表类型）。

3. 出租资产的总现金流是多少？

案例作业

为了令人满意地完成这个案例，你需要按照案例描述中的内容创建工作簿，并准备书面和口头的报告。除非另有规定，否则要向你的教授提交以下内容：

1. 一份书面的报告，列出你对该案例所做的全部假设，以及该案例的关键因素。另外，你是否增加了哪些内容以使得工作表具有更多的功能？用户友好性如何？（请注意，这些假设不能与上述提出的任何需求有冲突，并且必须获得教授的认可。）

2．每张工作表和图的打印版。

3．每个工作表公式的打印版。

4．能够符合案例描述和需求部分所提到的条件的工作簿电子版。

5．上述问题的结果。（还应该包括对这些结果的说明。）

6．如前所述，你应该准备一份口头报告。（你的指导教师将确认你报告的时间。）你可以使用报告软件并说明你所设计的工作簿的主要特性。同时，还要说明这个工作簿能够为特雷尔夫妇带来什么样的帮助。工作簿中还应该包括哪些信息以使它的功能更强大？

案例 **7**

马克收藏品公司

工作表案例 难度评级：★★★

■ 案例背景

　　马克收藏品公司（Mark's Collectibles）是一家新成立的经销商，主要在线销售流行的树点婴儿（Tree Point Babies）动物毛绒玩具。马克·艾伦（Mark Allan）作为该小型在线公司的拥有者，需要定期从他的虚拟主机中下载他的网站流量统计数据。由于下载的数据未使用有效的格式，艾伦聘请你编制一份网站统计分析工作表。该表为艾伦提供有关网站访问者的信息，包括访问页面的数量、操作系统的类型、使用的浏览器、访问持续时间以及使用的流量等。绘制该工作表需要你使用正确的工作表格式并设计网站统计分析工作表，确定每个访问者的访问持续时间、最受欢迎的操作系统和浏览器、最受欢迎的网站链接以及流量使用情况。

案例描述

很多年前，一种树点婴儿牌的小动物毛绒玩具在收藏者中变得非常流行，对树点婴儿的需求与日俱增。每个月树点婴儿都发行一些新的毛绒玩具。一些类似马克·艾伦的收藏者则会购买许多这样的毛绒玩具，希望可以在日后的转售中获利。

马克收藏品公司是一个新成立的在线销售树点婴儿毛绒动物的小型经销商。为了尽力扩大市场，艾伦建立了一个小型网站，网站中展示了一些他拥有的树点婴儿玩具的高质量图片。艾伦为虚拟主机服务支付一点象征性的费用来维护自己的网站。作为其服务的一部分，虚拟主机为艾伦提供一份含有他网站流量统计的文档。图 1 展示了该文档的一些样本数据（流量以千字节为单位显示）。目前艾伦从虚拟主机服务处每月购买 10GB 的流量。如果使用超量，需支付额外的费用。

IP 地址	操作系统	浏览器	网站链接	是否收藏	进入	退出	流量	访问页面数
999.010.210.133	Windows	IE	HotBot	是	39731.47638	39731.49344	400	4
999.250.150.140	Linux	Firefox	Yahoo	否	39724.47352	39724.48189	1	3
999.111.233.190	Windows	Netscape	Lycos	是	39724.58203	39724.60697	250	2
999.140.152.160	Windows	IE	AltaVista	否	39726.4299	39726.44541	750	15
999.180.007.222	Macintosh	IE	Dogpile	否	39726.61228	39726.62361	255	4

图 1　网站统计文档的样本数据

设计规范

如前所述，艾伦会定期下载一份含有网站流量统计数据的文档。如图 1 所示，该文档并没有使用有效的格式，为了能够向艾伦提供更有用的信息，该文档中的数据必须格式化。

艾伦提供给你一些含有他网站流量数据的近期文档，请你将这些数据导入工作表中。为了提高数据的外观，艾伦请你适当地格式化这些数据。例如，你可以使用时间格式来更简便地显示访问者进入和退出网站的日期和时间。他还请你为工作表拟定一个名称。他特别要求将表示数据时间序列的日期范围和工作表标题放置在工作表的顶端。

艾伦希望每行的数据都被分配一个访问者编号。设置访问者编号是为了帮助他迅速确定他的网站已经接收的访问者数量，而不是为了唯一标识每个访问者。每条记录中需要包含访问者编号，这就要求在工作表中增加一列。艾伦希望将访问者编号这一列放置在工作表的最左侧。

对于每次访问，艾伦希望了解本次访问的持续时间。由于你学习过如何导入数据，你发现表中包含了每次访问的进入和退出时间，因此你决定增加一个名为访问持续时间的列，然后利用退出和进入时间的差值来确定持续时间。

信息需求

对于访问持续时间、流量和访问页面数等列，艾伦希望工作表能够显示它们的中位数和均值。他还希望工作表能够显示流量和访问页面数的众数。其中中位数表示访问持续时间、流量和访问页面数等列的中间值。众数表示最常使用的流量和最多的页面访问数等是多少。均值表示访问持续时间、流量和访问页面数等列的平均数。此外，艾伦还希望工作表能够显示访问持续时间、流量和访问页面数的最大值和最小值。艾伦需要回答以下问题，利用你新创建的网站统计分析工作表，帮助艾伦解决它们：

1. 每天平均的使用流量是多少？

2. 在 2 月份、10 月份、11 月份和 12 月份，各有多少页面被访问？假设艾伦希望使用一张图表来比较每个月的页面访问数，使用什么类型的图表最合适？绘制该图。

3. 每个访问者的平均停留时间为多少？网站最长和最短的访问时间分别是多少？

4. 艾伦希望使用一张图来比较链接到他网站所使用的链接，以及网站链接被使用的次数。该图应当按月份显示网站链接数据。

5. 将该网站收藏的访问者占所有访问者的百分之多少？按月份比较将该网站收藏的访问者占所有访问者的百分比。

6. 艾伦希望了解不同的操作系统、网站链接和浏览器在该网站停留的平均时间。艾伦要求以透视表的形式展示该信息。根据显示结果，你会得出什么结论？

实施关注

虽然你可以自由地选择工作簿的设计样式，但是各工作表应该有一个统一、专业的外观。在设计工作表时，你应该遵守基本单元格和工作表的格式原则。你的指导教师会为你提供根据案例描述中所述的含有网站统计数据的文档或者为你说明如何获取必要的网站统计数据。

设计测试

在创建了网站统计分析工作表后，你应该对你的设计进行测试。请完成下列操作：

1. 在你的工作表中添加如下所示的 2009 年 1 月的数据。

IP 地址	操作系统	浏览器	网站链接	是否收藏	进入	退出	流量	访问页面数
999.010.210.133	Windows	IE	Google	是	39814.48	39814.5	420	4
999.244.150.140	Windows	Firefox	Yahoo	否	39815.59	39815.63	100	3
999.107.233.190	Windows	Firefox	Lycos	是	39816.92139	39817.02	250	2
999.144.152.163	Windows	Firefox	AltaVista	否	39814.05	39814.12	950	15
999.182.007.219	Macintosh	IE	HotBot	否	39818.48	39818.5	450	7

2. 哪种操作系统最受欢迎？绘制一张图来比较不同操作系统所占的百分比。在图中按月份显示不同操作系统所占的百分比。

3. 哪种浏览器最受欢迎？绘制一张图来比较不同浏览器所占的百分比。在图中按月份显示不同浏览器的使用总计数。

4. 每月使用的流量是多少？绘制一张图来比较不同月份的流量使用情况。艾伦是否应该考虑增加或减少流量？

5. 艾伦希望了解不同操作系统、网站链接和浏览器的平均流量。艾伦要求以透视表的形式展示该信息。根据显示结果，你会得出什么结论？

6. 艾伦为他的网站执行日常维护，包括备份和更新。完成维护过程通常需要30分钟至1小时。艾伦如何利用网站的访问数据确定最佳时间来维护网站，从而将用户访问打扰降到最低？最佳时间是什么时候？

案例作业

为了令人满意地完成这个案例，你需要按照案例描述中的内容创建工作簿，并准备书面和口头的报告。除非另有规定，否则要向你的教授提交以下内容：

1. 一份书面的报告，列出你对该案例所做的全部假设，以及该案例的关键因素。另外，你是否增加了哪些内容以使得工作表具有更多的功能？用户友好性如何？（请注意，这些假设不能与上述提出的任何需求有冲突，并且必须获得教授的认可。）

2. 每张工作表的打印版。

3. 每个工作表公式的打印版。

4. 能够符合案例描述和需求部分所提到的条件的工作簿电子版。

5. 上述问题的结果。（还应该包括对这些结果的说明。）

6. 如前所述，你应该准备一份口头报告。（你的指导教师将确认你报告的时间。）你可以使用报告软件并说明你所设计的工作簿的主要特性。同时，还要说明这个工作簿能够为艾伦带来什么样的帮助。工作簿中还应该包括哪些信息以使它的功能更强大？

梅根·戴维斯会展中心

工作表案例   难度评级：★★★

技能检定
你应该复习如下知识点：

工作表技能

√ **AVERAGE 函数**	√ **微软 Query**
√ 单元格格式	√ 嵌套功能
√ 图表	√ 透视表
√ 日期计算	√ 分类汇总
√ 过滤	√ **VLOOKUP 函数**
√ 从 Access 获取外部数据	√ 工作表格式
√ IF 函数	

■ 案例背景

　　梅根·戴维斯会展中心（Megan Davis Convention Center）位于一个大都市的郊区，是一个企业举办会议、特殊活动和教育研讨会的热门地点。该会展中心的地理位置、景观、便利设施和良好的声誉吸引着全美的企业。为了保证能够顺利预订，该会展中心的客户通常需要提前 1 年或者 1 年以上预订会议室。

　　梅维丝·比林斯利（Mavis Billingsley）是该会展中心的活动协调员，主要负责安排会议室并帮助客户规划他们的活动。比林斯利目前使用 MDCC 预订数据库来记录会展中心的会议室预订情况。她希望将预订数据导入工作表应用程序中以便于分析。她请你将预订数据导入工作表，并通过增加列，运用分类汇总、图表、数据透视表以及过滤工具来分析预订数据。

案例描述

作为梅根·戴维斯会展中心的活动协调员，比林斯利负责管理会议室预订。目前，梅根·戴维斯会展中心拥有 5 个标准会议室、一个会议中心、一个董事会议室和一个礼堂。一个客户可以预订一个或多个房间。虽然会议中心主要用于大型会议，但是也可以把会议中心分割为 4 个小型会议室，从而提供额外的会议室。当预订一个房间时，客户可能需要一个特定的座位形式，如圆形、教室型、讲座型或 U 形等。某个给定房间可提供的座位数取决于座位形式。图 1 展示了不同类型的座位形式及其编码。

梅根·戴维斯会展中心 可提供的座位形式	
座位形式	编码
圆形	CI
教室型	CL
讲座型	LE
U 形	US

图 1 可提供的座位形式

每天，比林斯利都会接到潜在客户的电话，客户要求她提供有关房间可用性、房间容量和收费标准等信息。她会为会展中心的客户提供标准、高级或特殊等级的报价。标准价格适用于所有提前 6 个月内的预订。高级价格适用于那些提前 6 个月或 6 个月以上预订的客户。特别价格用来吸引对梅根·戴维斯会展中心来说那些大型或高知名度的公司或组织。图 2 总结了这些会议室的等级。

梅根·戴维斯会展中心 日常会议室等级				
房间编码	会议室	高级价格	标准价格	特别价格
AU	礼堂	$ 2 418.75	$ 2 925.00	$ 1 735.00
BD	董事会议室	$ 1 912.50	$ 2 550.00	$ 1 330.00
CF	会议中心	$ 2 475.00	$ 3 200.00	$ 1 900.00
AL	亚拉巴马	$ 1 950.00	$ 2 300.00	$ 1 390.00
CA	加利福尼亚	$ 1 987.50	$ 2 350.00	$ 1 422.50
CO	科罗拉多	$ 1 968.75	$ 2 325.00	$ 1 375.00
FL	佛罗里达	$ 1 950.00	$ 2 300.00	$ 1 390.00
GA	佐治亚	$ 1 931.12	$ 2 275.00	$ 1 431.25

图 2 会议室的等级

设计规范

目前比林斯利所需的预订数据存储在 MDCC 预订数据库的预订明细表中。由于比林斯利希望使用工作表应用程序来分析数据，因此你需要为比林斯利女士将预订数据导入工作表。你还得使用微软查询或从 Access 获取外部数据（Get External Date From Access）命令以简便地实现将数据导入工作表。

比林斯利要求你从预订明细表中检索所有字段。当你向工作表导入预订数据时，发现导入的数据不包含日常房间收费、预订天数以及客户的总费用等信息。比林斯利解释说之所以这些数据并没有存储在数据库中，是因为这些值可以从其他数据库字段中查询或检索获得。因此没有必要在数据库中存储每条记录的日常房间收费、预订天数以及客户的总费用等信息。由于比林斯利需要这些信息来进行分析，因此你决定在工作表中插入必要的列。

日常房间收费列表示向客户收取的某个特定会议室的日常费用。为了确定日常房间收费，你必须利用房间编码和分配的等级编码查询一个客户应付的费用。确定该列的值需要利用导入的房间编码和等级编码去检索查询表中合适的价格。由于查询表是必有的，因此你利用图 2 中的数据创建了查询表。你认为查询表在未来的使用中可能需要修改，因此你决定将查询表放在其工作簿中。

预订天数列表示了客户预订某个会议室的天数。确定该列的值需要一个与日期相关的公式。用预订结束日期减去预订开始日期并不能得出正确的客户预订天数，因此你必须修改你的公式，加入必要的逻辑关系来确定正确的预订天数。

总费用列显示的是基于客户预订天数计算出的总收费。例如，某个房间的租金为每天 1 735 美元，客户预订了两天，那么总费用应为 3 470 美元。

□ 信息需求

当一个客户预订了一个会议室后，比林斯利就将预订数据输入到 MDCC 预订数据库中进行处理。比林斯利知道 MDCC 预订数据库中含有客户预订的明细信息，现在她希望使用一个工作表应用程序来分析预订数据。具体来说，比林斯利希望了解收取标准价格的频率，而不是高级价格或特别价格。她希望利用透视表或图来比较每个等级价格的统计数（自行选择合适的图表类型）。她还希望获得每个房间可使用座位样式的统计数。最后，她希望了解各房间的总收费。

比林斯利希望查看会展中心客户的预订习惯。例如，她想要了解平均看来，客户会提前多久预订会议室。她还想要了解客户预订房间的数量以及每个客户的总费用。此外，比林斯利要求你绘制一张图来比较各房间的收益。

除了如上所述的信息需求，比林斯利还需要回答以下问题，请你在适当的时候使用透视表、分类汇总、图表和过滤等工具帮助比林斯利解决问题：

1. 平均看来，一个客户会提前多久预订房间？
2. 设预订开始日期是 2008 年 8 月 5 日，那么每个客户的总费用是多少？
3. 整体看来，日常房间收费的平均值是多少？
4. 哪种座位形式最受欢迎？
5. 哪些预订在 2008 年 2 月 15 日，这些预订的总费用是多少？
6. 根据每个客户的总费用，确定总费用最高的 5 个客户。
7. 展示每个房间的总费用占所有房间费用总和的百分比。

☐ 实施关注

虽然你可以自由地选择工作簿的设计样式，但是各工作表应该有一个统一、专业的外观。在设计工作表时，你应该遵守基本单元格和工作表的格式原则。例如，包含美元值的单元格应当使用货币格式并且保留两位小数。此外，你的工作表应该有一个合适的名称以及合适的行列标题。

为了依据上述规范设计工作表，你需要导入外部数据，插入列，编写可能包含 IF 和 VLOOKUP 函数的公式，计算日期，并使用一些如透视表、过滤、图表、微软查询和分类汇总等工具。

你可以利用从 Access 获取外部数据命令或微软查询来导入预订数据。微软查询向导将指导你如何从 MDCC 预订数据库的预订明细表中检索外部数据。请记住设计测试部分需要你检索符合特定条件的外部数据。（你可能希望使用系统在线帮助功能复习如何使用微软查询和微软查询向导。）

☐ 设计测试

在创建了工作表后，你应该对你的设计进行测试。请完成下列操作：

1. 比林斯利要求你从预订明细表中仅检索预订开始日期为 2008 年 8 月 12 日的预订数据。

2. 当在预订明细表中检索预订数据时，比林斯利希望她能够进行预订开始日期查询。创建一个新的查询，帮助比林斯利进行特定预订日期查询。多次运行该查询并输入不同的预订开始日期。

3. 当在预订明细表中检索预订数据时，比林斯利希望检索某个特定客户的预订信息。创建一个新的查询，根据客户编号，帮助比林斯利进行特定用户预订信息查询。多次运行该查询并输入不同的客户编号。

案例作业

为了令人满意地完成这个案例，你需要按照案例描述中的内容创建工作簿，并准备书面和口头的报告。除非另有规定，否则要向你的教授提交以下内容：

1. 一份书面的报告，列出你对该案例所做的全部假设，以及该案例的关键因素。另外，你是否增加了哪些内容以使得工作表具有更多的功能？用户友好性如何？（请注意，这些假设不能与上述提出的任何需求有冲突，并且必须获得教授的认可。）

2. 每张工作表的打印版（包括图表和数据透视表）。

3. 每个工作表公式的打印版。

4. 能够符合案例描述和需求部分所提到的条件的工作簿电子版。

5. 上述问题的结果。（还应该包括对这些结果的说明。）

6. 如前所述，你应该准备一份口头报告。（你的指导教师将确认你报告的时间。）你可以使用报告软件并说明你所设计的工作簿的主要特性。同时，还要说明这个工作簿能够为比林斯利带来什么样的帮助。工作簿中还应该包括哪些信息以使它的功能更强大？

案例**9**

BJR 投资公司

工作表案例   难度评级：★★★

■ 案例背景

    BJR 投资公司是一家提供全面服务的经纪公司，向它的当前客户和潜在客户提供各种财务规划服务。布拉德利·J·雷诺兹（Bradley J. Reynolds）作为 BJR 投资公司的拥有者，和他的员工一起为客户提供税收规划、退休金和遗产规划、互惠基金、养老金、股票和风险管理等方面的投资咨询服务。雷诺兹喜欢帮助他的客户管理他们的投资，资金范围从 1 000 美元到 300 多万美元不等。他的客户非常欣赏他专业的建议、个人风格和 15 年的投资经验。正是由于他对细节的关注才能保持业务的持续增长。

    雷诺兹希望为每个客户创建一张投资组合工作表。他认为该表能够为他提供当前客户投资的数据信息，从而帮助他更好地记录客户的投资。投资组合工作表需要将客户的股票信息导入到 Excel 表中，并且需要从网站中检索最新的股票信息。当检索了最新的股票信息后，雷诺兹将将利用过滤、高级过滤、数据透视图和透视表工具分析这些信息。

案例描述

雷诺兹请你为他创建一个可为每个客户使用的投资组合工作表。对每只股票，该表都能够为雷诺兹提供股票代码、公司名称、行业、市值、资产规模、股份数、购买日期、购买价格、佣金、总成本、投资组合率、股份现值、现价、前日收盘价、投资回报率、市盈率以及每股收益等信息。由于投资组合工作表是根据客户投资而设计的，因此雷诺兹可以仔细地监控客户的投资活动，并为客户提供及时准确的建议。雷诺兹认为他的客户会欣赏他对细节的关注。

当设计完投资组合工作表后，雷诺兹会使用数据透视图、数据透视表、过滤和高级过滤工具分析客户的投资组合，并为客户提供最佳的建议。雷诺兹同样为客户提供图表和数据透视表的打印副本。

雷诺兹急切地希望在他的公司使用这个工作表，他给了你一个客户投资的部分表样例，请你帮他完善该工作表。

设计规范

该部分投资组合工作表包括股票代码、公司名称、行业、股份数、购买日期以及购买价格等列。该工作表需要一个描述性的名称、合适的列标题以及正确的单元格格式。你为该工作表拟定了一个描述性的名称以及合适的列标题。由于这个工作表与股票信息相关，因此你认为名称中需要显示日期和当前时间。由于单元格涉及美元值，因此你设置了货币格式并保留两位小数。

雷诺兹想要了解每只股票的股票代码、公司名称、行业、资产规模、市值、交易数量、股份数、购买日期、购买价格、佣金、总成本、投资组合率、股份现值、现价、前日收盘价、投资回报率、市盈率以及每股收益等信息。图 1 展示了一个该工作表的草图。研究过该工作表后，你发现雷诺兹必须输入股票代码、行业、股份数、购买日期和购买价格。而表中其他列的值可以根据输入值检索或计算得出。公司名称、市值、交易数量、最近价格、前日收盘价和每股收益则可以从网上查到。

BJR 投资公司																
投资组合工作表																
（当前日期和时间）																
股票代码	公司名称	行业	资产规模	市值	交易数量	股份数	购买日期	购买价格	佣金	总成本	投资组合率	股份现值	现价	前日收盘价	投资回报率	市盈率	每股收益

图 1　目前的投资组合工作表

总成本、投资组合率、股份现值、投资回报率、佣金、市盈率和每股收益这些信息需要通过计算得出，因此需要用到相应的公式。图 2 给出了计算总成本、投资组合率、股份现值、市盈率和投资回报率的公式。你请雷诺兹说明如何计算佣金。雷诺兹解释说他收取购买价格 2％的费用或 25 美元的固定费用，以较高者为准。根据这个解释，你认为显示佣金的单元格必须能够明确采用什么样的收费标准。确定佣金需要使用到 IF 函数。虽然市盈率可以从网上查到，但是雷诺兹希望使用工作表中的数据计算得出。市盈率的计算非常简单，由股票价格除以每股收益即可获得。

投资组合工作表公式	
股份现值	现价×股份数
市盈率	现价/每股收益
投资组合率	股票现值/所有股票现值总额
投资回报率	（股票现值－股票成本）/股票成本
总成本	（购买价格×股份数）－佣金

图 2　投资组合工作表所需公式

　　图 1 中还含有一个资产规模列。如雷诺兹所说，该列用于指定股票的市值属于大型股、中型股、小型股还是微型股。图 3 说明了资产规模的分类。可以使用 IF 函数来确定公司的资产规模。

投资组合工作表公式	
大型股	50 亿美元以上
中型股	5 亿～50 亿美元
小型股	1.5 亿～5 亿美元
微型股	少于 1.5 亿美元

图 3　资产规模分类

　　在研究了新工作表的需求后，你发现资产规模、现价、前日收盘价以及每股收益等值的确定需要当前股票市场的信息。幸运的是，你想到可以使用 MSNStock-Quote 函数来简便地检索这些信息。当 MSNStockQuote 函数被刷新时，它返回最新获得的股票市场信息。因此你决定使用 MSNStockQuote 函数来检索公司名称、资产规模、现价、前日收盘价以及每股收益等信息。当你获取了最新的股票市场信息后，你可以使用公式计算股份现值和投资回报率。（除了 MSNStockQuote 函数，MSN MoneyCentral Investor Stock Quotes Web 查询同样能够提供当前股票信息。你的教授将会指定使用哪种工具。此时，你可能需要使用系统的在线帮助功能来复习网站查询技术。）

　　雷诺兹需要获得佣金、购买价格、股份现价、投资回报率以及市盈率等的平均值、最小值和最大值。他同时希望获得投资组合率、前日收盘价以及每股收益等的最小值和最大值。由于他希望以表的形式使用这些数据，因此他请你在适当的地方使用数据库函数来确定这些列的值。

☐ 信息需求

　　雷诺兹将从不同的细节层次分析股票数据。例如，当他想要了解不同行业的投资回报率时，希望用图形来比较不同行业的投资回报率。再者，他想要了解每只股票的投资回报率、市盈率和每股收益，希望这些信息按行业分类显示，并且不需要对这些信息进行总计。你建议他使用数据透视图和透视表来达到这样的目的。

除了上述的信息需求，雷诺兹还请你完成以下操作。在适当的地方可使用高级过滤、过滤以及数据透视表工具：

1. 确定最贵的股票。

2. 确定投资回报率最高和最低的股票。

3. 确定市盈率最高和最低的股票。

4. 确定前日收盘价最高和最低的股票。

5. 确定哪些交易客户需要支付25美元的固定佣金，哪些交易客户需要支付2%的佣金。

6. 确定哪些股票的购买价格高于50美元，并且投资回报率为负值。

7. 确定哪些股票的购买价格高于50美元，并且投资回报率为正值。

8. 确定每只股票的购买价格、现价和前日收盘价。雷诺兹希望按行业单独显示这些信息。

9. 确定哪些股票在纳斯达克上市交易，哪些股票在纽约证券交易所交易。

☐ 实施关注

虽然你可以自由地选择工作簿的设计样式，但是各工作表应该有一个统一、专业的外观。在设计工作表时，你应该遵守基本单元格和工作表的格式原则。例如，美元值的显示应当包含美元符号，并且保留两位小数。

为了满足案例描述中的需求，你的工作表必须检索当前股票信息。虽然案例描述中建议你使用 MSNStockQuote 函数，你也可以使用 MSN MoneyCentral Investor Quotes Web 查询来完成检索。由于 MSNStockQuote 函数为返回的信息提供更多的控制，因此它是首选方法。但是使用 MSNStockQuote 函数需要 MSN Money-Central Stock Quotes 加载项。虽然微软的网站中提供了该附件，但是你可能会由于各种原因无法直接访问该加载项。（你的教授将指定使用哪种方法。）如果你选择使用 MSN MoneyCentral Investor Quotes Web 查询，那么你需要对你的工作表进行修改，使之适合网络查询返回的信息。

案例描述中提到了佣金的收取取决于购买价格。对每个交易来说，雷诺兹收取购买价格2%的费用或25美元的固定费用，以较高的价格为准。将这个逻辑应用到佣金单元格中需要使用 IF 函数。（此时，你可能需要使用系统的在线帮助复习 IF 函数的使用。）

你还需要使用高级过滤功能为雷诺兹提供他需要的信息。高级过滤工具的使用需要一个条件区域。一般来说，条件区域应当放置在 Excel 表的上方或下方。当在一个表中过滤数据时，你应当使用 DAVERAGE，DMIN，DMAX 和 DSUM 函数，而不是 AVERAGE，MINIMUM，MAXIMUM 和 SUM 函数。数据库函数能够正确反映一个过滤表的平均值、最小值、最大值和总计。但其他的微软 Excel 函数并不具有这个功能。为了确保你的数据库函数功能正常，你应该在使用数据库函数前创建条件区域。

☐ 设计测试

在创建了如案例描述中所述的投资组合工作表后，你应该对你的设计进行测试。请完成下列操作：

1. 在投资组合工作表中增加以下股票。购买日期填写今天的日期，购买价格使用股票的前日收盘价。

新增股票			
代码	公司	行业	股份数
HOG	哈雷-戴维森公司（Harley-Davidson，Inc.）	休闲	100
HNZ	亨氏食品公司（H. J. Heinz Company）	食品	200
NBR	纳伯斯工业有限公司（Nabors Industries Ltd.）	石油及天然气	50
NCR	安迅公司（NCR Corporation）	计算机	200
HSY	好时公司（The Hershey Company）	食品	100
HES	赫斯公司（Hess Corporation）	石油	50
BBT	BB&T公司	银行	50
BMS	毕玛时公司（Bemis Company，Inc.）	容器和包装	50
CCU	清晰频道通信公司（Clear Channel Communications Inc.）	广播	50

2. 所有股票的平均佣金是多少？平均市盈率是多少？

3. 新增股票中，投资回报率最高和最低的各是哪只？提供新增股票的佣金平均值、股份现值以及市盈率信息，提供新增股票的最小值和最大值。

4. 在大型资产规模的公司中，哪只股票的投资回报率最高？哪只股票的市盈率最高？哪只股票的每股收益最高？

5. 哪个中型企业的股票现值最高？哪个中型企业的股票现值最低？

6. 根据投资组合率，确定客户投资前五名的公司。

7. 根据投资组合工作表中的信息，你建议从表中删除哪只股票？

8. 雷诺兹希望统计不同资产规模的公司数。他希望按行业单独显示这些信息。

▌案例作业

为了令人满意地完成这个案例，你需要按照案例描述中的内容创建工作簿，并准备书面和口头的报告。除非另有规定，否则要向你的教授提交以下内容：

1. 一份书面的报告，列出你对该案例所做的全部假设，以及该案例的关键因素。另外，你是否增加了哪些内容以使得工作表具有更多的功能？用户友好性如何？（请注意，这些假设不能与上述提出的任何需求有冲突，并且必须获得教授的认可。）

2. 每张工作表的打印版（包括图表和数据透视表）。

3. 每个工作表公式的打印版。

4. 能够符合案例描述和需求部分所提到的条件的工作簿电子版。

5. 上述问题的结果。（还应该包括对这些结果的说明。）

6. 如前所述，你应该准备一份口头报告。（你的指导教师将确认你报告的时间。）你可以使用报告软件并说明你所设计的工作簿的主要特性。同时，还要说明这个工作簿能够为雷诺兹带来什么样的帮助。工作簿中还应该包括哪些信息以使它的功能更强大？

麦迪逊百货公司

工作表案例   难度评级：★★★★

技能检定
你应该复习如下知识点：

工作表技能

√ 高级过滤	√ 过滤
√ AVERAGE 函数	√ 创建工作表分组
√ 单元格引用	√ IF 函数
√ 图表	√ MAX 函数
√ 合并工作表	√ MIN 函数
√ DAVERAGE 函数	√ 嵌套功能
√ DMAX 函数	√ 透视表
√ DMIN 函数	√ 区域名称
√ DSUM 函数	√ SUM 函数
√ Excel 表格	√ VLOOKUP 函数

▉ 案例背景

    西尔维斯特·塔基奥（Sylvester Tarkio）了解一个百货公司销售队伍的重要性，尤其是对麦迪逊（Madison's）这样的高级百货公司来说，它涉及销售人员给客人的第一印象。麦迪逊的客户长期享受着其销售人员提供的专业知识和对细节与服务的专注。对塔基奥来说，他的日常工作就是维持高素质的销售队伍。他仔细评价销售人员的表现并在必要的时候做出调整。目前塔基奥通过阅读每日和每周的销售生产力报表来监控销售人员的表现。有一个问题就是这些报表是使用文字处理器创建的。塔基奥没有详细分析这些数据的有效方法。你是麦迪逊新进的实习生，你的工作表现给塔基奥留下了深刻的印象。塔基奥请你为他创建一份生产力工作簿。你需要准备 7 份每日生产力工作表以及 1 份每周生产力汇总表，并用数据透视表、高级过滤和过滤工具分析这些销售数据，最终生成一些图表。

案例描述

　　麦迪逊百货公司是一家位于大都市的久负盛名的高级商场。商场内有专门的女装区、男装区、童品区、化妆品区、香水区、床上用品区、家具区以及家用器皿区。麦迪逊享有很高声望的一个原因就是它拥有一批训练有素的销售人员。麦迪逊的管理人员认为需要对销售人员的辛勤工作进行奖励，因此除了小时工资外，销售人员还能在超额完成销售配额时获得佣金。

　　公司将销售人员分为兼职人员和全职人员。然后将兼职销售人员分为销售助理和销售伙伴。全职销售人员分为助理经理、销售顾问和销售员。兼职销售人员每周工作 20 小时，全职销售人员每周工作 40 小时。销售人员将他们每天工作的小时数输入电脑，并且不能加班。在该公司，根据销售人员的经验和在公司内的任期对他们进行排名并支付工资。如果销售人员超额完成了所有的销售配额，那么他将获得佣金。由于不同销售人员可能在某一天中有不同的工作时数，因此销售配额是根据工作时数计算的。例如，如果一个销售人员的每小时销售配额是 100 美元，他当天工作了 5 个小时，那么他当天的销售配额就是 500 美元。如果该销售人员当天的销售金额超过了 500 美元，那么他将获得佣金。图 1 汇总了销售人员的时薪以及他们的配额。

销售编码	销售头衔	时薪	配额	佣金比例
AM	助理经理	$ 23.50	$ 200.00	0.030
PT1	销售助理	$ 10.50	$ 100.00	0.010
PT2	销售伙伴	$ 11.75	$ 125.00	0.015
S1	销售员	$ 13.50	$ 150.00	0.020
S2	销售顾问	$ 15.00	$ 175.00	0.025

图 1　时薪和配额

　　在每个营业日结束后，塔基奥需要准备一份每日生产力报表。如图 2 所示，每日生产力报表汇总了每个销售人员当日的销售活动（图 2 中的数据仅作说明用，你的报表格式和数据可以有所不同）。该报表明确了雇员的姓名、等级、所属部门、日销售额、工作时数、基本工资、佣金以及工资总额等信息。在每周结束时，塔基奥就利用每日生产力报表准备一份每周生产力报表。目前，塔基奥使用文字处理器来准备这些报表。但是，他发现工作表应用程序可以更好地汇总和分析他需要的信息。塔基奥请你为他创建一份生产力工作簿。

麦迪逊百货公司 每日生产力报表 （当前日期）							
雇员	等级	部门	销售额	工作时数	基本工资	佣金	工资总额
约书亚·奥堡（Joshua Allbaugh）	AM	男士区	$ 4 000.00	8.0	$ 188.00	$ 72.00	$ 260.00
⋮							
巴尼·布莱克（Barney Blake）	S2	化妆品区	$ 456.76	2.5	$ 37.50	$ 0.48	$ 37.98
帕特·柏亚（Pat Bolyard）	S2	家用器皿区	$ 450.98	3.0	$ 45.00	$ 0	$ 45.00
⋮							
卡特里娜·斯坦顿（Catrina Stanton）	S1	女士区	$ 821.36	7.0	$ 94.50	$ 0.00	$ 94.50

图 2　每日生产力报表

□ 设计规范

　　每天，塔基奥都要将每个销售人员的销售额和工作数据输入每日生产力工作表中。然后他希望利用工作表确定每个销售人员的基本工资、佣金和工资总额。由于工资总额是基本工资和佣金的总和，因此计算基本工资和佣金需要引用查询表中的值。由于你希望查询表能够简便地访问和更新，因此将查询表放置在其自身的工作簿中。

　　基本工资和佣金比例是按照该公司的销售人员等级确定的。例如，一个助理经理的时薪是 23.5 美元，佣金比例是 3%。相比之下，一个销售员的时薪是 13.5 美元，佣金比例是 2%。你使用 VLOOKUP 函数把该逻辑应用到基本工资中，并使用 VLOOKUP 和 IF 函数将该逻辑应用到佣金单元格中。基本工资的计算公式是利用销售人员的等级去检索正确的时薪，然后乘以工作时数。正确佣金的确定比基本工资的计算逻辑更为复杂。例如，计算佣金的公式必须首先确定是否需要支付佣金，确定正确的佣金比例以及销售额中的哪部分需要支付佣金。由于佣金的计算公式包含一些查询和决策，因此你认为必须使用嵌套的 IF 和 VLOOKUP 函数（此时，你可能需要查看系统的在线帮助复习 IF 和 VLOOKUP 函数，并且了解如何对函数进行嵌套）。

　　如前所述，塔基奥希望将每日生产力报表汇总到每周生产力报表中。每周生产力报表提供每个销售人员的每周销售额、工作时数、基本工资、佣金以及工资总额等信息。例如，销售额列将引用并汇总从周日到下一个周六的单独销售额。

　　在向塔基奥展示了工作簿的原型后，他询问你是否可以确定每个销售人员每周达到配额的次数。你向他保证可以通过修改工作表来显示该信息。对于每张工作表，塔基奥需要统计销售额、基本工资、佣金以及工资总额列的平均值、最小值和最大值。塔基奥还希望了解达到配额的次数以及达到配额的比例。

□ 信息需求

　　塔基奥希望利用生产力工作簿来分析销售人员的表现。他明确要求你向他展示如何使用数据透视表来分析销售数据。塔基奥希望比较不同部门的佣金和销售额，并查看某个部门内不同销售人员的佣金，绘制饼图来比较不同部门的佣金，并为每个部门绘制饼图，比较不同部门的销售额和销售人员的销售额。

　　除了上述的信息需求，塔基奥还需要回答以下问题，利用数据透视表、高级过滤和过滤工具帮助塔基奥解决它们：

　　1. 哪五名销售人员在上周获得了最高的佣金？

　　2. 哪些销售人员在上周获得了高于平均值的佣金？

　　3. 除了家具区的员工，哪些销售人员在上周获得了高于平均值的佣金？

　　4. 如果销售人员必须至少有 60% 的时间达到配额，哪些员工没有达到该标准？

　　5. 所有部门中，哪个销售人员的销售额最高？

　　6. 平均来看，销售人员达到配额的频率是多少？

　　7. 按照不同部门，每个销售岗位的佣金和销售总额各是多少？

　　8. 不同销售岗位的基本工资、佣金和工资总额各是多少？

　　9. 不同部门的总工资和工作时数各是多少？

　　10. 哪个部门的员工比其他部门的员工达到销售配额的次数更多？哪个部门的员工比其他部门的员工达到销售配额的次数更少？

实施关注

　　虽然你可以自由地选择工作簿的设计样式，但是各工作表应该有一个统一、专业的外观。在设计工作表时，你应该遵守基本单元格和工作表的格式原则。

　　该案例需要你组织工作表，在工作表中插入新列，合并信息到汇总工作表中，对函数进行嵌套，运用一些函数，引用一张查询表，并在公式中使用检索值，运用 Excel 表格，绘制图表，使用一些分析工具来分析销售数据。

　　在一些情况下，你可以使用高级过滤工具来过滤包含在汇总工作表中的数据。为了向塔基奥提供正确的信息，你需要使用 DAVERAGE，DMIN，DMAX 和 DSUM 函数，而不是 AVERAGE，MINIMUM，MAXIMUM 和 SUM 函数。当使用高级过滤工具时，DAVERAGE，DMIN 和 DMAX 函数会根据过滤的数据调整它们的值，但是 AVERAGE，MINIMUM 和 MAXIMUM 不具有这种功能。

　　确定每个销售人员的佣金需要在 IF 函数中嵌套 VLOOKUP 函数。佣金的计算需要查询每小时的销售配额，确定每天的销售配额，计算每天销售额和每天销售配额的差值，然后将该差值乘以佣金比例。

设计测试

　　在创建了案例描述中所需的生产力工作簿后，你应该对你的设计进行测试。请完成下列操作：

　　1. 塔基奥雇用了四个新的销售人员，将他们的信息录入工作表。

　　莱昂德拉·谢克尔（Leandra Shekel）被雇为 PT1，在男装区工作。她从周日到周四每天工作 4 小时。她的销售额从周日到周四分别为 1 400.98 美元、1 500.42 美元、750.32 美元、550.08 美元以及 900.78 美元。

　　达瑞斯·费勒（Darise Ferrer）被雇为 S1，在香水区工作。她从周二到周六工作，8 小时轮班，她的销售额分别为 2 500.98 美元、878.23 美元、1 503.28 美元、602.98 美元以及 1 304.17 美元。

宝琳娜·伦弗洛（Paulina Renfro）被雇为 S1，在童品区工作。她从周二到周六工作，8 小时轮班，她的销售额分别为 1 500.56 美元、402.22 美元、1 090.80 美元、908.43 美元以及 350.98 美元。

瑟塞纳·恩斯（Sethana Aynes）被雇为 PT1，在女装区工作。她周一工作 8 小时，销售额为 502.88 美元；周二工作 6 小时，销售额为 608.12 美元。

2．上周哪些销售人员获得了超过 1 500 美元的佣金？哪些销售人员没有获得佣金？

3．根据过去的表现，如果塔基奥将每个岗位每小时的销售配额增加 75 美元，将会产生什么影响？如果塔基奥将每个岗位每小时的销售配额减少 75 美元，将会产生什么影响？

4．如果塔基奥将每个销售岗位的佣金增加 0.5 个百分点会产生什么影响？

5．本周，童品区 S1 等级的销售人员的平均销售额是多少？所有童品区 S1 等级的销售人员中，谁的销售额最低，谁的销售额最高？

6．本周，女装区 PT1 等级的销售人员的平均销售额是多少？所有女装区 PT1 等级的销售人员中，谁的销售额最低，谁的销售额最高？

7．塔基奥想了解本周各部门的总支付佣金、各部分支付的佣金占所有部门支付佣金的比例以及各部门总销售额等情况。

8．根据你对销售额、销售配额和佣金的观察，如何改善销售配额制度？

案例作业

为了令人满意地完成这个案例，你需要按照案例描述中的内容创建工作簿，并准备书面和口头的报告。除非另有规定，否则要向你的教授提交以下内容：

1．一份书面的报告，列出你对该案例所做的全部假设，以及该案例的关键因素。另外，你是否增加了哪些内容以使得工作表具有更多的功能？用户友好性如何？（请注意，这些假设不能与上述提出的任何需求有冲突，并且必须获得教授的认可。）

2．每张工作表的打印版（包括图表和数据透视表）。

3．每个工作表公式的打印版。

4．能够符合案例描述和需求部分所提到的条件的工作簿电子版。

5．上述问题的结果。（还应该包括对这些结果的说明。）

6．如前所述，你应该准备一份口头报告。（你的指导教师将确认你报告的时间。）你可以使用报告软件并说明你所设计的工作簿的主要特性。同时，还要说明这个工作簿能够为塔基奥带来什么样的帮助？工作簿中还应该包括哪些信息以使它的功能更强大？

案例 **11**

湖西大学

技能检定
你应该复习如下知识点：

工作表技能

- √ 图表
- √ 条件格式
- √ COUNTA 函数
- √ COUNTIF 函数
- √ COUNTIFS 函数
- √ 过滤（可选）

- √ IF 函数
- √ 嵌套功能
- √ 透视图
- √ 透视表
- √ 模板
- √ 工作表格式

■ 案例背景

    湖西大学（Lake West University）非常重视帮助学生学习。为了完成这个使命，学校鼓励各系对其所提供的项目、专业和课程进行评估。湖西大学经济学系的教师在其核心经济学（ECON）课程的期末考试中，设计了标准化的试题，以便更好地对课程进行评估。在得出考试成绩后，经济学系的系主任哈什·哈多克（Hash Haddock）博士将检查学生对标准试题的回答情况，以便判断是否达到了课程目标。

    哈多克请你为他设计一个湖西大学评估工作簿。这个工作簿应能提供一种便捷的方式，来分析学生对 ECON 2103 课程期末考试标准试题的回答，它最终将作为其他经济学课程的模板。在设计这个工作簿时，可以使用 COUNTA，COUNTIF，

COUNTIFS 和 IF 等函数。回答正确的数量低于某个设定下限的所有问题,应使用条件格式来进行高亮显示。为使这个分析更容易,哈多克博士将使用过滤命令、透视表、透视图及图表工具。

案例描述

湖西大学是一所位于美国中西部的四年制大学。作为一个全校性创新项目的一部分,湖西大学经济学系最近修订了它的评估计划。而作为其修订评估计划的一部分,经济学系在所有 ECON 2103 课程的期末考试中都包括了一套标准化的试题。ECON 2103 是经济学导论课程,所有的商科专业学生在其学位计划中都需要必修这门课程。由于 ECON 2103 课程没有先修课程的限制,因此大一、大二、大三和大四的学生都可以注册。每个学期都会开设几个 ECON 2103 课程的组。

哈多克需要一个系统,以使他能够分析所有 ECON 2103 课程的组,以及该课程每个组所使用的标准化试题的回答情况。哈多克还设想能够使用这个系统对不同学期的回答进行比较。他希望能够开发一个标准的模板,这样就能使用相同的格式来评估经济学系开设的其他课程。假设你是哈多克的助手,被指派完成开发一个微软 Excel 工作簿的任务,以追踪学生对 ECON 2103 课程期末考试标准试题的回答。

□ 设计规范

在学期末,所有的 ECON 2103 课程的教师都会告诉哈多克关于他们的学生对期末考试的回答,但并没有一个标准的报表格式。因此哈多克希望能够开发一个标准的工作簿,这样所有的教师都将使用这个相同的报表格式。他觉得,一个标准的工作簿格式将使得他能够容易地将各组的数据合并进湖西评估表中,也使他能够对所有组的结果进行分析。

哈多克给了你一份不完整的工作簿,称为湖西评估。尽管哈多克已经开始将每个组的学生回答合并进工作簿中,但他并没有时间对这个工作簿进行格式化,也没有时间完成这个设计。图 1 显示了一个组的数据目前是如何安排的。

组 1: 琼斯教授												
学生	学生专业	年级	Q1	Q2	Q3	Q4	Q5	Q6	Q7	Q8	Q9	Q10
1	会计	大一	b	b	d	b	b	d	c	b	e	a
2	管理信息系统	大四	a	c	d	b	a	d	c	c	d	a
3	会计	大二	a	c	d	b	a	b	c	c	e	a
4	经济	大三	a	c	e	b	a	b	c	c	e	a
5	营销	大二	a	c	c	e	a	b	c	c	e	a
正确答案			a	c	d	b	a	b	c	c	e	a

图 1   工作表样本

在研究这个工作簿时,你会注意到,它由几个工作表组成。尽管最开始时哈多克为每一个组都创建了一个单独的工作表,但他现在希望所有的学生回答情况都应该包含进同一个名为"回答"的工作表中。在这个工作表中，哈多克想要知道针对每个问题回答正确和回答错误的数量。他还希望看到不同专业和不同年级的回答正确数和错误数。

在研究学生回答数据时，你会发现学生姓名并没有包括在其中。哈多克声称他想为每一位学生分配一个编号，而并不想要学生的姓名。他还希望能够涵盖学生的专业、年级，以及对 10 个标准考题中每一道题的回答情况。

哈多克要求你创建一个汇总工作表。对每一个组，这个汇总工作表应能显示每个问题的回答正确数、回答错误数及回答正确率。他还想要看看所有组每个问题的回答正确率。

哈多克认为 70％ 的正确率是可以接受的。正确率低于 70％ 则是不可接受的，需要标记出来以便进行进一步的分析。正确率低于 70％ 时需要用浅红色填充并且字用深红色。哈多克希望知道每个专业的回答正确数、回答错误数及回答正确率。他还想知道每个年级的这些信息。

为了帮助分析，哈多克要求你准备图表，以体现回答正确情况、各专业比较和各年级比较。你可以自由选择图表格式。回答正确图表将比较每个专业在每个问题上的回答正确率。哈多克想要知道有哪些专业的学生注册了 ECON 2103 课程。他将使用专业比较图表来查看各专业的情况。专业比较图表应该既能体现每个专业的回答正确数量，也能体现回答正确率。哈多克希望了解有多少大四、大三、大二和大一的学生选择了 ECON 2103 课程。年级图表体现了这四个年级中选择 ECON 2103 课程的学生的回答正确数和回答正确率。

哈多克是经济学系的主任，他负责几门经济学的相关课程。他希望能够将这个工作簿应用到其他课程中，并要求你创建一个基于此工作簿的模板。

信息需求

除了上述提到的信息需求，哈多克还需要能够回答下列问题：

1. 总体来讲，哪个专业的学生回答问题的正确数最多？
2. 哪个专业的学生回答问题的正确数最少？
3. 哪个（些）学生回答问题的正确数最多？
4. 哪个组的学生回答问题的正确数最多？
5. 总的来说，哪个年级的学生回答问题的正确数最多？
6. 经济学专业的一年级学生与管理信息系统专业的一年级学生相比情况如何？
7. 对期末考试的第 10 题，准备一张图，以比较所有组不同年级的回答问题正确情况。

实施关注

虽然你可以自由地选择工作簿的设计样式，但是各工作表应该有一个统一、专业的外观。在设计工作表时，你应该遵守基本单元格和工作表的格式原则。

这个案例可能要求你创建新的工作表、修改已有的工作表，并把信息合并进一个汇总工作表中，这取决于你选择如何设计工作簿。为了按照哈多克的要求准备工作簿，你需要创建公式、使用几个函数，并且使用透视表和透视图等报表工具。你的工作表设计可能要求你使用 COUNTIFS 函数来确定回答数。COUNTIFS 函数允许你用多个参数来评价多个单元格的内容,并计算满足多个参数的单元格的数量。通过系统的在线帮助,你将对 COUNTIFS 函数有更多了解。

在设计工作簿时,回答正确率低于 70% 的单元格应用浅红色填充,并且字为深红色。条件格式命令可以实现这个任务。如果你还不熟悉条件格式,可以使用系统的在线帮助以获得更多资料。

灵活性是这个系统很重要的一个方面。哈多克将使用这个工作簿作为用于其他课程的模板。因此,在设计这个工作簿时,你应该将其设计成可以按照哈多克要求的变化而轻易调整的样式。例如,设计测试部分将要求你修改此工作簿的设计,以使标准问题与它们的目标相匹配。

☐ 设计测试

在创建湖西评估工作簿后,你应该对你的设计进行测试。请完成下列操作:

1. 琼斯 (Jones) 教授提交了来自第一组的两个学生的回答信息。请将如下信息输入到合适的工作表中。

组 1:琼斯教授												
学生	学生专业	年级	Q1	Q2	Q3	Q4	Q5	Q6	Q7	Q8	Q9	Q10
下一个可用编号	管理信息系统	大三	c	e	d	e	e	d	c	d	e	c
下一个可用编号	金融	大二	c	d	d	b	b	d	c	d	c	c

2. 根据下表,识别满足课程目标的组有哪些。

目标和匹配问题	
目标 1	问题 1,4,10
目标 2	问题 2,5,7
目标 3	问题 3,8
目标 4	问题 6,9

3. 以可接受的回答正确率来计算,哪个(些)组没有达到至少 4 个目标?

4. 以可接受的回答正确率来计算,是否有达到了所有目标的组?

■ 案例作业

为了令人满意地完成这个案例,你需要按照案例描述中的内容创建工作簿,并准备书面和口头的报告。除非另有规定,否则要向你的教授提交以下内容:

1. 一份书面的报告,列出你对该案例所做的全部假设,以及该案例的关键因素。另外,你是否增加了哪些内容以使得工作表具有更多的功能?用户友好性如何?(请注意,这些假设不能与上述提出的任何需求有冲突,并且必须获得教授的认可。)

2. 每张工作表的打印版(包括图和透视表)。

3．每个工作表公式的打印版。

4．能够符合案例描述和需求部分所提到条件的工作簿电子版。

5．上述问题的结果。（还应该包括对这些结果的说明。）

6．如前所述，你应该准备一份口头报告。（你的指导教师将确认你报告的时间。）你可以使用报告软件并说明你所设计的工作簿的主要特性。同时，还要说明这个工作簿能够为哈多克带来什么样的帮助。工作簿中还应该包括哪些信息以使它的功能更强大？

贝莉·伯德玩具公司

工作表案例	难度评级：★★★★★

技能检定
你应该复习如下知识点：

工作表技能

✓ 图表	✓ 方案管理器
✓ 数据表	✓ 规划求解
✓ 单变量求解	✓ 工作表格式

■ 案例背景

　　对于雅各布·伯德（Jacob Byrd）来说，两年前开始的一个小项目已经成长为一个蒸蒸日上的大业务。雅各布·伯德是贝莉·伯德玩具公司（Baylee Byrd Playsets，Inc.）的所有者兼运营者，这是雅各布的一个小型的兼营业务，专注于生产高质量的客户定制玩具。在若干朋友和邻居劝说伯德，说他应该为他们的孩子定制玩具后，伯德开始了这项兼职业务。尽管伯德从这项业务中获得了一定的利润，但他仍希望能够评价一下公司的运营情况，以便能够为他的玩具确定最合适的价格和最好的营销战略。

　　虽然上一年的销售不错，但是公司的净收益只有 4 183.5 美元。伯德觉得净收益应该远高于此，因此请你来帮助评价一下他公司的运营情况。为了帮助伯德对他的公司进行分析，你需要创建利润表，进行盈亏平衡分析，使用若干财务比率，准备单变量数据表，使用单变量求解和规划求解来进行假设分析，准备一个图表，以及使用方案管理器来准备不同的方案。

案例描述

　　两年前，雅各布·伯德为他 4 岁的女儿贝莉寻找玩具。在玩具店和折扣店找了几个月后，也只找到了差不多的，却没有找到特别好的，他决定为贝莉亲自做一个玩具。这一定制玩具很快在镇上传开，伯德开始为他的朋友和邻居定制玩具。

　　定制玩具由于具有吸引人的外观，在社区和邻近城镇得到广泛认可。这些玩具由红木制成，配有一个波浪形滑梯、一个要塞、一个防火杆、一个门式单杠、一个安全步梯、一个管式滑道、一个廊桥、一个 6 英寸×6 英寸平台和两个秋千。

　　去年，贝莉·伯德玩具公司销售了 85 个玩具，每个售价 999.99 美元，总收益 84 999.15 美元。然而，在扣去成本和税后，公司的净收益只有 4 183.50 美元。伯德希望能提高净收益，也想知道他需要做什么才能实现这个目标。伯德需要评估他的现金流，以确定哪些地方可以改进，并寻求你的帮助。

设计规范

　　在与伯德交谈并获得他的信息需求后，你决定创建一个收益分析表，以帮助他进行决策。收益分析表向伯德提供了分析业务运营情况的几个工具。这个表使伯德能够将销量、单位收益、目标收益和成本输入其中。在输入数据后，收益分析表可为伯德提供一个利润表，计算财务比率，进行盈亏平衡分析，并更新单变量数据表。

　　你认为收益分析表需要输入和结果两个部分。图 1 显示了输入部分的暂定框架。该部分为伯德提供有关销量、单位收益、目标收益和成本的信息。表 1 总结了去年公司的销售和成本状况。在研究表 1 的内容时，你注意到成本被分成两类：固定成本和变动成本。根据以前学过的商业课程，你知道固定成本是恒定的，并不随销量而变动。贝莉·伯德公司的固定成本包括固定日常管理费用、销售费用、行政管理费用和折旧等内容。与之相比，变动成本将随着销售的变化而变化。变动成本包括市场和销售费用、人工费用、变动日常管理费用、变动销售费用和变动行政管理费用等。

收益分析表	
输入部分	
销售和成本汇总	
销量	
单位收益	
目标收益	
变动成本（每单位）	
市场和销售	
人工费	

变动日常管理费用	
变动销售费用	
变动行政管理费用	
固定成本	
固定日常管理费用	
销售费用	
行政管理费用	
折旧	

图 1　输入部分框架

表 1　　　　　　　　　　　去年销售和成本

收益		固定成本	
销量	85	固定日常管理费用	$4 652.11
单价	$999.99	销售费用	$2 500.00
目标收益	$30 000.00	行政管理费用	$2 399.99
		折旧	$7 000.00
变动成本 （每单位）			
市场和销售	$15.24		
人工费	$150.00		
变动日常管理费用	$514.72		
变动销售费用	$25.83		
变动行政管理费用	$23.75		

结果部分使用来自输入部分的数据生成一份利润表，计算财务比率，并进行盈亏平衡分析。该部分也将显示单变量数据表（单变量数据表的内容将在后续部分加以描述）。图 2 及图 3 显示了利润表和财务比率的框架。

贝莉·伯德玩具公司 利润表 （当前日期）	
销售	
变动成本	
市场和销售	
人工费	
变动日常管理费用	
变动销售费用	
变动行政管理费用	
总变动成本	
边际收益	
固定成本	
固定日常管理费用	

销售费用	
行政管理费用	
总固定成本	
营业收入	
收入税	
净收入	

图 2　利润表

财务比率	
盈亏平衡点（BEP）	
带有目标收益的 BEP	
边际收益率	
营业收益率	
净利率	

图 3　财务比率

信息需求

收益分析表为伯德提供了企业收益方面的有关信息，计算了几个财务比率，进行了盈亏平衡分析，并显示了单变量数据表。所以，收益分析表的结果部分将包括利润表、财务比率和数据表结果等区域。

如图 2 所示，利润表总结了企业的收入和支出，使得伯德可以检查公司的总体运营情况。在研究利润表时，你意识到许多计算将来自包含在分析表输入部分的数据，这就要求伯德只输入一次这些数据即可。伯德向你提供了图 4 所显示的公式。

伯德想要检查不同的目标收益水平对盈亏平衡点的影响。例如，他知道，为了达到盈亏平衡，15 000 美元的目标收益就需要销售 117 个玩具。那么，20 000 美元、25 000 美元、30 000 美元、35 000 美元或者 40 000 美元的目标收益所对应的盈亏平衡点各是多少呢？尽管他可以根据期望目标收益水平来改变目标收益单元格中的值，但你建议他使用一个单变量数据表。通过创建一个单变量数据表，目标收益值及其对应的盈亏平衡点被安置进同一个表中，这使得伯德可以同时查看并比较所有的目标收益值及其对应的盈亏平衡点。（你可以使用系统的在线帮助，以查看关于单变量数据表的信息。）

收益分析表	
公式	
盈亏平衡点	
带有目标收益的盈亏平衡点	
贡献毛利	销售额－总变动成本
边际收益率	
所得税（假设税率为 35%）	营业收入×所得税率
净收益	营业收入－所得税
净利率	
营业收入	边际收益－总固定成本

营业毛利	
单位变动成本	

图 4　所需要公式

　　伯德希望看到不同方案对公司净收益的影响。除了当前的情况，伯德还想要评估另外两个可能的方案。在第一个方案中，他希望将销量增加到 150 个，单价降到 950 美元，并且单位变动成本降低 20 美元（你可以自行选择降低哪种变动成本）。在第二种方案中，他希望将销量增加到 100 个，单价涨到 1 650 美元，同时人工费增加 50 美元。你使用方案管理器准备了三个方案。第一个方案使用原值，其余的两个方案使用伯德刚刚给你的数据。在创建这三个方案后，据其生成一个方案总结报表。

　　伯德需要回答下列问题。请使用你新设计的收益分析表，为伯德提供下列问题的答案。

　　1. 希望净利率为 15％。使用规划求解调整收入和销量的值。单价不能超过 1 100 美元，销量不能超过 25 个，同时总变动成本不能超过 110 000 美元。为了达到 15％的净利率，伯德需要销售多少玩具？玩具的单价应该是多少？请生成一个回答报表。（在开始回答这个问题前，将工作表中的值设回为表 1 中的初始值，然后再做本题所要求的调整。）

　　2. 假设固定日常管理成本是 7 500 美元，变动日常管理成本是 375 美元，人工费是 200 美元，折旧是 8 500 美元。如果伯德希望净收益是 30 000 美元，玩具的单价应该是多少？伯德需要销售多少玩具？（在开始回答这个问题前，将工作表中的值设回为表 1 中的初始值，然后再做本题所要求的调整。）

　　3. 伯德希望净收益是 55 000 美元，他需要销售多少玩具？玩具的单价应该是多少？（在开始回答这个问题前，将工作表中的值设回为表 1 中的初始值，然后再做本题所要求的调整。）

　　4. 伯德需要一个三维的饼图来比较公司的固定成本。

实施关注

　　针对这个案例，你要设计一个工作表来帮助伯德完成对公司的分析。在设计工作表时，你可以使用基本单元格和工作表的格式原则，创建公式，通过使用单变量求解和规划求解来进行假设分析，创建几个方案，生成一个图，以及创建两个单变量数据表。基于你完成的假设分析，准备几个报表，包括一个回答报表以及一个方案总结报表。

　　虽然你可以自由地选择工作簿的设计样式，但是各工作表应该有一个统一、专业的外观。你应该使用适当的单元格格式。例如，美元值应该带有一个美元的标识，并保留两位小数。

　　本案例中有几处都用到了目标收益。请记住目标收益并没有包括所得税。因此，本案例中的目标收益更多地反映了营业收入，而不是净收入。

设计测试

　　1. 假设固定日常管理费用是 5 000 美元，销售成本是 4 500 美元，行政管理成本是 3 000 美元，人工费是 250 美元。那么伯德的净收入是多少？（在开始回答这个问题前，将工作表中的值设回为表 1 中的初始值，然后再做本题所要求的调整。）

2. 为了达到 50 000 美元的净收入，伯德必须销售多少玩具？玩具的单价应该是多少？（在开始回答这个问题前，将工作表中的值设回为表 1 中的初始值，然后再做本题所要求的调整。）

3. 伯德想要知道盈亏平衡点，以及不同定价水平下带有目标收益的盈亏平衡点。请准备一个单变量数据表以显示这个信息。定价水平从 1 000 美元到 2 500 美元，每次增加 50 美元。如果伯德不希望销量超过 120 个，并且希望有 60 000 美元的目标收益，那么销量应该是多少？玩具的单价应该是多少？（在开始回答这个问题前，将工作表中的值设回为表 1 中的初始值，然后再做本题所要求的调整。）

案例作业

为了令人满意地完成这个案例，你需要按照案例描述中的内容创建工作簿，并准备书面和口头的报告。除非另有规定，否则要向你的教授提交以下内容：

1. 一份书面的报告，列出你对该案例所做的全部假设，以及该案例的关键因素。另外，你是否增加了哪些内容以使得工作表具有更多的功能？用户友好性如何？（请注意，这些假设不能与上述提出的任何需求有冲突，并且必须获得教授的认可。）

2. 每张工作表和报告的打印版。

3. 能够符合案例描述和需求部分所提到条件的工作簿电子版。

4. 上述问题的结果。（还应该包括对这些结果的说明。）

5. 如前所述，你应该准备一份口头报告。（你的指导教师将确认你报告的时间。）你可以使用报告软件并说明你所设计的工作表的主要特性。同时，还要说明这个工作表能够为伯德带来什么样的帮助。工作表中还应该包括哪些信息以使它的功能更强大？

案例 *13*

案例

埃德蒙·格兰特医药公司

工作表案例   难度评级：★★★★★

技能检定
你应该复习如下知识点：

工作表技能

√ 高级过滤	√ 过滤
√ 按钮	√ IF 函数
√ 条件格式	√ 宏
√ DAVERAGE 函数	√ 嵌套功能
√ DMAX 函数	√ 透视图
√ DMIN 函数	√ 透视表
√ DSUM 函数	√ 模板
√ Excel 表	√ VLOOKUP 函数

■ 案例背景

　　惠子·拉佩尔（Keiko Lapeer）是埃德蒙·格兰特医药公司（Edmund Grant Pharmaceutical Company）的区域销售经理。拉佩尔负责很多工作，包括出差、拜访现有客户和潜在客户、监管销售员工、准备各种报表，以及追踪她所负责销售区域的费用。每周，拉佩尔领导的销售员都要向她提交一个费用申请表。当前情况是，她浏览这些费用报表，检查是否有特殊情况，然后授权报销。拉佩尔为了能更有效地追踪销售员的费用情况，请你为她设计一个费用表。她特别请你把费用数据安排进一个 Excel 表中。为了能根据拉佩尔的需求设计这个工作表，你要使用数据库函数、其他的微软 Excel 函数和嵌套功能。你还要使用过滤、高级过滤、透视表和透视图工具来分析这些数据。

案例描述

埃德蒙·格兰特医药公司（EGPC）是一家跨国公司，因其抗感染药物、创伤护理和止痛产品，在美国享有盛誉。该公司的销售团队负责向全球范围内的医生、药剂师和眼镜商推销 EGPC 产品。惠子·拉佩尔是 EGPC 众多的区域销售经理之一，她负责管理四个销售区域。

作为一名区域销售经理，拉佩尔非常繁忙。她经常出差，每个月都要参加几次会议、拜访客户，监管一支 23 人的销售团队，并履行管理职责。因为是一名管理者，拉佩尔需要处理的文书工作是超级多的，她正在寻求改进之道。一个需要改进的地方是对销售团队的费用追踪。仅仅是处理预算和费用报表就能花去她一整天的时间。她觉得通过使用一个工作表应用来分析销售团队的费用，能够节约时间并能做出更好的决策。

销售代表将报销业务餐费、电话费、汽油费、住宿费、机票以及其他杂项费用。每周，销售代表填写费用申请表，并把这些表格提交给拉佩尔。图 1 是费用申请表的一个样例。拉佩尔汇总这些表格的数据，并准备几个周报。报表的准备是一个乏味耗时的工作，经常需要她来回翻看那些费用申请表。

埃德蒙·格兰特医药公司
费用申请表

员工姓名：_____   截至周：_____

部门编号：_____

费用   里程

餐费：_____   开始里程：_____

电话费：_____   结束里程：_____

汽油费：_____

机票费：_____

住宿费：_____

杂项：_____   备注：_____

                                        _____

总申请费用：_____

注意：所有的费用申请必须有相应的收据。

图 1 费用申请表

销售代表被聘用后，公司将给他分派一辆车。这个销售代表可以将这辆车用于公事，也可以用于私事，但每周有一个里程数的限制。每周，销售代表需要报告本周所驾驶的里程数。对于那些超过限制的里程，员工需要交纳额外的费用。可报销的里程和需交纳的费用随销售人员职务的不同而不同。表1总结了可报销的里程和费用率。拉佩尔希望用新的费用工作表来确定额外里程数以及每个销售代表应该交纳的费用。

表1　　　　　　　　　　　　　可报销里程与费率

埃德蒙·格兰特医药公司 可报销里程与费用率		
岗位	可报销里程	费用率
MN	700	0.20
SU	600	0.22
S2	550	0.25
S1	500	0.32

当一辆车已行驶了 60 000 英里时，销售代表可以申请换一辆新车。拉佩尔想知道是否有一种方式，能够使她快速断定有哪些车接近了它的服务终止期。你建议使用条件格式来高亮显示那些结束里程读数大于 55 000 英里的单元格。如果有某位销售代表的车已经接近了服务终止期，拉佩尔能提醒他是时候申请一辆新车了。

拉佩尔以前用过一个工作表应用程序，她希望把这些每周费用数据都安排进一个工作表中。她请你为她创建一个费用表。她特别要求你准备一个 Excel 表，建立一个准则范围以支持高级过滤，使用几个数据库函数，插入 4 个新列，准备透视表，以及几个图。拉佩尔也希望这个新的工作表可以保存为一个模板，以便她每周都可以重复使用。

设计规范

在检查这个费用表时，你发现对工作表的列要设置格式。在格式化各列后，你认为有必要增加一个里程检查表和 4 个其他的列。在插入这 4 个列后，你创建了里程检查表。由于你希望将里程检查表和费用表分开，因此为它单独生成了一个工作表。在创建里程检查表后，你将实际里程、超额里程、超额费用及总费用这 4 个字段插入费用表中。实际里程列计算了每个销售代表实际驾驶的英里数。实际里程数是本周结束里程和本周开始里程的差额。你希望将超额里程列引用到里程检查表中，并据此确定员工有多少里程超过了规定（如果有的话）。（完成这个操作需要嵌套 IF 和 VLOOKUP 函数。你可以使用系统的在线帮助以获得更多关于嵌套的信息。）超额费用列也将使用 VLOOKUP 函数。该列等于超额里程乘以里程表中规定的费率。总费用列是该周所有费用的总和。

拉佩尔将使用高级过滤功能。使用这个功能需要确定准则范围。为满足拉佩尔的要求，你决定将准则范围置于 Excel 表之上。（你可以参考系统的在线帮助以获得更多关于高级过滤主题的信息。）当拉佩尔使用准则时，她需要清空当前的条件范围，并在准则范围中输入新的条件。你决定创建一个宏，它将清空准则范围并将指针定位到准则范围的左上端单元格里。宏被创建后，你可以将它指派给一个命令按钮，名为"清空准则"。

在研究费用表的内容时，你发现这些内容的格式很适合创建一个 Excel 表。你回想起在某个商科课程里学过，Excel 表示一个数据的集合，概念上与数据库表类似。Excel 表里的数据可以被过滤、排序或以多种方式操作，以完成拉佩尔的决策制定工作。事实上，有几种数据库函数在 Excel 表中也可以使用，你决定在费用表中使用这些函数。拉佩尔希望知道表中各列，包括餐费、实际里程、电话费、汽油费、住宿费、杂项费用、机票费、超额里程数、超额里程费用以及总费用等的平均值、最小值、最大值及总额。由于拉佩尔想要在 Excel 表中处理数据，因此，你要使用 DAVERAGE，DMIN，DMAX 和 DSUM 函数。（你可以通过系统的在线帮助来获得更多的相关信息。）

在你设计完整个工作表后，拉佩尔希望你能创建一个模板。这样，她可以每周都使用这个模板来创建工作表。

信息需求

拉佩尔询问是否有可能从不同的细节层次，并从不同的角度来查看费用数据。她特别要求以下内容：一个按部门分类的所有费用总和，按销售员岗位分类的费用总和，以及按照部门和岗位分类的餐费、电话费和汽油费总和。由于透视表工具可以快速地改变数据显示方式和汇总的层次，因此你建议拉佩尔使用一个透视表。

如前所述，拉佩尔想要知道一个销售员的汽车驾驶里程何时接近 60 000 英里。对于那些超过 55 000 英里的车辆，工作表应用应该高亮显示它的最后里程。

除了上面提出的信息要求，拉佩尔还要求你进行下列操作：

1. 显示哪些经理的机票总支出超过了 1 700 美元，以及哪些检察人员的机票总支出超过了 750 美元。
2. 显示哪些销售代表没有提交费用申请单。
3. 按岗位显示住宿和机票的费用。
4. 显示哪些经理在本周内乘飞机出行。
5. 按部门显示销售岗位。
6. 显示本周哪个部门的费用最低。
7. 显示本周哪些 S1 销售代表提交了住宿和机票费用。
8. 显示有哪些人超过了规定里程。

实施关注

虽然你可以自由地选择工作簿的设计样式，但是各工作表应该有一个统一、专业的外观。你应该使用恰当的单元格格式。例如，美元值应该带有美元标识，并保留两位小数。

这个案例要求你使用一个 Excel 表。为抽取数据你要完成以下工作：准备图表；使用 DAVERAGE，DSUM，DMIN，DMAX，IF 以及 VLOOKUP 函数；嵌套函数；建立一个准则范围；准备透视图和表；使用过滤和高级过滤。（你可以通过系统的在线帮助来获得更多的相关信息。）

对每个销售人员超额里程的确定，要求工作表应用检查其允许里程，如果里程数大于允许数，则计算实际超额里程。这个工作的完成需要在 IF 函数里嵌套 VLOOKUP 函数。（你可以通过系统的在线帮助来获得更多的相关信息。）记住，拉佩尔希望在一个列中显示出超额里程数。

你应该仔细考虑准则范围和里程表的摆放位置。通常来讲，建议把准则范围放在 Excel 表的上面或下面。在这两个位置摆放准则范围，有利于查看准则和过滤结果。虽然你的里程检查表可以放置在费用表之中，但应尽量考虑将检查表单生成一个工作表。使用一个独立的工作表将使得对其进行维护和访问更加容易。

☐ 设计测试

在创建完上述的费用表之后，你应该对你的工作表的设计工作进行测试。请完成下列操作：

1. 向你的 Excel 表中添加下列 3 名员工的信息。

员工 1	员工 2	员工 3
姓：Ruokangas	姓：Saghafi	姓：Omari
名：Leota	名：Abduellah	名：Kyleena
部门：1	部门：3	部门：4
岗位：MN	岗位：S1	岗位：S2
餐费：$ 376.89	餐费：$ 102.78	餐费：$ 257.88
电话费：$ 79.86	电话费：$ 10.07	电话费：$ 58.77
住宿费：$ 478.78	住宿费：$ 0.00	住宿费：$ 509.78
杂项费：$ 2 987.42	杂项费：$ 0.00	杂项费：$ 877.89
机票费：$ 894.87	机票费：$ 0.00	机票费：$ 250.75
开始里程：101	开始里程：904	开始里程：67
结束里程：372	结束里程：1 150	结束里程：803

2. 对你的里程表做如下调整。

允许里程表		
岗位	允许里程	费用率
MN	700	0.25
SU	600	0.28
S2	550	0.30
S1	500	0.32

3. 拉佩尔想要检查每一个部门里的每一个员工的费用情况。她希望能把每个部门的内容放置在一页中。

4. 准备一个柱状图，以比较每个部门的汽油费、住宿费、机票费和餐费。

5. 拉佩尔希望看到每个部门内各个员工的姓名及其上周驾驶的里程数。她也想看到每个部门的总体情况。请为部门 1 准备一个透视表及一张图（选择一种合适的图形）。

案例作业

　　为了令人满意地完成这个案例，你需要按照案例描述中的内容创建工作簿，并准备书面和口头的报告。除非另有规定，否则要向你的教授提交以下内容：

　　1. 一份书面的报告，列出你对该案例所做的全部假设，以及该案例的关键因素。另外，你是否增加了哪些内容以使得工作表具有更多的功能？用户友好性如何？（请注意，这些假设不能与上述提出的任何需求有冲突，并且必须获得教授的认可。）

　　2. 每张工作表的打印版（包括图和透视表）。

　　3. 每个工作表公式的打印版。

　　4. 能够符合案例描述和需求部分所提到条件的工作簿电子版。

　　5. 上述问题的结果。（还应该包括对这些结果的说明。）

　　6. 如前所述，你应该准备一份口头报告。（你的指导教师将确认你报告的时间。）你可以使用报告软件并说明你所设计的工作簿的主要特性。同时，还要说明这个工作簿能够为拉佩尔带来什么样的帮助。工作簿中还应该包括哪些信息以使它的功能更强大？

案例 14

莫利·麦肯齐游船码头

整合案例   难度评级：★★★★★

技能检定
你应该复习如下知识点：

数据库技能

√ 自动查找查询	√ 过滤（可选）
√ 计算控件	√ 图表
√ 计算字段	√ 查询
√ 命令按钮	√ 透视表
√ 表单设计	√ 规划求解
√ 查阅向导	√ 分类汇总
√ 报表设计	√ 子表单
√ SUM 函数	√ 切换面板
√ 标签页控件	

■ 案例背景

　　麦肯齐夫妇（Marvin and Dena Mackenzie）拥有并经营着莫利·麦肯齐游船码头（Molly Mackenzie Boat Marina）。目前，关于码头每日运营活动的数据是手工记录和处理的。只在必要时，才使用一个文本处理软件来生成报表。随着码头规模的日益扩大，麦肯齐夫妇认识到使用信息技术来记录码头每日运营以及支持决策制定活动的必要性。他们需要一个数据库来追踪客户预订、客户支付以及码头租赁资产的信息。麦肯齐夫妇聘用你来创建这个数据库。创建数据库的工作需要你开发表单和子表单、报表、查询，以及一个切换面板。表单将使用按钮来进行数据导航。在数据库开发完后，麦肯齐夫妇将把数据从码头数据库中导出到工作表中，以进行进一步的分析。麦肯齐先生使用分类汇总、透视表、规划求解以及图形等工具来分析数据。

案例描述

　　莫利·麦肯齐游船码头位于美国中西部的梅里韦瑟湖。梅里韦瑟湖是一个颇受欢迎的旅游景点，每年都吸引众多游客。梅里韦瑟湖的盛名来自它的美丽景色、宿营设施、优秀渔业，以及接纳大型船只的能力。游客主要是当地人，但也有许多来自全美的游客。梅里韦瑟湖坐落于两个大城市之间，是许多游客周末休闲的场所。

　　麦肯齐先生使用一个基于手工的信息系统来管理码头的租赁资产。然而，他意识到码头日常运营的自动化将使他的管理活动更有效率。目前麦肯齐夫妇每天都要花几个小时的时间来处理码头的文书工作。码头的受欢迎程度还在上升，麦肯齐先生很快意识到了使用信息系统来减轻码头文书工作负担的必要性。为了使办公室的工作更有效率，麦肯齐先生聘用你为他设计一个码头数据库和工作表。由于你是一名在码头工作的兼职员工，因此你对码头的日常运营工作非常熟悉，并乐于提供帮助。

　　莫利·麦肯齐游船码头向客户租赁舱位、各种船只和船坞。当客户提出租赁一条船或一个舱位时，会被告知价格。报价是以日租金为单位的。如果某个客户只租半天的水上摩托车，那么日租金将作出调整。同样，如果一个客户租赁舱位或船坞的时间长于一天，那么麦肯齐先生将给日租金打一个折扣，因此长租会更吸引人。舱位可以按周末、周或月来租，日租金也有折扣。表 1 显示了租金编号以及相应的折扣率。如果一个客户只租了半天的水上摩托车，麦肯齐先生将收取日租金 65％的费用。如果一个人租船坞长达 180 天，麦肯齐先生将减少 15％的日租金。

表 1　　　　　　　　　　　　　　租金编号和折扣率

租金编号	租金编号描述	原价百分比
D	整日	100.00％
HD	半天	65.00％
SD	特殊折扣	25.00％
SM	6 个月	85.00％
Y	12 个月	80.00％
W	周末	90.00％

　　当预订某项资产时，客户需要先付押金。押金用于支付该资产的租金，或者如果客户取消预订，押金则用来支付罚金。麦肯齐先生在收取押金数额上比较随意。他从常来的客户那里只收取最少量的押金，但对于一个新客户，通常收取的押金非常高。当客户来取船只或检查舱位时，需要支付该资产减去押金后的全部余额。如果没有事先预订，那当客户租借时需要支付全额。

　　如果一个客户需要租赁某个特定的资产，麦肯齐先生或其员工将查看该资产在客户需要的那天是否可用。如果那天可用，预订的信息将被记录进一张预订表中。

麦肯齐先生基于租用时间的长短确定使用哪种折扣率。对于一个普通的预订，客户联系信息（姓名、电话号码、邮箱）、预订时间和资产信息（租赁资产编号和折扣率）都需要记录下来。客户在预订时会得到一个预订编号。客户使用这个预订编号来取消预订或进行报到登记。客户支付时，需要记录其支付日期、支付总额以及任何评价。客户返还船只或离开舱位时，工作人员将为其提供发票，上面记录着租赁交易信息。

□ 存储需求

为了创建这个码头数据库，你确定客户（Customer）表、租金（Rate）表、资产（Property）表、支付（Payment）表和预订（Reservation）表是必备的。客户表存储客户的基本信息，包括客户编号（CID）、姓（LastName）、名（FirstName）、街道地址（StreetAddress）、城市（City）、州（State）、邮编（Zip）和电话号码（Phone）。因为客户编号（CID）对于每个客户是唯一的，因此它是客户表的主键。表2显示了客户表的结构。

表2 客户表结构

字段名称	数据类型	字段描述	字段长度	备注
客户编号（CID）	自动编号	客户的唯一标识，主键	长整型	必备
姓（LastName）	文本	客户的姓氏	50	必备
名（FirstName）	文本	客户的名字	25	必备
街道地址（StreetAddress）	文本	客户的街道地址	50	
城市（City）	文本	客户所在城市的名称	25	
州（State）	文本	客户所在州的名称	2	
邮编（Zip）	文本	客户的邮编，使用输入掩码	10	
电话号码（Phone）	文本	客户的电话号码，使用输入掩码	10	

租金表存储了租金编号（RateCode）、租金描述（RateDescription）和原价百分比（Percentage）。由于RateCode的值是唯一的，因此租金表以该字段作为主键。RateDescription字段提供了租金编号的附加信息，例如整日、周末、6个月、特殊折扣、半价或者12个月。在实际使用时，Percentage乘以日租金即为某一特定资产的折扣后金额。表3显示了租金（Rate）表的结构。

表3 租金表结构

字段名称	数据类型	字段描述	字段长度	备注
租金编号（RateCode）	文本	租金的唯一标识，主键	10	必备
租金描述（RateDescription）	文本	租金编号的说明	25	必备
原价百分比（Percentage）	数值	折扣率。将其乘以日租金即为最终价格。使用百分比的格式。小数点后保留两位	单浮点	必备

资产表存储了码头每一个租赁资产的信息。资产编号（PID）对每一个资产都

是唯一的，因此是主键。资产表还包括租金（RentalPrice）、描述（Description）和资产类别（PCategory）。RentalPrice 字段存储了该资产的日租金。Description字段进一步说明了该资产的情况。PCategory 字段规定了资产的类型，例如舱位、水上摩托车、机动船或者渔船。表 4 显示了资产表的结构。

表 4　　　　　　　　　　　　　　资产表结构

字段名称	数据类型	字段描述	字段长度	备注
资产编号（PID）	文本	资产的唯一标识，主键	10	必备
租金（RentalPrice）	数值	日租金，使用货币格式	长整型	必备
描述（Description）	文本	租赁资产的描述	50	
资产类别（PCategory）	文本	资产分类	2	

支付表存储了每个码头客户支付的信息。支付表包括支付编号（PaymentID）、客户编号（CID）、支付日期（PaymentDate）、支付金额（PaymentAmount）、备注（Comment）和是否为押金（Deposit?）等字段。PaymentID 是每个支付的唯一编号，是支付表的主键。CID 字段将一条特定的支付记录与承担该支付的客户关联起来。PaymentDate 字段存储了进行支付的日期。PaymentAmount 字段存储了所支付的金额。Comment 字段存储了该项支付任何必要的说明。Deposit? 字段表明该项支付是否为押金。表 5 显示了支付表的结构。

表 5　　　　　　　　　　　　　　支付表结构

字段名称	数据类型	字段描述	字段长度	备注
支付编号（PaymentID）	自动编号	支付的唯一标识，主键	长整型	必备
客户编号（CID）	数值	客户编号，考虑使用查阅向导	长整型	必备
支付日期（PaymentDate）	日期/时间	支付发生的日期		
支付金额（PaymentAmount）	货币	支付的金额		必备
是否为押金（Deposit?）	是/否	表明是否为押金		
备注（Comment）	文本	此次交易的备注	5	

预订表存储了每个码头资产租赁预订的信息。预订表包括预订编号（ResID）、客户编号（CID）、预订开始日期（ResDate）、预订下达日期（BookingDate）、终止日期（EndDate）、提取日期（PickUpTime）、租金编号（RateCode）和资产编号（PID）等字段。ResID 字段是每个预订的唯一标识，是预订表的主键。CID 字段将一条特定的预订记录与进行该预订的客户关联起来。ResDate 字段是指预订的起始日期。BookingDate 字段是指客户下达该预订的日期。EndDate 字段是指预订的结束日期。PickUpTime 字段是指租赁的资产被提取的日期。RateCode 字段标识了应用于该预订的租金编号。PID 字段确定了与该预订相关联的资产。表 6 显示了预订表的结构。

作为设计过程的一部分，各表之间的联系是很必要的。你需要确保满足参照完整性。

表 6 预订表结构

字段名称	数据类型	字段描述	字段长度	备注
预订编号（ResID）	自动编号	预订的唯一标识，主键	长整型	必备
客户编号（CID）	数值	唯一识别客户	长整型	必备
预订开始日期（ResDate）	日期/时间	预订的起始日期		必备
预订下达日期（Booking-Date）	日期/时间	客户下达该预订的日期		必备
终止日期（EndDate）	日期/时间	预订的结束日期		必备
提取日期（PickUpTime）	日期/时间	租赁的资产被提取的日期		
租金编号（RateCode）	文本	识别应用的租金编号，使用查阅向导	50	必备
资产编号（PID）	文本	识别租赁资产，使用查阅向导	10	必备

☐ 输入需求

通过与麦肯齐先生的对话，你了解到这个数据库必须记录和存储码头客户、租赁资产、预订和支付等信息。为记录这些信息你需要创建几个表单和子表单。例如，一个带有预订和支付历史信息子表单的客户表单是必备的。客户表单的框架如图 1 所示。

```
                         客户表单
客户编号：                    总费用；
客户名：                      已付金额：
客户姓：                      欠款：
客户电话号码：
街道地址：
城市：         州：        邮编：

  预订标签              支付标签
```

图 1　客户表单

客户表单记录和显示了客户的姓名、地址和电话号码。另外，客户表单还显示了客户编号、总费用、已付金额和尚欠余额。总费用字段显示了客户当前预订的全部应付金额。同样，已付金额字段显示了当前预订的全部已付金额。尚欠金额字段显示了目前的欠款数量。

在使用客户表单时，麦肯齐先生希望能够查看或输入客户当前的预订和支付信息。你决定采用一个标签页控件来安排每个客户的预订和支付信息，当麦肯齐先生查看某个客户的记录时，他可以很容易地访问到这些信息。

在预订子表单上，麦肯齐先生希望至少能查看到预订天数、预订日期、资产编号、租金编号、折扣率、日租金、折扣后日租金、总使用费用和备注等信息。在使用预订子表单时，麦肯齐想要在他全部的租赁资产列表中选择某个资产，并伴有资产描述和租赁费用的显示。在支付子表单中，麦肯齐先生希望看到支付日期、支付金额和备注。

尽管麦肯齐先生鼓励你自行设计表单，但他也要求表单应该有一个统一、专业的外观，易于使用，并能显示公司名称和标识。另外，每个表单应该包含有按钮，以使得麦肯齐先生可以增加、删除、查找和打印记录。为了使数据输入更加容易，他希望在需要的字段处使用自动查询、下拉框和控件提示。在某些地方，你需要使用有效性检验、缺省值、输入掩码以及适当的格式。

当莫利·麦肯齐游船码头数据库首次开放时，麦肯齐先生希望有一个控制台来实现自动显示。在控制台麦肯齐先生能够随时访问他的表单、报表和查询。麦肯齐先生希望完成此数据库时，有从主菜单中退出应用的选项。

☐ 信息需求

麦肯齐先生希望得到每日租赁资产预订报表、可用资产报表和客户发票。他请你为他设计这些报表。每晚打印一份每日租赁资产预订报表。这张报表表明哪些资产已被预订，它按照租赁资产类别进行排序，在每个类别下面再按照编号的先后排序。雇员使用这个预订报表来确保被预订的船只和舱位可用。

通常客户会询问某个租赁资产何时可用。麦肯齐先生需要能够定位到某个具体的资产记录以检查它的可用性。租赁资产可用性报表应按照资产类别进行排序，显示哪些资产在第二天是可用的，同时资产在各自的类别下也应该有所排序。

麦肯齐先生要求你准备客户发票。该发票将作为客户租赁交易的凭证。

麦肯齐先生希望能解答下列问题。请准备查询以便为麦肯齐先生检索信息。如果你愿意，也可以基于下列查询的结果生成报表。

1. 对于舱位租赁客户而言，平均的租赁时间是多长？

2. 船只多久一次能被租出？平均的租赁时间是多长？

3. 哪种船坞租赁选项是最受欢迎的？不同租金编号的租金收入是多少？

4. 上一周麦肯齐先生获得的渔船租金收入是多少？上一个月的情况如何？水上摩托车的租用情况如何？（使用 7 月份最后一周的数据进行分析。）

5. 每个客户每次的平均消费是多少？

6. 如果某个客户从码头租赁了一个舱位，同时又想租船，折扣率是多少？

麦肯齐先生想把数据从码头数据库导出到 Excel 表中，以便进行进一步的分析。他希望能回答以下问题。请使用 Excel 表，为他提供答案。

7. 从 6 月份起，每个产品类别以及每个类别下每个产品的平均销量是多少？从 6 月份起，每个产品类别以及每个类别下每个产品的总销售额是多少？

8. 为 6 月份的第一周准备一张柱状图，以比较每天不同类别资产的租金收入情况。

9. 为 6 月份准备一张饼状图，以比较不同类别资产的租金收入情况。

10. 每个舱位的平均收入是多少？哪个舱位被租赁的最频繁？

11. 哪个租金编号用得最多？

12. 麦肯齐先生计划花费 75 000 美元购买新的水上摩托车。他在考虑是购买单人、双人还是四人水上摩托车。单人水上摩托车售价 8 700 美元，双人水上摩托车售价 11 000 美元，四人水上摩托车售价 15 000 美元。每辆水上摩托车的维护费用都是每小时 150 美元。麦肯齐先生预计单人水上摩托车每周需要 1 个小时的维护；双人水上摩托车每周需要 1.5 个小时的维护；四人水上摩托车每周需要 2 个小时的维护。麦肯齐先生不希望新水上摩托车的每周总维护时间超过 40 个小时。他计划最多购买 3 辆四人水上摩托车。可租赁天数为 100 天。

如果麦肯齐先生的主要目的是最大化水上摩托车租赁收益，那么他应该买几辆水上摩托车？应该购买哪一种？使用规划求解帮助麦肯齐先生计算出他应该分别购买几辆单人车、几辆双人车、几辆四人车。（你可以做任何假设，但这些假设需要在分析中给予说明。）

实施关注

为了构建莫利·麦肯齐游船码头数据库，你需要生成几个查询，设计表单和子表单，设计报表，创建表，建立表之间的联系。你被鼓励进行自由创造，但数据库的功能应该合理并有一个专业的外观。

为了满足工作表需求，你需要将选定的数据从码头数据库导出到工作表中。在进行所需要的分析时，你需要使用几个工作表特性，包括过滤、透视表、规划求解、子表单和微软查询。

如前所述，你可以自行设计这些表单、报表和工作表。你也可以为这个案例另外做一些合理的假设。然而，这些假设不能与上述提出的任何需求有冲突，并且必须获得教授的认可。为了满足这些假设，你有可能还需要创建另外的表单，或者收集前面没有提到的数据。

设计测试

在创建完上述数据库和工作表之后，你应该对你的设计工作进行测试。请完成下列操作：

1. 向码头数据库中输入下列信息。

兰德尔·佩特拉（Randall Petra）租了一辆水上摩托车和舱位，租期是从 2008 年 7 月 4 日到 2008 年 7 月 7 日。他是 2008 年 5 月 1 日预订的，并支付了 20％ 的押金。舱位获得了周末的折扣，但水上摩托车没有获得折扣。（你要选择水上摩托车和舱位，并做任何必要的假设。）

宝莲·毕晓普（Pauline Bishop）租了两个舱位，租期是从 2008 年 7 月 4 日到 2008 年 7 月 6 日。她是 2008 年 5 月 12 日预订的，并支付了 30％ 的押金。舱位获得了周末的折扣。（你要选择舱位，并做任何必要的假设。）

弗朗西斯·托马斯（Frances Thomas）租了一辆水上摩托车，租期是从 2008 年 7 月 4 日到 2008 年 7 月 9 日。她在 2008 年 6 月 25 日做的预订，并支付了 30％ 的押金，没有获得折扣。（你要选择水上摩托车，并做任何必要的假设。）

2. 通常来讲，客户会提前多长时间进行预订？

3. 使用微软 Excel 的分类汇总，确定给定租金编号类别的总折扣金额。

4. 不同租赁资产类别的平均日收入、周收入和月收入分别是多少？

案例作业

为了令人满意地完成这个案例，你需要按照案例描述中的内容创建数据库和工作簿，并准备书面和口头的报告。除非另有规定，否则要向你的教授提交以下内容：

1. 一份书面的报告，列出你对该案例所做的全部假设，以及该案例的关键因素。另外，你是否增加了哪些内容以使得工作簿具有更多的功能？用户友好性如何？（请注意，这些假设不能与上述提出的任何需求有冲突，并且必须获得教授的认可。）

2. 每张工作表的打印版。

3. 每个工作表公式的打印版。

4. 能够符合案例描述和需求部分所提到条件的数据库电子版。

5. 能够符合案例描述和需求部分所提到条件的工作簿电子版。

6. 上述问题的结果。（还应该包括对这些结果的说明。）

7. 如前所述，你应该准备一份口头报告。（你的指导教师将确认你报告的时间。）你可以使用报告软件并说明你所设计的数据库和工作簿的主要特性。同时，还要说明数据库和工作簿能够为麦肯齐先生带来什么样的帮助。数据库和工作簿中还应该包括哪些信息以使它的功能更强大？

第 II 篇

数据库案例

- 可可宠物犬俱乐部
- 苏珊调味酱公司
- 琼外婆饼干
- "患难之交"慈善组织
- "再次喜爱的电影"网站
- 难忘的麋鹿房车公园
- 泰龙街机游戏店
- 凯勒工业公司
- ABC 公司的健康福利
- 赖特兄弟机场班车服务公司
- 娜塔莉旅行社
- 健康植物苗圃
- 富兰克林大学：学生奖学金管理
- 莱蒂服饰租赁店

案例 15

案例

可可宠物犬俱乐部

数据库案例   难度评级：★

技能检定
你应该复习如下知识点：

数据库技能

- ✓ 聚合功能
- ✓ 计算字段
- ✓ 表单设计
- ✓ 表单向导
- ✓ 查阅向导

- ✓ 联系
- ✓ 报表设计
- ✓ 报表向导
- ✓ 选择查询
- ✓ 表设计

■ 案例背景

    6 个月前，凯迪·汉娜（Caedee Hannah）发现自己正面临一个困境。她所喜爱的雪纳瑞犬可可（KoKo），由于患有一种慢性病，需要接受治疗、特殊饮食，并需要每天锻炼。治疗和特殊饮食对于繁忙的生活节奏来说还不算什么，但保证可可每天都进行锻炼就是个问题了。尽管可可每日锻炼通常都是围绕小区散步，但对于繁忙的经理人汉娜来说，在时间安排上有很大的困难。汉娜的朋友伊恩（Ian），可以在汉娜特别忙的时候带可可散步。汉娜的朋友和邻居们非常喜欢让宠物犬散步这个主意，他们找到汉娜和伊恩，想让他们的犬也一起散步。开始于带邻家犬散步的服务现在已经变成一个刚刚起步但不断成长的大都市区业务。汉娜聘你来为她的业务创建一个简单有效的数据库。她需要你创建客户和宠物犬表单、客户和宠物犬表、遛犬人日程安排、客户清单报表以及几个查询。

案例描述

可可宠物犬俱乐部（KoKo's Canine Pet Club）提供遛犬服务，迎合繁忙的养犬人。这项服务非常受宠物犬爱好者的欢迎，他们很重视宠物犬的日常锻炼。尽管这项业务在 6 个月前刚刚开始，却已经为 50 只宠物犬提供了遛犬服务，并且平均每周有 5 只宠物犬注册。随着文书工作不断增加，凯迪·汉娜，本项服务的创始人，需要一项更好的记录信息的系统。

在与汉娜的会面中，她告诉你新客户必须先注册。在注册过程中，新客户需要提供宠物犬的基本信息、选择偏好的散步时间和心仪的遛犬人。然后，遛犬的费用将被确定并记录在宠物犬注册表单中。遛犬费用根据犬的情况而变化，取决于宠物犬的大小、秉性和主人所拥有的宠物犬数量。宠物犬主人可以要求他的犬在清晨、上午、午后、下午或傍晚等时间段散步。可用散步时间目前是通过电话记录在一个书写板上。但是，汉娜希望将可用散步时间以及遛犬人、客户和宠物犬的信息存储在你正创建的数据库里。

汉娜对记录信息的需求是很简单的。她需要有一个数据库来追踪她的客户、宠物犬、可用遛犬时间以及遛犬人等信息。汉娜给了你一个部分完成的数据库，要求你创建并填入客户和宠物犬表，创建几个联系，设计客户和宠物犬表单，设计遛犬安排和客户清单报表，并构造几个查询。

存储需求

在查看完部分完成的可可宠物犬俱乐部的数据库后，你注意到数据库目前包括遛犬人（Walker）表和遛犬时间（Walk）表。遛犬人表存储了每个遛犬人的基本信息，遛犬人编号是（WalkerNo）该表的主键。遛犬时间表存储了遛犬时间编号（WalkTimeCode）。当某个客户为他的宠物犬注册时，一个遛犬时间编号就被指派给这个宠物犬。遛犬时间编号表明了宠物犬主人希望他的宠物犬在哪个时间段内散步。

可可宠物犬俱乐部数据库需要客户（Client）表和宠物犬（Pet）表。你认为客户表应该存储每个客户的联系信息，其中客户编号（ClientID）应该作为主键。表 1显示了客户表的结构。（你的指导教师会向你提供该表中的数据。）

表 1　　　　　　　　　　　　　　　　　　　**客户表结构**

字段名称	数据类型	字段描述	字段长度	备注
客户编号（ClientNo）	自动编号	客户的唯一标识，主键	长整型	必备
姓（CLastName）	文本	客户的姓氏	50	必备
名（CFirstName）	文本	客户的名字	25	必备
地址（CAddress）	文本	客户的街道地址	25	必备
城市（CCity）	文本	客户所在城市的名称	25	必备
州（CState）	文本	客户所在州的简写，缺省值是 OK	2	必备

续前表

字段名称	数据类型	字段描述	字段长度	备注
邮编（CZip）	文本	客户的邮编，用输入掩码	10	必备
电话号码（CPhone）	文本	客户的家庭电话，非紧急联系电话。用输入掩码	8	必备
紧急电话号码（EPhone）	文本	客户的紧急联系电话号码，用于紧急情况。用输入掩码	8	必备

宠物犬表存储每只宠物犬的信息，包括宠物犬编号（PetNo）、宠物犬名称（PetName）、客户编号（ClientNo）、遛犬人编号（WalkerNo）、报价（Quoted-Price）、期望遛犬时间编号（WalkTimeCode）、注册日期（EnrollmentDate），以及备注（Comments）。表 2 显示了宠物犬表的结构。（你的指导教师会向你提供该表中的数据。）在研究这个表结构时，你注意到 WalkerNo 字段和 WalkTimeCode 字段是宠物犬表结构的一部分。由于 WalkerNo 字段和 WalkTimeCode 字段在其他表中已经存在，因此你使用查阅向导在宠物犬表中创建了这两个字段。（当你选择查阅向导作为该字段的数据类型时，查阅向导将被激活。）

表 2　　　　　　　　　宠物犬表结构

字段名称	数据类型	字段描述	字段长度	备注
宠物犬编号（PetNo）	文本	客户的唯一标识，主键	10	必备
宠物犬名称（PetName）	文本	宠物犬的名称	25	必备
客户编号（ClientNo）	数值	客户的编号，必须与客户表中的某个客户编号相匹配。使用查阅向导	长整型	必备
遛犬人编号（WalkerNo）	文本	遛犬人的编号，必须与遛犬人表中的某个遛犬人编号相匹配。使用查阅向导	4	必备
报价（QuotedPrice）	货币	每日遛犬费用。由汉娜来确定实际的价格		必备
期望遛犬时间编号（WalkTimeCode）	文本	某宠物犬倾向散步时间的编号。使用查阅向导	2	必备
注册日期（Enrollment-Date）	日期/时间	表明客户为宠物犬注册的日期。使用短日期格式		必备
备注（Comments）	备注	包括任何额外必要的信息		

在看完记录后，你认为有三个联系是必须有的。首先，客户表和宠物犬表之间的联系是必须有的。因为每个表都包含了客户编号字段，因此你使用客户编号字段为它们创建了联系。其次，遛犬人和宠物犬表之间的联系是必须有的。这两个表中都有遛犬人编号字段，因此你使用遛犬人编号字段为它们创建了联系。最后，遛犬安排和宠物犬表都有遛犬时间编号字段，因此你使用遛犬时间编号字段为它们创建了联系。你认为每个联系都应该强调参照完整性。（注意，查阅向导会为你创建联系。但是，你需要对这些联系进行编辑，以确保满足参照完整性。）

□ 输入需求

图 1 提供了汉娜想要使用的客户表单的基本架构。在某个新客户为他的宠物犬

注册这项遛犬服务时，汉娜使用这个表单来记录该客户的联系信息，包括姓名、地址和电话号码。正如这个架构显示的，表头包括服务的名称和表单和名称。在对这个架构进行研究之后，你使用表单向导创建了一个客户表单初稿，然后在设计视图下对其进行编辑。

可可宠物犬俱乐部
客户

客户编号：　　　　　　　　　　　街道地址：

客户姓：　　　　　　　　　　　　城市：

客户名：　　　　　　　　　　　　州：　　　　　邮编：

客户电话号码：

紧急电话号码：

图 1　客户表单

在客户注册后，汉娜需要为他的宠物犬进行注册。宠物犬注册流程很简单，只需要记录下来宠物犬的基本信息，例如宠物犬的名称、遛犬时间以及心仪的遛犬人。你使用表单向导创建了初始的宠物犬表单，然后在设计视图下编辑此表单。图 2 显示了初始的宠物犬表单架构。

可可宠物犬俱乐部
宠物犬

客户编号：　　　　　　　　　　　遛犬人编号：

宠物犬编号：　　　　　　　　　　遛犬时间编号：

宠物犬名称：

注册日期：　　　　　　　　　　　报价：

备注：

图 2　宠物犬表单

信息需求

汉娜需要遛犬人日程安排和客户清单报表。遛犬人日程安排每周生成一次，可以告知汉娜这些遛犬人的日程安排情况。由于遛犬人日程安排使用了四个表的数据，因此你创建了一个选择查询，并使日程安排取决于这个查询的结果。如图 3 所示，遛犬人日程安排表表头包括服务名称、报表标题和当前日期。报表主体信息按姓氏的升序列出了所有遛犬人。二级排序是按照遛犬时间编号进行的，在同一个遛犬时间编号内，信息按照客户的姓氏排序。汉娜也提到，她希望遛犬日程安排报表是横向排列的。

可可宠物犬俱乐部 遛犬人日程安排 （当前日期）								
姓	编号	客户	宠物犬名称	地址		城市	电话号码	紧急电话号码
乔丹 （Jordan）	3	莫纳克 （Monac）	Bear	303 Northridge		埃德蒙	899-2395	909-8679
	3	斯通 （Stone）	Bruno	1408 Peter Pan Drive		育空	899-8182	606-3102
⋮								
摩根 （Morgan）	1	鲁尔兹 （Ruaz）	Molly	1701 Memorial Road		俄克拉何马	905-8440	606-4102
⋮								

图 3　遛犬人日程安排

图 4 显示了客户清单报表的框架。客户清单报表提供了该服务目前的客户清单。你使用报表向导来加速初始报表的开发，并在设计视图下编辑此报表。客户清单报表的表头包括服务名称、报表名称和当前日期。为了与遛犬人日程安排报表具有一个统一的外观，你使用了与它相类似的报表风格。

可可宠物犬俱乐部 客户清单 （当前日期）			
客户姓名	地址	城市	电话号码
巴尼·布莱克 （Barney Blake）	101 Sunnyville Lane	埃德蒙	606-8975
⋮			
大卫·斯通 （David Stone）	1408 Peter Pan Drive	育空	899-8182
⋮			

图 4　客户清单报表

汉娜需要得到下列问题的答案。请构建查询以帮助汉娜回答这些问题。如果你愿意，也可以基于下列查询的结果生成报表。

1. 每个遛犬人目前遛了几条犬？显示遛犬人的姓和名，以及每个遛犬人的犬数量。按照遛犬人的姓氏字母升序排列这些信息。

2. 哪些客户在埃德蒙市？提供他们的姓和名。

3. 哪些客户有 3 条或更多的犬？显示每个客户的姓和名，以及他们目前养犬的数量。

4. 每个客户的总遛犬花费是多少？显示每个客户的姓和名，以及他们的总花费。

5. 鲍勃（Bob）在清晨遛哪条犬？列出每条犬的名称、它主人的姓和电话号码。

□ 实施关注

尽管你可以自行设计表单和报表，但每个表单和报表应该有一个统一、专业的外观。可考虑使用向导来准备初始的表单和报表。在完成了初始的表单和报表后，你可以在设计视图里对它们进行编辑。

终端用户可以使用一个查阅类型的字段从一个列表中选择值，这使得数据的录入更加容易，并提高了数据准确性。你应该定义宠物犬表中的客户编号、遛犬人编号和遛犬时间编号字段为查阅类型。在为每个字段定义数据类型时，在数据类型列选择查阅向导，然后按照查阅向导对话框的指示完成工作。

□ 设计测试

在创建完表单、表、联系、查询和报表后，你应该对你的数据库设计进行测试。请完成下列操作：

1. 在基本工资以外，遛犬人每遛一条犬，汉娜就另给他 10% 的佣金。佣金是以遛犬费用为基础的。每位遛犬人的总佣金是多少？请提供每位遛犬人的姓和名，以及他的总佣金。

2. 汉娜想要知道在每个城镇的客户数量。请提供城镇的名称，以及每个城镇的客户数量。

3. 汉娜想要提高收费。她计划提高高峰时段的收费。哪个时段是高峰时段？请提供遛犬时间段描述，以及在该时间段遛犬的数量。

4. 汉娜向她的客户收取的平均遛犬费用是多少？仅显示平均值。

5. 有两个新客户注册了遛犬服务。将他们的信息以及宠物犬的信息输入数据库。对每个客户，指派一个客户编号。对每个宠物犬，指派一个宠物犬编号，并添加任何你认为必要的信息。

范茜·迪波斯（Fancy Tibbs）住在俄克拉何马 Luther 的 48473 Roosevelt Drive。邮编是 73002，她的电话号码是 910-5746。Mickey，Precious，Prancer 和 Spot 是她的四条宠物犬。Mickey 是一条约克郡犬，Precious 是一条贵宾犬，Prancer 是一条腊肠犬，而 Spot 是一条斑点狗。三条小型犬的费用是 6.5 美元，较大型犬的费用是 8.5 美元。迪波斯希望鲍勃能够在清晨遛她的宠物犬。可以使用今天作为注册日期。

桑德·杜蒙（Thunder Dumont）住在俄克拉何马 Guthrie 的 84739 Park Lane。邮编是 73250，他的电话号码是 748-0098，紧急电话号码是 748-9876 。杜蒙有两条宠物犬。Lightning 是一条贵宾犬，遛犬费用是 6.5 美元。Sunshine 是一条大丹狗，遛犬费用是 10.5 美元。杜蒙希望凯利·拉蒙特（Kelly Lamont）能够在下午遛他的宠物犬。可以使用今天作为注册日期。

案例作业

为了令人满意地完成这个案例，你需要按照案例描述中的内容创建数据库和工作簿，并准备书面和口头的报告。除非另有规定，否则要向你的教授提交以下内容：

1. 一份书面的报告，列出你对该案例所做的全部假设，以及该案例的关键因素。另外，你是否增加了哪些内容以使得数据库具有更多的功能？用户友好性如何？（请注意，这些假设不能与上述提出的任何需求有冲突，并且必须获得教授的认可。）

2. 每个表单的打印版。

3. 每个报表的打印版。

4. 能够符合案例描述和需求部分所提到条件的数据库电子版。

5. 每个查询的结果。（还应该包括对这些结果的说明。）

6. 如前所述，你应该准备一份口头报告。（你的指导教师将确认你报告的时间。）你可以使用报告软件并说明你所设计的数据库的主要特性。同时，还要说明这个数据库能够为汉娜带来什么样的帮助。数据库中还应该包括哪些信息以使它的功能更强大？

案例 *16*

苏珊调味酱公司

数据库案例 难度评级：★

▓ 案例背景_____

　　苏珊调味酱公司（Susan's Special Sauces）是一家小公司，生产各种沙拉酱和调味酱。公司的所有者乔伊·乔瓦尼（Joy Giovanni）最近购买了位于城镇郊区的一幢建筑。她希望她的记录能更有组织性，尤其是与库存相关时。最初，乔瓦尼希望你创建一个数据库，能够使她监控公司产品的库存水平。例如，她想知道公司各产品当前的库存水平、最大库存水平、最小库存水平、生产成本和销售价格。她需要简单有效的表单来录入产品数据；需要报表来判断低库存产品，以及目前在库的产品；也需要从数据库导出公司产品和产品类别的特定信息。

案例描述

乔瓦尼自营一家总部在得克萨斯的小型公司，名为苏珊调味酱公司。乔瓦尼公司的名字来自她的祖母和女儿。苏珊调味酱公司生产和销售各种沙拉酱和调味酱，从意大利酱一直到超辣烧烤酱。在公司成立初期，乔瓦尼在本地和州内的展览会、集会和跳蚤市场上包装销售各种意大利面酱。随着时间的推移，乔瓦尼把公司的产品范围扩大到美食沙拉酱、番茄酱、烧烤酱和牛排酱等。苏珊调味酱公司目前提供共 5 个类别的 20 种产品。表 1 列出了公司目前的产品清单。

表 1   **产品记录**

产品编号	产品名称	产品类别编号	库存量	售价	产品成本	预计日需求量	最大库存水平
1	超级奶油沙拉酱	DR	140	$3.50	$2.00	25	150
2	超级奶油意大利酱	DR	100	$3.50	$2.00	35	210
3	意大利调味酱	DR	100	$3.00	$1.50	40	240
4	超级凯撒沙拉酱	DR	150	$3.25	$1.25	40	240
5	苏珊法式生菜调味酱	DR	119	$3.25	$1.25	42	252
6	苏珊千岛调味酱	DR	125	$3.25	$1.25	55	330
7	苏珊奶油蓝奶酪调味酱	DR	330	$3.25	$1.25	55	330
8	牛排酱	SA	202	$4.50	$2.50	45	270
9	厚牛排酱	SA	40	$4.75	$2.75	30	180
10	肉球酱	PS	180	$4.35	$2.85	30	180
11	素什锦	PS	150	$4.50	$2.90	30	180
12	咖喱洋葱蘑菇酱	PS	30	$4.50	$3.00	5	30
13	加奶酪	PS	4	$4.75	$3.50	15	90
14	淡味沙司	SL	149	$3.10	$1.55	25	150
15	中辣沙司	SL	130	$3.10	$1.55	25	150
16	特辣沙司	SL	115	$3.10	$1.55	20	120
17	烟熏烧烤酱	BS	130	$4.90	$2.95	25	150
18	最好烧烤酱	BS	164	$5.90	$3.45	30	180
19	豆味烧烤酱	BS	110	$4.75	$2.75	20	120
20	超辣烧烤酱	BS	101	$4.50	$2.25	25	150

伦道夫餐厅（Randolph Restaurants）是一个小型连锁餐厅，正在使用并销售多种苏珊调味酱公司的调味酱。事实上，伦道夫餐厅是苏珊调味酱公司的主要客户。当餐厅某种调味酱产品缺货时，伦道夫（Randolph）会给乔瓦尼打电话，告诉她需要订哪种产品。提前期很充足，因此如果乔瓦尼手头没有灌装好的调味酱，她就在订单下达后再准备。

目前，乔瓦尼并没有一个正式的追踪库存的方法。当伦道夫打电话时，她随手把订单写下来，或仅仅靠记忆。如果已经有装好瓶的产品，她就把产品装箱并运送到伦道夫的某个餐厅。如果没有现货，乔瓦尼就会把订单交给她的厨师。由于手头上某个产品的存货太多或太少，因此这种方法有时会出现问题。

公司的调味酱产品越来越多，这就需要公司要搬到一个更大的建筑里。现在客户可以从位于生产楼前的一个小商店里直接购买苏珊调味酱产品。

目前小商店已经开始营业，乔瓦尼意识到了实现提前期和利用安全库存的必要性。准备新的一批调味品和调味酱的提前期是 2 天。通常，提前期是乔瓦尼进行补货所需要的时间。为了避免缺货，乔瓦尼也利用安全库存。安全库存是指保留在手头上的产品的额外数量，它的作用是缓冲，以保证某项产品不会脱销。乔瓦尼觉得每个产品的安全库存应该是两天的产品日需求量。

因为乔瓦尼需要一个更为正式的方法来追踪库存，因此请你创建一个简单的库存追踪系统。在你与她的第一次会面期间，她提出希望能够追踪到每个产品的售价、库存量和生产成本。另外，库存追踪系统还应该存储每个产品的最大和最小库存水平。乔瓦尼给了你一张表，上面列出了每个产品的最大库存水平。然而，她没有时间去确定每个产品的最小库存水平。她请你来确定每个产品的最小库存水平，并把这些信息输入到数据库中。（公式将在下一部分中给出。）首先，你要创建这部分数据库，以便为乔瓦尼提供这些信息。

□ 存储需求

在你查看与乔瓦尼的会谈记录时，你意识到产品（Product）表和类别（Category）表是必要的。产品表包括 9 个字段，其结构如表 2 所示。（在表创建完成后，可以使用表 1 中提供的记录来填充它）。在创建产品表时，你想起乔瓦尼要求你确定每个产品的最小库存水平。在确定完每个产品的最小库存水平后，你在产品表中创建了最小库存水平（MinInvLev）字段，并把最小库存水平数据输入到这个字段中。在与乔瓦尼会谈期间，她建议你使用如下公式来计算产品的最小库存水平。

最小库存水平＝提前期的需求＋安全库存

表 2　　　　　　　　　　　　　　产品表结构

字段名称	数据类型	字段描述	字段长度	备注
产品编号（PNo）	数值	主键，唯一	长整型	必备
产品名称（PName）	文本	标识产品	45	必备
产品类别编号（PFamily-Code）	文本	产品所属类别	4	必备
库存量（QOH）	数值	现有库存量	长整型	必备
售价（SellingPrice）	货币	产品售价		必备
产品成本（PCost）	货币	标识每生产单位产品所花费的成本		必备
最小库存水平（MinInvLev）	数值	手头应该留有的产品数量。到达此点时应重新备货	长整型	
每日需求量（DailyDemond）	数值	平均每日需求量	长整型	
最大库存水平（MaxInvLev）	数值	最大库存水平	长整型	

类别表仅包含 4 个字段，因此很容易创建。表 3 显示了类别表的结构，表 4 提供了类别表所需要的记录。

表 3   产品类别表结构

字段名称	数据类型	字段描述	字段长度	备注
产品类别编号（PFamily-Code）	文本	主键，唯一	4	必备
描述（Description）	文本	产品类别名称	15	必备
本类别数量（NoInFamily）	数值	本类别中产品的数量	长整型	
备注（Comments）	备注	本类别的其他说明		

表 4   产品类别记录

产品类别编号	描述	本类别数量	备注
BS	烧烤酱	4	
DR	调味酱	7	
PS	意大利面酱	4	
SA	牛排酱	2	
SL	调味汁	3	

　　由于乔瓦尼女士需要的信息是从两个表中的数据得来，因此你为产品表和类别表创建了联系。每个表中都包含有产品类别编号这个字段，于是你使用这个公共字段把两张表联系起来。

□ 输入需求

　　你准备了产品表单和产品类别表单的框架，并计划与乔瓦尼会谈一次。图 1 和图 2 显示了这些框架。在会谈期间，乔瓦尼表示了对这些框架的认可，同时她鼓励你更有创造性地进行设计。她还要求这些表单要使用统一的格式，用户界面良好，包括公司的名称，并在表头放置一个调味酱瓶的图片。（你需要在每个表单中都放置这样的图片。）

　　与乔瓦尼会谈后，你开始设计这些表单。在研究产品表单的框架时，你确定这个表单的主要目的，是使乔瓦尼能够向数据库中增加、修改和删除产品信息。你还确定这个表单应该包括产品表中的全部字段。在研究产品类别表单的框架时，你发现这个表单很简单。它仅包括 4 个字段，供乔瓦尼增加、修改和删除关于产品类别方面的信息。

苏珊调味酱公司

产品表单

产品编号：　　　　　　　　　　　库存量：

产品名称：　　　　　　　　　　　预计每日需求量：

产品类别编号：

售价：　　　　　　　　　　　　　最小库存水平：

生产成本：　　　　　　　　　　　最大库存水平：

图 1　产品表单

苏珊调味酱公司	
产品类别表单	
产品类别编号：	描述：
本类别数量：	备注：

图 2　产品类别表单

☐ 信息需求

乔瓦尼需要一张库存周报表和一张低库存报表。她已经设计了这些报表的框架，如图 3 和图 4 所示。当乔瓦尼把这些框架交给你时，告诉你可以自由修改每个框架的总体外观，然而每个报表应能提供需要的信息，并且足够专业。

苏珊调味酱公司				
库存周报表				
（当前日期）				
产品名称	产品编号	库存量	最小库存水平	当前售价
烤肉酱				
超辣烧烤酱				
烟熏烧烤酱				
⋮				
调味酱				
超级奶油意大利酱				
意大利调味酱				
⋮				

图 3　库存周报表

苏珊调味酱公司				
低库存报表				
（当前日期）				
产品名称	产品编号	库存量	最小库存水平	当前售价
超辣烤肉酱				
烟熏烤肉酱				
⋮				

图 4　低库存报表

库存周报表需要在每个周五下午准备好，向乔瓦尼提供每个产品的详细信息。她希望库存周报表的格式与图 3 接近。表头应包括报表的标题和当前日期。乔瓦尼希望库存周报表能将产品按类别进行分组。产品类别应按照升序排列，每个类别里的产品也按照升序进行排列。对于每个产品，乔瓦尼希望看到产品的名称、编号、库存量、最小库存水平和当前售价。使用图 3 中所示的列名。这是一个多页的报表，乔瓦尼希望在每页都有列名，每页的页脚处都有页码。她还希望每个报表字段都有适当的格式。例如，确保当前售价字段使用了货币格式。乔瓦尼希望产品类别的表头比较醒目，因此要求你将报表的表头设计得醒目。记住这个报表是基于一个选择查询，该查询使用了来自产品表和产品类别表的数据。

乔瓦尼想要一个低库存报表，以识别出当前库存量等于或小于最小库存水平的产品。如果某个产品的库存量等于或小于最小库存水平，乔瓦尼就会要求生产建议批次数量的产品来补充。建议批次数量根据最大库存水平减去现有库存量来确定。

图 4 显示了低库存报表的框架。在查看该框架时，你注意到表头包括报表的标题和当前日期。乔瓦尼提到，这个报表必须包括产品名称、编号、库存量、最小库存水平以及建议批次数量等字段。她希望产品以升序进行排列。为了创建这个报表，你决定基于产品表来建立一个选择查询，并使报表取决于这个查询的结果。为了优化此报表，你在页脚处放置了页码。

乔瓦尼需要回答下列问题。请构建查询以帮助她回答这些问题。如果你愿意，也可以基于下列查询的结果生成报表。

1. 哪些产品的单位利润率低于 2.00 美元？列出每个产品的产品名称、编号和单位利润率。（不需要包括其他字段。）

2. 哪些产品的单位利润率等于或大于 2.00 美元？列出每个产品的产品名称、编号和单位利润率。（不需要包括其他字段。）

3. 哪些产品的单位生产成本低于 2.50 美元？列出每个产品的产品名称、编号和生产成本。（不需要包括其他字段。）

4. 哪些产品的单位生产成本等于或大于 3.00 美元？列出每个产品的产品名称、编号和生产成本。（不需要包括其他字段。）

5. 哪些产品的最小库存水平大于 150？列出每个产品的产品名称和最小库存水平。（不需要包括其他字段。）

实施关注

为了完成案例描述中所提到的库存追踪系统，你要创建两个表、两个表单、两个报表，还有几个选择查询。你还要建立产品表和产品类别表之间的联系。你需要在表单中插入调味酱瓶子的图片，并放在合适的位置。有几个选择查询需要你进行排序、设定参数、创建表达式，并使用来自两个表的数据。为更好地设计报表，你要使报表基于查询结果，规定排列顺序，确定表头、页脚和页眉等。

设计测试

在完成表、表单、查询、联系和报表的创建后，你应该对你的数据库设计进行测试。请完成下列操作：

1. 乔瓦尼要向数据库中增加一个新的产品类别。这个新的产品类别是鸡尾调味酱，产品类别编号是 CS，目前该类别的产品数量是 1。

2. 乔瓦尼开发了几种新产品，并希望进行销售。请向数据库中输入下列产品信息。

产品编号	产品名称	产品类别编号	库存量	售价	产品成本	预计日需求量	最大库存水平
21	低盐意大利沙拉酱	DR	100	$ 3.50	$ 2.00	25	150
22	低盐超级凯撒沙拉酱	DR	100	$ 3.50	$ 2.00	5	30
23	传统意大利面肉酱	PS	150	$ 5.00	$ 3.50	25	150
24	南部烧烤酱	BS	150	$ 5.00	$ 3.00	25	150
25	外婆的鸡尾调味酱	CS	150	$ 2.00	$ 0.75	15	90

3. 乔瓦尼不想再销售咖喱洋葱蘑菇酱了。请将此产品从数据库中删除。

4. 超级凯撒沙拉酱的日需求量已经增加到 75 个单位，请更新数据库以反映这个变化。

5. 识别出 5 种具有最高预计日需求量的产品。需列出这 5 种产品的名称和各自的预计日需求量字段。

案例作业

为了令人满意地完成这个案例，你需要按照案例描述中的内容创建数据库和工作簿，并准备书面和口头的报告。除非另有规定，否则要向你的教授提交以下内容：

1. 一份书面的报告，列出你对该案例所做的全部假设，以及该案例的关键因素。另外，你是否增加了哪些内容以使得数据库具有更多的功能？用户友好性如何？（请注意，这些假设不能与上述提出的任何需求有冲突，并且必须获得教授的认可。）

2. 每个表单的打印版。

3. 每个报表的打印版。

4. 能够符合案例描述和需求部分所提到条件的数据库电子版。

5. 每个查询的结果。（还应该包括对这些结果的说明。）

6. 如前所述，你应该准备一份口头报告。（你的指导教师将确认你报告的时间。）你可以使用报告软件并说明你所设计的数据库的主要特性。同时，还要说明这个数据库能够为乔瓦尼带来什么样的帮助。

案例 **17**

琼外婆饼干

技能检定
你应该复习如下知识点：

数据库技能

✓ 聚合功能	✓ 联系
✓ 计算字段	✓ 报表设计
✓ 表单设计	✓ 报表向导
✓ 表单向导	✓ 选择查询
✓ IIF 函数	✓ 表设计
✓ 查阅向导	

▦ 案例背景

    在过去的几年里，费尔莫（Fillmore）学校的学生在社区里销售琼外婆饼干（Granny Joan'Cookies），以为学校筹集额外资金。筹集来的资金通常用于资助班级旅行、教室用具、乐队制服和操场设施。下个月，费尔莫学校的学生又要开始销售琼外婆的饼干了。费尔莫学校的负责人尼利（Neely）聘用你设计一个饼干数据库。这个数据库将能追踪可卖的饼干、卖饼干的学生以及卖饼干所获得的收入。为了创建饼干数据库，你需要设计并填充 5 个表，创建表之间的联系，设计 4 个表单，设计几个报表，并生成几个查询。

案例描述

　　琼外婆饼干非常受欢迎并且包装良好，非营利组织通常在社区销售这种饼干，以筹集资金用于各种活动。可销售的饼干有几种包装，例如罐头、礼品袋和篮子。费尔莫学校从琼外婆饼干生产商处购买饼干，再加价 100％进行销售。

　　尽管去年筹集资金的工作很成功，然而费尔莫学校的负责人尼利却感到，需要一个更有组织的方法来追踪饼干销售的情况。尼利知道，利用一个数据库，他可以更准确地追踪到饼干销售以及从销售中所获得利润的情况。

　　尼利设想的饼干销售流程如下：尼利的行政助手凯丽（Kelly）负责将饼干分发给学生，并且从学生那里收集销售饼干所获得的收入。如果某位学生想要销售饼干，他会去凯丽的办公室拿一些饼干。凯丽将学生拿走的饼干数目输入到数据库中。当学生上交饼干钱时，会来到凯丽的办公室把钱交给她。凯丽将更新数据库，以反映所上交的金额以及学生所卖出的饼干数量。从本年开始，学生每天只可领饼干和交钱一次。

　　尼利聘请你来设计一个饼干数据库。根据尼利的要求，饼干数据库应该能存储以下信息：学生、饼干、饼干类别、饼干领取和饼干销售。为了创建数据库，你将构造类别表、饼干表、销售者表、领取表和销售表；还需要设计销售者表单、饼干表单、领取表单和销售表单；设计饼干收入日报表和累计销售收入报表；创建表之间的联系，并生成几个查询。

□　存储需求

　　为了根据尼利的要求创建饼干数据库，你要构造 5 张表，包括饼干类别（Category）表、饼干（Cookie）表、销售者（Seller）表、领取（CheckOut）表和销售（Sales）表。（你的教授将向你提供必要的数据来填充这些表。）表 1 显示了饼干类别表的结构。类别编号（CatID）字段对每个饼干类别都有唯一值。类别描述（CatDesc）字段提供了对饼干类别的描述。

表 1　　　　　　　　　　　　　　　　饼干类别表结构

字段名称	数据类型	字段描述	字段长度	备注
类别编号（CatID）	文本	饼干类别的唯一标识，主键	5	必备
类别描述（CatDesc）	文本	提供对饼干类别的描述	50	必备

　　饼干表存储了可售饼干的信息。表 2 显示了饼干表的结构。CID 字段包含了每个饼干的唯一值，是表的主键。CookieName 指饼干的名称。CatID 指饼干的类别，例如罐头、礼品袋和篮子。在研究 CatID 编号字段时，你发现这个字段也包含在类别表中。正由于 CatID 字段包含在类别表中，因此你在饼干表中使用查阅向导来生成这个字段。OurCost 字段表示费尔莫学校为饼干所支付的费用。

表 2 饼干表结构

字段名称	数据类型	字段描述	字段长度	备注
饼干编号（CID）	数值	每包饼干的唯一标识，主键	长整型	必备，设置格式为 0000
饼干名称（CookieName）	文本	饼干的名称	50	必备
类别编号（CatID）	文本	饼干类别的名称，使用查阅向导	25	
成本（OurCost）	货币	费尔莫学校为饼干所付的费用	单浮点	

销售者表存储了销售饼干的学生的信息。表 3 显示了销售者表的结构。如表 3 所示，SellerID 字段识别了每位学生，是主键。SellerFirstName 字段和 SellerLastName 字段分别存储了销售者的名和姓。Grade 字段说明了学生的年级。

表 3 销售者表结构

字段名称	数据类型	字段描述	字段长度	备注
销售者编号（SellerID）	数值	每个学生的唯一标识，主键	长整型	必备
销售者名（SellerFirstName）	文本	学生的名字	25	必备
销售者姓（SellerLastName）	文本	学生的姓氏	50	必备
年级（Grade）	数值	学生的年级	字节	必备

当学生领取多种饼干时（罐装、礼品袋或篮子），就需要一个领取表来追踪每个学生领取饼干的情况。每天每个学生所领取的每种饼干情况都被记录进领取表中。如果一个学生领取了 5 个一磅的奶油罐装饼干和 2 个一磅的糖罐装饼干，那么就需要在领取表中录入两条记录：一条记录是奶油饼干，而另一条记录是糖饼干。

表 4 显示了领取表的结构。如表 4 所示，领取表有 5 个字段，分别是领取编号（CheckOutID）、饼干编号（CookieID）、销售者编号（SellerID）、领取日期（CheckOutDate）和领取数量（CheckOutQuantity）。CheckOutID 字段是每条记录的唯一编号，是主键。每条记录的 CheckOutID 值将被销售表中的关联编号（RefNo）字段使用，以便与先前提取饼干所筹集的资金相关联。CookieID 字段存储了饼干编号。SellerID 字段存储了销售者编号，表示领取饼干的学生。因为 CookieID 字段和 SellerID 字段在其他表中也存在，你决定使用查阅查询来生成这些字段。CheckOutDate 字段显示学生何时领取了饼干，CheckOutQuantity 字段显示了学生所领取饼干的数量。

表 4 领取表结构

字段名称	数据类型	字段描述	字段长度	备注
领取编号（CheckOutID）	自动编号	每个领取事务的唯一标识，主键	长整型	必备
饼干编号（CookieID）	数值	用来识别饼干。使用查阅向导	长整型	必备
销售者编号（SellerID）	数值	领取饼干的学生。使用查阅向导	长整型	必备
领取日期（CheckOutDate）	日期/时间	饼干被领取的时间。使用查阅向导		必备
领取数量（CheckOutQuantity）	数值	某天饼干被领取的数量	字节	必备

销售表存储了每个学生销售饼干的信息。表5显示了销售表的结构，该表包括6个字段：销售编号（SalesID）、关联编号（RefNo）、销售者编号（SellerID）、销售日期（SaleDate）、销售数量（QuantitySold）和上交金额（AmoutCheckedIn）。SalesID字段唯一识别了表中的每条记录。该编号由数据库管理系统指定。

表5   销售表结构

字段名称	数据类型	字段描述	字段长度	备注
销售编号（SalesID）	自动编号	每个销售事务的唯一标识，主键	长整型	必备
关联编号（RefNo）	数值	与领取表中的 CheckOutID 相匹配	长整型	必备
销售者编号（SellerID）	数值	领取饼干的学生。使用查阅向导	长整型	必备
销售日期（SaleDate）	日期/时间	某个学生上交销售饼干所筹集到的资金的时间。使用短日期格式		必备
销售数量（QuantitySold）	数值	某个学生销售饼干的数量	字节	必备
上交金额（AmoutCheckedIn）	货币	某个学生某天销售某种饼干所筹集到的金额	单浮点	必备

当学生上交资金时，你需要将筹集到的资金与存储在领取表中的某条记录相关联。实现这点的一个方式是在销售表中包括 RefNo 字段。对于销售表中的每一个记录，其 RefNo 字段均将有领取表中的一个 CheckOutID 值相匹配。

SellerID 字段识别了销售饼干的学生。由于 SellerID 字段也存储在销售表中，你决定使用查阅向导来生成该字段。当学生将资金上交给凯丽时，上交的日期被存储在 SaleDate 字段中。QuantitySold 字段显示了某个学生销售某种特定类别饼干的数量。AmoutCheckedIn 字段存储了学生上交给凯丽的金额。（根据本案例的假设，你的教授可能会要求你把 AmoutCheckedIn 作为一个计算字段。）

☐ 输入需求

尼利请你设计销售者表单、饼干表单、领取表单及销售表单这几张表单。销售者表单使得他的助手凯丽能够输入销售饼干的每个学生的数据。饼干表单使得凯丽能够输入每种饼干的数据。领取表使得凯丽能够追踪每个学生所领取饼干的数据。当一个学生来到凯丽的办公室交钱时，凯丽女士将使用销售表单来输入有关销售和所筹集资金的数据。图1至图4提供了这些表单的框架。

销售者表单
销售者编号：
销售者名：
销售者姓：
年级：

图1   销售者表单

饼干表单
饼干编号：
饼干名称：
饼干类别：
成本：

图 2 饼干表单

领取表单
销售者编号：
销售者名：
销售者姓：
年级：

领取编号	饼干编号	领取日期	领取数量

图 3 领取表单

领取表单
销售者编号：
销售者名：
销售者姓：
年级：

参考编号	销售日期	销售数量	上交金额

图 4 销售表单

信息需求

尼利需要每日饼干收入报表和累计饼干收入报表。图 5 和图 6 显示了这些报表的框架。（报表中的信息仅为显示之用，你所做报表的内容可以与之不同。）尽管你可以自行设计这些报表，但尼利希望所有报表均有一个标准和专业的外观。

每日饼干收入			
（当前日期）			
饼干名称	销售数量	销售额	总收入
巧克力碎片饼干 1磅 罐装	2	$10.00	$5.00
⋮			
甜奶油饼干 5磅 礼品袋	4	$104.00	$52.00

图 5 每日饼干收入表单

图 5 显示了每日饼干收入表单的框架。尼利将使用每日饼干收入表单来查看每日的饼干销售收入情况。在这张表单中，列销售数据显示学生卖了多少饼干，以及筹集了多少钱。

尼利先生将使用累计饼干收入表单来查看学校离其筹集资金的目标还差多远。累计饼干收入表单按字母顺序列出每种饼干的销售情况。表单显示了每种饼干到目前为止的销售数量、销售额和总收入。图 6 显示了累计饼干收入表单的框架。

累计饼干收入			
（当前日期）			
饼干名称	销售数量	销售额	总收入
巧克力碎片饼干　1 磅　罐装	6	$30.00	$15.00
⋮			
甜奶油饼干　5 磅礼品袋	5	$130.00	$65.00

图 6　累计饼干收入表单

尼利需要得到下列问题的答案。创建查询以帮助尼利回答这些问题。如果你愿意，也可以基于下列查询的结果生成报表。

1. 就总销售额而言，哪个年级销售的饼干最多？标出年级和总销售额。
2. 就总销售额而言，哪个学生销售的饼干最多？
3. 就总收入而言，哪种饼干最受欢迎？
4. 哪些学生将其领取的饼干全部卖掉了？
5. 哪些学生领取了饼干，却从未上交过资金？
6. 每个类别的饼干销售额是多少？
7. 哪个学生销售的礼品篮饼干最多？哪个最少？
8. 一个参考清单报表。这个报表将使得尼利或凯丽能够查阅与学生领取的饼干相关联的参考编号。参考清单报表按字母顺序列出每个学生，包括学生的名、姓和年级。这个报表也将显示学生领取了哪种饼干以及饼干的名称、领取日期、领取数量和参考编号。
9. 一个价格清单报表。价格清单报表按字母顺序列出每种饼干的名称、编号、成本、售价和总收入。
10. 每个年级的饼干领取报表。每个报表至少能提供学生的姓名、饼干名称以及饼干的领取数量。每个报表应该按学生姓氏的字母顺序排列。

实施关注

为了根据尼利的要求准备这个数据库，你需要创建几个查询，建立表之间的联系，并且设计表单和报表。有几个选择查询需要你进行排序、设定参数、创建表达式，并使用来自多个表的数据。在创建联系时，请确保满足参照完整性。尽管你可以自行设计表单和报表，但每个表单和报表应该有一个统一、专业的外观。请考虑使用向导来准备初始的表单和报表。在完成了初始的表单和报表后，你可以在设计视图里对它们进行编辑。

至少有一个查询和一个报表可能需要使用 IIF 函数。IIF 函数允许你查看某一个特定的条件，例如包含有空值的字段等。你可以使用系统的在线帮助来学习更多关于 IIF 函数的功能。

设计测试

在创建完表单、表、联系、查询和报表后，你应该对你的数据库设计进行测试。请完成下列操作：

1. 将下列类别添加到你的数据库中。

类别编号 (CatID)	类别描述 (CatDesc)
TP001	两包
MX001	混合

2. 将下列饼干信息添加到你的数据库中。

饼干编号 (CID)	饼干名称 (CookieName)	类别 (Category)	成本 (OurCost)
0020	士力架	两包	$1.00
0021	燕麦葡萄干饼干	两包	$1.00
0022	香蕉派饼干	混合	$1.50
0023	椰子美味饼干	两包	$1.00
0024	薄荷布朗尼	混合	$1.50

3. 下列学生想要领取饼干。将他们的信息输入到数据库中。

销售者名 (SellerFirstName)	销售者姓 (SellerLastName)	年级 (Grade)
达瑞尔（Darrel）	詹尼尔（Jenel）	6
贾瑞德（Jared）	芒斯（Mounce）	7
迈克（Mack）	弗里德利（Fridley）	4
娜塔丽（Natalie）	佩洛特（Perrot）	5
多米尼克（Dominick）	兰德利（Rendley）	3

4. 有几个学生领取了饼干。将下列信息输入到数据库中。假设领取日期是 2008 年 10 月 6 日。

销售者	饼干	数量
达瑞尔·詹尼尔	巧克力碎片饼干 1 磅 罐装	4
	甜饼干 1 磅 罐装	3
	奶油饼干 1 磅 罐装	2
	士力架 2 包	7
贾瑞德·芒斯	奶油饼干 1 磅 罐装	2
	薄荷饼干 1 磅 罐装	1
	大包装饼干 2.5 磅 篮子	2
	香蕉派饼干 混合	2
迈克·弗里德利	甜梦 礼品包 5 磅	2
	巧克力碎片饼干 1 磅 罐装	11
	椰子美味饼干 2 包	3

娜塔丽·佩洛特	奶油饼干　2磅　罐装	6
	甜饼干　2磅　罐装	1
	燕麦葡萄干饼干　2包	10
多米尼克·兰德利	甜奶油饼干　礼品包　2.5磅	2
	大包装饼干　2.5磅　篮子	2
	薄荷布朗尼　混合	4

　　5. 下列学生上交了资金。将下列信息输入到数据库中。假设上交日期是 2008 年 10 月 13 日。

销售者	饼干	销售数量	上交金额
达瑞尔·詹尼尔	巧克力碎片饼干　1磅　罐装	2	$10.00
贾瑞德·芒斯	奶油饼干　1磅　罐装	1	$6.00
	薄荷饼干　1磅　罐装	1	$5.00
	大包装饼干　2.5磅　篮子	1	$8.00
迈克·弗里德利	甜梦　礼品包　5磅	1	$26.00
	巧克力碎片饼干　1磅　罐装	6	$30.00
米凯·埃姆斯伯格 (Micah Emsberger)	巧克力碎片饼干　1磅　罐装	2	$10.00
	奶油饼干　2磅　罐装	4	$36.00
	甜饼干　1磅　罐装	2	$10.00
安内特·奥马利 (Annette O'Mally)	甜饼干　2磅　罐装	5	$45.00
多米尼克·兰德利	甜梦　礼品包　2.5磅	1	$15.00
	大包装饼干　2.5磅　篮子	1	$8.00
	薄荷布朗尼　混合	2	$6.00
赛德里克·杰瑞迪奥 (Cedrick Jerideau)	奶油饼干　1磅　罐装	1	$6.00

　　6. 尼利请你创建一个销售收入汇总报表。他希望按照升序列出所有销售日期。对于每一个销售日期，他想看到那天的总收入。

　　7. 尼利请你创建一个学生饼干销售活动报表，来汇总每个学生的饼干领取和销售活动的情况。在设计这个报表时，应该按字母顺序排列每个学生，然后列出该学生每次领取饼干的信息。对于该学生领取的每种饼干，尼利需要知道领取的总数量、已销售的总数量以及仍未售出的数量。

　　8. 尼利请你创建一个按类别划分的销售报表。该报表应能按字母顺序列出每个类别。尼利需要看到每个类别的总销售额和总收入。

案例作业

　　为了令人满意地完成这个案例，你需要按照案例描述中的内容创建数据库和工作簿，并准备书面和口头的报告。除非另有规定，否则要向你的教授提交以下内容：

　　1. 一份书面的报告，列出你对该案例所做的全部假设，以及该案例的关键因素。另外，你是否增加了哪些内容以使得数据库具有更多的功能？用户友好性如何？（请注意，这些假设不能与上述提出的任何需求有冲突，并且必须获得教授的认可。）

2. 每个表单的打印版。

3. 每个报表的打印版。

4. 能够符合案例描述和需求部分所提到条件的数据库电子版。

5. 每个查询的结果。（还应该包括对这些结果的说明。）

6. 如前所述，你应该准备一份口头报告。（你的指导教师将确认你报告的时间。）你可以使用报告软件并说明你所设计的数据库的主要特性。同时，还要说明这个数据库能够为尼利带来什么样的帮助。在数据库中还应该存储哪些其他的信息？

案例 *18*

"患难之交"慈善组织

数据库案例　　　　　　　　　　　　　　　　　　**难度评级：★★**

技能检定
你应该复习如下知识点：

数据库技能

√ 聚合功能	√ 标签页向导
√ 自动查找查询	√ 联系
√ 下拉框	√ 报表设计
√ 命令按钮	√ 报表向导
√ 表单设计	√ 选择查询
√ 表单向导	√ 表设计

■ 案例背景_____

　　"患难之交"（Friends in Need）是一个受人尊敬的慈善组织的名称，常因向当地家庭提供特别好的慈善活动而频见报端。目前，患难之交有 10 个志愿者员工，包括该组织的负责人罗曼·基弗（Roman Kieffer）。自 5 年前该慈善组织成立以来，捐赠的数量和种类持续增加，这促使对目前捐赠追踪和分配管理方式的改变。

　　尽管捐赠和分配流程表面上看来很简单，但其文书工作非常多。目前，基弗用一个笔记本记录所有的慈善记录，他需要一个更好的方法来追踪捐赠者和分配捐赠给合格家庭的信息。最近伯德公司（Byrd Corporation）捐赠了必要的硬件和软件，用来为患难之交创建一个计算机化的信息系统。

　　基弗请你来组织并自动化记录慈善活动的流程。你需要创建并填充捐赠者

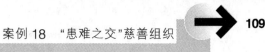

（Donor）表、捐赠（Donation）表和类别（Type）表，创建新捐赠者表单和新捐赠表单，准备邮寄标签以及一个每周捐赠报表，并生成几个查询。

案例描述

　　5年前的一个晚上，罗曼·基弗看了一个新闻节目，这个节目说到有几个当地的家庭很困难，没有办法送给他们的孩子圣诞礼物。为了帮助这些家庭，基弗和几个朋友组织了一次慈善活动，筹集了玩具、衣服、钱和食物。然后这些捐赠品被分配给了合适的家庭。这次慈善活动非常成功，之后基弗创立了患难之交这个慈善组织。

　　自该慈善组织5年前创立以来，捐赠流程一直很简单。当捐赠者捐赠时，可以邮寄支票，也可以顺便拜访患难之交中心。在有人捐赠时，员工在一张捐赠表单上记录下捐赠者的姓名、地址和电话，以及捐赠的一些细节信息。捐赠者会得到一张收据。如果捐赠者希望匿名，那么在整个表单中将记录"匿名"。捐赠资金被存入当地一家银行，非资金捐赠将根据类型进行分拣。每周，患难之交委员会将评估求助申请。捐赠品将根据需要的类型，分配给合适的家庭。

　　目前，所有的记录都是乏味、不充分、耗时的，并且都由手工完成。这个手工的书面系统已经不再适合。你作为一名志愿者刚刚加入患难之交，基弗请你来创建患难之交数据库。为了按照基弗的要求构建这个数据库，你要创建并填充捐赠者表、捐赠表和类别表，创建新捐赠者表单和新捐赠表单，准备邮寄标签以及一个每周捐赠报表，并生成几个查询。

存储需求

　　在与基弗会面，并查看了目前该慈善组织所使用的表单和报表后，你确定患难之交数据库应包括三个表：分别是捐赠者表、捐赠表和类别表。（你的指导教师会向你提供捐赠者表和捐赠表中的数据。）捐赠者表存储捐赠者编号、类型、名字、姓氏、公司名称、地址和电话等信息。捐赠者类型（DonorType）字段说明捐赠者是公司还是个人。当一个公司进行捐赠时，DonorType字段将被选择，以表示捐赠者是一个公司。公司联系人的信息将被输入姓氏（LastName）和名字（FirstName）字段中。如果是个人进行捐赠，公司名称字段为空，需要填写所有其他字段。捐赠者编号（DonorID）字段是主键。表1显示了捐赠者表的结构。

表1　　捐赠者表结构

字段名称	数据类型	字段描述	字段长度	备注
捐赠者编号（DonorID）	自动编号	指派给每个捐赠者的唯一编号，主键	长整型	必备
捐赠者类型（DonorType）	是/否	表明捐赠者是公司还是个人，"是"表示是公司，设置缺省值为"否"	是/否	必备

续前表

字段名称	数据类型	字段描述	字段长度	备注
姓 (LastName)	文本	捐赠者的姓氏，或者是联系人的姓氏	50	必备
名 (FirstName)	文本	捐赠者的名字，或者是联系人的名字	25	必备
公司名称 (CompanyName)	文本	公司的名称	50	
街道地址 (SAddress)	文本	个人或公司所在街道地址	50	必备
城市 (City)	文本	个人或公司所在城市，设置缺省值为"芝加哥"	25	必备
州 (State)	文本	个人或公司所在州的缩写，设置缺省值为"IL"	2	必备
邮编 (Zip)	文本	个人或公司所在地的邮编	10	必备
电话号码 (Phone)	文本	捐赠者的电话号码。使用输入掩码	10	

捐赠表存储了每笔捐赠的信息。在研究了你所记录的捐赠流程之后，你认为捐赠表应该使用如表 2 所示的结构。由于一名捐赠者可能在一天内进行几笔捐赠，因此你决定创建一个字段，称为捐赠编号 (DonationID)。该字段为主键。对于每笔捐赠，基弗需要知道其估值。你创建了估值 (AppWorth) 字段来存储此数据。

表 2　　　　　　　　　　捐赠表结构

字段名称	数据类型	字段描述	字段长度	备注
捐赠编号 (DonationID)	自动编号	主键	长整型	必备
捐赠者编号 (DonorID)	数值	捐赠个人或公司的编号	长整型	必备
捐赠日期 (DDate)	日期/时间	进行捐赠的日期。使用短日期格式		必备
类型编号 (Tcode)	文本	捐赠的类型编号	4	
估值 (AppWorth)	货币	捐赠的大约价值。使用标准格式		
备注 (Comments)	备注	关于捐赠的评论		

表 3 显示了类型表的结构。类型表存储了该组织所接受的各种捐赠的类型编号及其简短描述。在类型表创建完成后，你可使用表 4 中的数据来填充该表。

表 3　　　　　　　　　　类型表结构

字段名称	数据类型	字段描述	字段长度	备注
类型编号 (Tcode)	文本	主键	4	必备
类型描述 (TDescription)	文本	对于类型的简短描述	25	必备

表 4　　　　　　　　　　类型表记录

类型编号	类型描述
T1	货币
T2	食物
T3	衣物

续前表

类型编号	类型描述
T4	玩具
T5	其他

有两个联系是很必须的。首先，你创建了捐赠者表和捐赠表之间的联系。由于捐赠者表和捐赠表都有一个捐赠者编号（DonorID）字段，因此你决定使用这个共有字段来创建这两个表之间的联系。其次，还需要捐赠表和类型表之间的联系。在研究捐赠表和类型表时，你注意到这两个表都有一个类型编号（TCode）字段。因此，你使用这个共有字段来创建这两个表之间的联系。对每一个联系，你需强调满足参照完整性。

□ 输入需求

当一个新的捐赠者进行捐赠时，将使用捐赠者表单来记录联系人信息，然后这些信息将会存储到捐赠者表中。联系人信息使慈善组织能够与捐赠者联系，以向其通知即将发生的事件，并为过去和未来的捐赠寄送感谢信。图 1 显示了新捐赠者表单的框架。在对这个框架进行研究之后，你决定使用表单向导创建一个初步的表单，然后在设计视图下编辑此表单。为增强此表单的外观，你在其上加入了图形元素。

患难之交		
新捐赠者		
捐赠者编号：	姓：	名：
捐赠者类型：		
公司名称：	街道地址：	
城市：	州：	邮编：

图 1　新捐赠者表单

基弗需要知道记录和存储在数据库中每项捐赠的信息。新捐赠表单记录了捐赠者编号、捐赠日期、捐赠类型、捐赠的估值和备注。基弗希望从下拉菜单中选择捐赠者编号，系统将从捐赠者的名和姓中进行查阅。他也希望从下拉菜单中选择捐赠类型。由于一名捐赠者一天可能进行多次捐赠，因此你决定在表单上设置一个命令按钮。点击这个按钮时，员工就可以增加另一个捐赠的信息，使数据输入更加便捷。图 2 显示了新捐赠表单的框架。由于此表单的数据来自多个表，你决定首先创建一个选择查询。你使用表单向导创建了一个基于查询的新捐赠表单初稿，然后在设计视图下对其进行编辑。你认为这个表单也应包括图形元素。

基弗提到你可以自行修改每个表单的设计。但是，设计必须有一个专业和统一的外观，并且至少能记录所需的信息。

患难之交
新捐赠
（捐赠日期）

捐赠者编号：	捐赠者姓名：	捐赠类型：
		估值：
备注：		
	包括一个命令按钮——→	新增捐赠

图 2   新捐赠者表单

信息需求

每周一，基弗都会向在上周进行了捐赠的个人和公司寄送感谢信。由于数据库中现在存储有捐赠者地址，因此你决定为基弗生成邮寄标签。你准备了一个选择查询，可检索出上周捐赠者的联系人信息，并将捐赠者的姓氏按照升序排列。然后你使用报表向导来准备邮寄标签。图 3 显示了邮寄标签的框架。（邮寄标签的实际数据可能与图 3 所示略有不同。）

王·布杨（Jwang Bayung） 杰克逊路 5010 号 芝加哥，伊利诺伊州，60611 ⋮	伍迪·黄（Woody Huang） 凯利大道 777 号 芝加哥，伊利诺伊州，60612 ⋮	雷娜·雷耶斯（Rayna Reyes） 桑赫斯特 1801 号 芝加哥，伊利诺伊州，60601
约翰尼·理查兹（Johnny Richards） 比格尔路 1020 号 芝加哥，伊利诺伊州，60612	卡特里娜·斯坦顿（Catrina Stanton） 贝蒂室内设计公司 阿什维尔巷 4651 号 芝加哥，伊利诺伊州，60613	

图 3   邮寄表单

基弗希望有一个报表，能显示在上周所接受的捐赠类型和它们的估值。图 4 显示了每周捐赠报表的框架。报表表头包括报表标题和当前日期。报表主体部分显示了捐赠类型、捐赠者编号和捐赠的估值。基弗希望这些信息能够按照捐赠类型的升序进行排列。在捐赠类型内，他希望信息能够按照捐赠者编号的升序进行排列。由于此报表的数据来自多个表，因此你创建了一个选择查询，并使报表基于此查询的结果。

基弗需要得到下列问题的答案。请构建查询以帮助基弗先生回答这些问题。如果你愿意，也可以基于下列查询的结果生成报表。

1. 哪种捐赠类型是最受欢迎的？基弗想要知道每种捐赠类型的数量。仅显示类型描述（TDescription）及其数量。不需要显示其他字段。

2. 在上周有多少个公司进行捐赠？（使用 2008 年 10 月 13 日作为上周的起始日期。）

患难之交 每周捐赠 (捐赠日期)		
捐赠类型	捐赠者编号	估值
衣物	2	$30.00
	5	$15.00
	13	$5.00
	⋮	
食物	3	$50.00
	12	$10.00
	⋮	

图 4 每周捐赠报表

3. 哪个慈善捐赠者所做的捐赠金额超过了 500 美元？对于每个捐赠者，列出其名、姓、公司名称（如有），以及捐赠的估值。

4. 向本慈善组织进行捐赠的公司的联系人是谁？显示公司名称以及联系人的名和姓。按照公司名称的升序排列这些信息。

5. 上周所得捐赠估值的平均值是多少？（使用 2008 年 10 月 13 日作为上周的起始日期。）

6. 基弗需要一份每日捐赠者报表。每日捐赠者报表应按字母排序列出每天的捐赠者，并标注出该捐赠者所进行捐赠的类型。基弗要求此报表中不包括那些匿名的捐赠者及捐赠的信息。（使用 2008 年 10 月 13 日作为上周的起始日期。）

实施关注

在此案例中，你设计填充了捐赠者表、捐赠表和类型表；设计了新捐赠者表单和新捐赠表单；准备了邮寄标签、一份每周捐赠报表和一份每日捐赠者报表；创建了几个查询，并建立了几个表之间的联系。

正如在存储需求部分所提到的，你在捐赠者表和捐赠表以及捐赠表和类型表之间创建了联系。对于每个联系，你应该确保其满足参照完整性。

如前所述，新捐赠者表单和新捐赠表单是必备的。创建新捐赠者表单的一种简易方式是使用表单向导。在创建了初始表单后，你可以在设计视图下对其进行编辑。在创建新捐赠者表单时有几个选择。一是创建一个选择查询，然后使用表单向导来创建初始表单。在表单创建完成后，可以在设计视图下对其外观进行编辑。图 2 中的新捐赠表单包括一个"新增捐赠"按钮。命令按钮向导可以让你容易地完成这些工作。

由于要向上周的捐赠者发送感谢信，因此你需要一个选择查询来识别出这些捐赠者。在这些捐赠者被识别出后，你可以使用标签向导来生成邮寄标签。对于每周捐赠报表，你可以构建一个选择查询来检索必要的数据，然后使用报表向导来生成报表。

□ 设计测试

在创建完表单、表、联系、查询和报表后，你应该对你的数据库设计进行测试。请完成下列操作：

1. 慈善组织有几名新的捐赠者。请将他们的联系人信息和捐赠输入到数据库中。

● 博巴克·纳扎尔（Bobak Nazar）在 2008 年 10 月 20 日捐赠了 450 美元。他的联系信息是海明威路 1220 号，芝加哥，伊利诺伊州，60661。另外，输入下列备注信息：支票 247 美元，现金 203 美元。博巴克的电话号码是（312）337-2552。

● 桂滨·常（Kwai Chang）在 2008 年 10 月 20 日捐赠了约 100 美元的食物。他的联系信息是凯利路 17493 号，芝加哥，伊利诺伊州，60664。他的电话号码是（312）337-9988。

● 卡梅隆·皮若勒（Carmelo Pereles）在 2008 年 10 月 21 日捐赠了约 250 美元的婴儿衣物。另外，输入下列备注信息：衣物的尺寸从新生儿到幼儿。卡梅隆的电话号码是（312）335-1801。

2. 将捐赠者的下列捐赠信息输入到患难之交数据库中。

● 罗宾·比伯（Robin Bibb）代表兰卡斯特·佩茵茨（Lan Caster Paints）在 2008 年 10 月 20 日捐赠了 5 000 美元的现金、3 000 美元的食物以及 2 500 美元的衣物。

● 卡特里娜·斯坦顿（Catrina Stanton）代表贝蒂室内设计公司（Betty's Interior Designs），在 2008 年 10 月 21 日捐赠了 1 557.74 美元的现金、750 美元的玩具以及 32.30 美元的衣物。另外，输入下列备注信息："玩具适合 3 岁以上的幼儿。"

3. 请为基弗准备一个慷慨捐赠报表。慷慨捐赠报表应该列出在过去一个月内捐赠额大于 1 000 美元的所有捐赠。按照降序进行排列，并列出捐赠者的姓名和电话号码（使用 10 月份作为上个月）。

案例作业

为了令人满意地完成这个案例，你需要按照案例描述中的内容创建数据库和工作簿，并准备书面和口头的报告。除非另有规定，否则要向你的教授提交以下内容：

1. 一份书面的报告，列出你对该案例所做的全部假设，以及该案例的关键因素。另外，你是否增加了哪些内容以使得数据库具有更多的功能？用户友好性如何？（请注意，这些假设不能与上述提出的任何需求有冲突，并且必须获得教授的认可。）

2. 每个表单的打印版。

3. 每个报表的打印版。（在需要的地方，使用 2008 年 10 月 13 日作为上周的起始日期。）

4. 能够符合案例描述和需求部分所提到条件的数据库电子版。

5. 每个查询的结果。（还应该包括对这些结果的说明。）

6. 如前所述，你应该准备一份口头报告。（你的指导教师将确认你报告的时间。）你可以使用报告软件并说明你所设计的数据库的主要特性。同时，还要说明这个数据库能够为基弗先生带来什么样的帮助。在数据库中还应该存储哪些其他的信息？

案例 19

"再次喜爱的电影"网站

数据库案例   难度评级：★★

技能检定
你应该复习如下知识点：

数据库技能

√ 聚合功能	√ 联系
√ 计算字段	√ 报表设计
√ 图表向导	√ 选择查询
√ 交叉表查询	√ 表设计
√ 表单设计	

■ 案例背景

  莎莉·丹尼尔斯（Sharrie Daniels）拥有并自营着一家连锁音像租赁店。尽管其业务很稳定，但竞争迫使她去发现新的创新方法来推销她的公司。

  双胞胎姐妹泰勒·丹尼尔斯（Taylor Daniels）和伯克利·丹尼尔斯（Berkley Daniels）继承了她们的祖母莎莉的创业精神，认识到使用互联网来加强家族企业的重要性。几年前，这对双胞胎姐妹劝说她们的祖母创建一项在线电影租赁业务。尽管这项新业务的目标市场是互联网冲浪者，但是这对双胞胎姐妹认为，在线电影租赁业务也将受到那些重视便捷性或者住在郊区的人的欢迎。

  经过最初的试销，莎莉为这项业务开了绿灯。带着祖母的祝福，双胞胎姐妹开办了"再次喜爱的电影"（Second Time Around Movies）网站。目前，"再次喜爱的电影"网站运行良好，并服务于 5 个州，分别是阿肯色州、堪萨斯州、路易斯安那州、俄克拉何马州和得克萨斯州。如果该业务继续运行顺利，将会扩展到其他州。

"再次喜爱的电影"网站数据库包含了目前的电影俱乐部会员、会员计划以及用来吸引会员的广告来源。为了进行集中营销决策，双胞胎姐妹决定导出并使用目前存储在数据库中的数据。她们希望能在她们的电影俱乐部会员、调查潜在市场机会，以及识别目前用来吸引新会员的广告来源等方面了解得更多。双胞胎姐妹请你来提取特殊的数据，并准备几个报表。在检查数据库后，你认识到计划表单、注册表单以及对现有数据库表做一点修改是必要的。

案例描述

这对双胞胎姐妹的"再次喜爱的电影"网站提供一种新型的电影租赁业务。与传统的实体商店相比，"再次喜爱的电影"网站是一个在线电影租赁商店。它为电影俱乐部会员提供了广泛的选择，既包括新上映的电影，也包括经典影片。实际上，"再次喜爱的电影"有超过 9 000 盘可租赁的电影碟片。

"再次喜爱的电影"网站向它的电影俱乐部会员提供了在舒适的家中就能租赁电影的便捷性。电影俱乐部会员在线租赁碟片，节省了往返于当地音像店借还碟片的时间和花费。

为了利用在线租赁商店，网站访问者需要订阅并支付会员月费。会员月费取决于电影包的大小。在会员取消订阅之前，其信用卡将被扣除会员月费。会员可在任何时候免费变更或取消其会员计划。

在线订阅表单收集了客户基本信息，包括信用卡号、送货地址、E-mail 地址，以及每月简讯申请。在注册时，订阅者要选择一项适合他借阅需求的会员计划。在订阅过程中，新会员确定他是否愿意接收"再次喜爱的电影"的简讯。这个简讯提供电影评论、促销、最新影讯等，它也是双胞胎姐妹与当前俱乐部会员保持接触的良好途径。

在客户完成了订阅流程并获得批准后，将创建其电影请求清单。客户通过选择他喜欢看的电影来创建这个清单。他也将按照观看偏好的顺序来对这些电影进行排列。电影请求清单让"再次喜爱的电影"的工作人员知道该俱乐部会员希望观看或借阅哪些电影。电影包将根据会员的电影请求清单来生成。电影包指的是一次寄给某个俱乐部会员的电影视频的数量。

目前有 5 个计划可选。热心的电影爱好者可以选择西摩电影计划，每次可以借到多达 6 部影片。相反，偶尔的电影观看者可以选择一个更为经济的计划，例如蓝月亮计划。这个计划每次仅可以借阅 1 部影片。表 1 列出了可供选择的会员计划以及每个计划的价格。

表 1　　　　　　　　　　　　可选会员计划

计划编号	名称	价格
001	蓝月亮（Blue Moon）	$ 12.99
002	莎莉特使（Sharrie's Special）	$ 17.99
003	爆米花（Popcorn and More）	$ 22.99
004	沙发土豆特使（Couch Potato Special）	$ 27.99
005	西摩电影（Seymour Movies）	$ 34.99

电影俱乐部会员可访问"再次喜爱的电影"网站，并将电影名称添加到他的电影请求清单中。如果这个电影碟片可借，它将被包括进该会员的下一个电影包中并寄给他。电影包中所包含的碟片数量由已选择的会员计划所确定。如果某会员在新上映电影清单中，那么最新上映的电影碟片将被包括进该会员的下一个电影包中并寄给他。

在接到新的电影包之前，俱乐部会员必须先归还所有已借的碟片。归还碟片的流程很简单。在看完后，会员可以将碟片放进一个具有特殊标识的预付费邮寄信封中，再投进信箱。"再次喜爱的电影"网站的工作人员收到这个信封后，将会把一个新的电影包寄给该会员。通常，会员在几天内就会收到新的电影包。

潜在俱乐部会员可以通过多种方式来了解"再次喜爱的电影"网站。朋友介绍、电视报纸广告、搜索引擎和其他网站，都对这个新的在线商店的成功有帮助。双胞胎姐妹想要知道新客户是如何知道这个网站的。当一名新客户订阅时，他将被询问是如何知道这个网站的。然后这个信息被存储在该俱乐部会员的记录中。双胞胎姐妹将利用这些信息，以在未来更好地对她们的在线商店进行推广。

双胞胎姐妹希望能对现有的会员计划进行修改。为了实现这个目的，她们需要知道哪个计划是最受欢迎的。她们也想知道会员是如何被吸引到这个在线商店的。例如，哪种广告形式鼓励会员访问这个在线商店的网站？

由于双胞胎姐妹忙于管理在线电影租赁商店，因此她们请你从"再次喜爱的电影"数据库中检索信息，并进行修改。以下部分描述了所需要的信息和修改。

存储需求

你的数据库拷贝包括了会员（Member）表、计划（Plan）表，还有来源（Source）表。（你的指导教师将提供给你一份数据库拷贝，包括了该案例所需要的表和测试数据。）在检查完这些表后，你认识到有必要对会员表和计划表进行几处修改，而来源表不需要修改。

在研究会员表时，你注意到它包含了一个简讯（Newspaper）字段。该字段表明会员是否希望接到"再次喜爱的电影"每月简讯的电子版。你决定设置简讯字段的缺省值为"是"，并对会员电话使用输入掩码。

目前，计划表包括计划编号（PlanID）、描述（Description）和费用（Cost）三个字段。然而，它还缺少最大电影数（MaxMovies）字段。这个字段显示每个特定的计划所可以租赁电影的最大数量。你对计划表做了修改，以包括此字段。表 2 中的第 4 列包含了被加进计划表中的数据。

表 2　　　　　　　　　　　　　　　计划表

计划编号 （PlanID）	描述 （Description）	费用 （Cost）	最大电影数 （MaxMovies）
001	蓝月亮	$12.99	1
002	莎莉特使	$17.99	2
003	爆米花	$22.99	3
004	沙发土豆特使	$27.99	4
005	西摩电影	$34.99	6

输入需求

将来，双胞胎姐妹可能会增加、修改或删除几种会员计划。为了使对计划表的修改更加容易，你设计了一个简单的表单，来完成对会员计划的增加、修改和删除。她们向你提供了会员计划表单的初步框架，如图 1 所示。在研究这个框架时，你意识到使用表单工具或表单向导是开始表单开发的一种简易方式。通过继续研究这个框架，你确定还需要一个图。在表单中包括这个图并将其放置在合适的位置。你可以自行完成表单的设计，但表单必须至少包含计划表中所有的字段，并有一个专业的易于使用的外观。

再次喜爱的电影	
会员计划	
计划编号：	费用：
描述：	最大数量：

图 1　会员计划表单

双胞胎姐妹认为必须有一个注册表单。当一名新客户向在线俱乐部进行订阅时，她们想要记录下这名新客户的一些信息。图 2 显示了注册表单的初步框架。对于会员计划表单，你可以使用表单工具或者表单向导来创建一个简单的表单，然后在设计视图下对此表单进行修改。

再次喜爱的电影	
注册	
会员编号：	电话号码：
名：	信用卡：
姓：	ICC：
城市：	计划编号：
州：	邮件地址：
邮编：	简讯：

图 2　注册表单

信息需求

双胞胎姐妹想要知道哪个会员计划最受欢迎。她们也想知道每个计划与其他计划相比如何。图表提供了总结和可视化信息的良好方式，因此你认为饼图将有助于对会员计划进行比较。你决定使用图表向导来构建一个饼图，对双胞胎姐妹所提出的信息进行汇总。图 3 显示了这个饼图可能的形状。（你的饼图可能与图 3 中所显示的值不同。你可以使用系统的在线帮助来查看如何创建图表。）

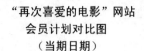

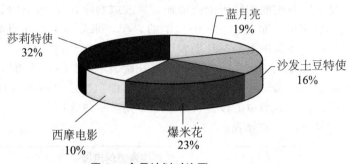

图 3　会员计划对比图

在检查图 3 时，你注意到其标题是"会员计划对比图"，并包括了当前日期。每一个扇形区代表一个目前的会员计划。在每个扇形区都显示有一个数据标签和百分比。

双胞胎姐妹还对检查广告来源和状态之间的关系很感兴趣。请准备一个类似于图 4 的报表。你知道有几种方式可以用于获得报表信息，因此构建了一个交叉表查询，并以此查询为基础创建了按州计数报表。（你的计数可能与图 4 中所显示的计数不同。）

再次喜爱的电影						
按州计数						
（当前日期）						
来源描述	阿肯色州	堪萨斯州	路易斯安那州	俄克拉荷马州	得克萨斯州	小计
其他网站	52	49	89	97	101	388
朋友介绍						
杂志						
⋮						合计：

图 4　按州计数

双胞胎姐妹想要知道哪些俱乐部会员申请了每月简讯。如前所述，每个新会员在注册时需要确定他是否希望收到每月简讯。请为她们准备一份简讯接收者报表。图 5 显示了这个报表的框架。

再次喜爱的电影		
简讯接收者		
（当前日期）		
姓	名	E-mail 地址
凯利（Kelly）	瓦尔（Val）	panda@pandasforever.com
凯利（Kelly）	丽萨（Lisa）	imafriend@friendsaroundtheworld.com
兰辛（Lansing）	彼得（Peter）	plansing@lansinghome.com
⋮		

图 5　简讯接收者报表

双胞胎姐妹需要得到下列问题的答案。如果你愿意，也可以基于下列查询的结果生成报表。

1. 双胞胎姐妹想要联系一两家主要的信用卡公司，以提供可能的促销机会。俱乐部会员在使用哪些信用卡？用的最多的信用卡公司是哪个？（你的回答应能识别出该信用卡公司，并显示该信用卡公司在每个州的会员数量。）

2. 哪些当前会员拥有 Hotmail 账号？（显示这些会员的姓名、州和 E-mail 地址。）

3. 有多少名当前会员住在得克萨斯州？（你的结果应列出城镇、每个城镇的会员数，以及合计数。）

4. 双胞胎姐妹想要知道她们的会员计划在每个得克萨斯州城镇的总收入。你的结果应列出得克萨斯州城镇的名称，以及该城镇的总会员收入。

5. 堪萨斯州的俱乐部会员是如何知道在线电影商店的？（显示每个来源描述（不是来源），以及每个来源描述的会员数量。）

6. 有 3 名会员加入在线电影俱乐部。使用注册表单，将这些数据输入数据库中。对于会员编号字段，指派下一个可用数字。对于邮件地址字段，输入你自己的邮件地址。对于注册日期字段，使用当前日期。这 3 名新会员都希望接收简讯。

姓	名	街道	城市	州	邮编	电话号码	信用卡	ICC	计划编号
梅尔文 (Melvin)	大卫 (David)	北桥 104 号	韦科	得克萨斯州	76701	(254) 753-9933	MC	002	004
利文斯顿 (Livingston)	科克 (Kirk)	国王街 111 号	恩波利亚	堪萨斯州	66801	(620) 243-1111	DI	003	003
莫瑞亚默 (Moriamo)	谭 (Tan)	北桥 107 号	韦科	得克萨斯州	76701	(254) 753-9944	MC	002	004

7. 哪些会员是在 2008 年 10 月份注册的？请准备一个新会员报表。

8. 哪些会员的注册时间已经超过两年？

9. 邦尼·亨德里克斯（Bonnie Hendrix）决定不再延续会员资格。从数据库中定位并删除有关她的记录。

实施关注

这个案例要求你修改表，创建表单，构建几个查询，并准备几个报表。表修改要求对简讯（Newspaper）字段设置缺省值，并为电话号码（Phone Number）字段设置输入掩码。为了便于向计划表中输入数据，你需构建一个简单的数据输入表单。该表单使得双胞胎姐妹能够增加、修改或删除会员计划。由于这个表单比较简单，因此你可以利用表单工具或表单向导来构建一个初始框架，然后在设计视图下对其进行修改。

为了构建会员计划对比图（这也是一种报表），你首先应该生成一个选择查询来检索出必要的信息。请记住这个选择查询将从两个表中检索数据，并使用计数（Count）功能。在创建选择查询后，使用图表向导来创建你的饼图。这个饼图可能需要编辑，可以使用系统的在线帮助获得关于图表编辑的更多信息。饼图应该包括当前日期、具有一个适当的表头，并能旋转以增强其可读性。同时，你需要为每个扇形区显示一个数据标签和百分比。因为简讯接收者报表仅基于客户表的数据，因此你可以使用报表工具或报表向导来生成这个报表。按州计数报表需要两个表中的数据。构造一个选择查询来检索信息，然后使用报表工具或报表向导来生成这个报表。在报表构建后，你可以对其进行编辑。

☐ 设计测试

在完成根据案例描述中的要求所进行的修改后，你应该对你的数据库设计进行测试。请完成下列操作：

1. 使用你新创建的会员计划表单，变更每个计划的价格。使用下表中所提供的信息。在实施新的收费后，该网站的收入将会增加多少？

计划编号	名称	价格
001	蓝月亮	$ 15.99
002	莎莉特使	$ 19.99
003	爆米花	$ 24.99
004	沙发土豆特使	$ 29.99
005	西摩电影	$ 37.99

2. 双胞胎姐妹想要比较一下每个州的会员计划情况。准备得克萨斯州和路易斯安那州的计划对比图。你的图应与图 3 中所讨论和显示的对比图相类似。

案例作业

为了令人满意地完成这个案例，你需要完成所需的表修改工作，并创建表单、查询和报表。你还应准备书面和口头的报告。除非另有规定，否则要向你的教授提交以下内容：

1. 一份书面的报告，列出你对该案例所做的全部假设，以及该案例的关键因素。另外，你是否增加了哪些内容以使得数据库具有更多的功能？用户友好性如何？（请注意，这些假设不能与上述提出的任何需求有冲突，并且必须获得教授的认可。）

2. 每个表单的打印版。

3. 每个报表的打印版。

4. 能够符合案例描述和需求部分所提到条件的数据库电子版。

5. 每个查询的结果。（还应该包括对这些结果的说明。）

6. 如前所述，你应该准备一份口头报告。（你的指导教师将确认你报告的时间。）除了上面提到的查询和报表以外，双胞胎姐妹还能从数据库中检索到哪些有用的信息？这些信息如何能够帮助她们更好地进行决策？

案例 20

难忘的麋鹿房车公园

数据库案例   难度评级：★★

技能检定
你应该复习如下知识点：

数据库技能

√ 聚合功能	√ IIF 函数
√ 自动查找查询	√ 联系
√ 计算控件	√ 报表设计
√ 计算字段	√ 选择查询
√ 表单设计	√ 表设计

■ 案例背景

    阿拉斯加被认为是世界上最美的地方之一。动人心魄的景色吸引了大量的游客来到它的河畔、荒野和冰川。每年有成千上万的游客开着房车到阿拉斯加探险，放慢生活节奏。亚历克斯·马拉斯基和安布尔·马拉斯基夫妇（Alex and Amber Malaski）是旅游房车爱好者，他们刚刚开始在阿拉斯加经营他们的难忘的麋鹿房车公园（Elusive Moose RV Park）。

    难忘的麋鹿房车公园只营业了几个月，马拉斯基夫妇很快就发现他们的手工预订系统无法工作了。为了修正这个有问题的系统，他们请你开发一个麋鹿预订数据库。为创建这个麋鹿预订数据库，需要你开发客户表单和预订表单，生成几个查询，准备每日房车入住报表、房车站清单和包月客户报表。

案例描述

马拉斯基夫妇是热心的旅游房车爱好者，他们驾驶房车游遍了整个美国和加拿大。在旅行中，他们经常谈到未来有一天经营一个房车公园。正是在最近一次去阿拉斯加的旅程中，他们发现了这个能够使梦想成真的绝佳地点。难忘的麋鹿房车公园刚刚营业，业务兴旺。为了满足眼光最为敏锐的房车者的需要，所有的房车站都为客户提供了电力、供水、排水、电缆和互联网等设施。

马拉斯基先生负责公园的维护，而马拉斯基太太负责预订。因为公园刚刚开放，马拉斯基太太还没有开发麋鹿预订数据库。她利用纸和笔来记录公园的预订信息。目前，马拉斯基太太使用笔记本，每天用一页。

当客户打电话要求某一天入住时，例如 6 月 1 日，马拉斯基太太会翻到笔记本中 6 月 1 日那一页，并记录客户的预订。在进行预订时，客户可以选择面向德纳里峰、面向荒野或面向河畔。

目前，马拉斯基太太记录客户的联系信息、请求预订日期以及视野偏好。当客户入住登记时，会被指派一个房车站。马拉斯基太太会在笔记本中客户预订信息旁记下所指派的房车站编号。

马拉斯基夫妇需要一个更好、更有效的系统，因此请你为他们开发一个麋鹿预订数据库。数据库需求如下所述。

☐ 存储需求

马拉斯基太太请你为难忘的麋鹿房车公园设计预订数据库。麋鹿预订数据库包括客户（Customer）表、类型（Type）表、房车站（Station）表和预订（Reservation）表。（你的指导教师会向你提供该表中的数据。）表 1、表 2、表 3 和表 4 提供了各种表的结构。

表 1 列出了客户表的结构。客户表存储了客户的基本信息，例如姓名、地址和电话号码。客户编号（CustomerID）字段对每个客户记录是唯一的，作为主键。

类型表存储了不同视野类型的信息。如前所述，难忘的麋鹿房车公园为客户提供了视野的选择。在进行预订时，客户明确他希望的视野类型，例如面向荒野、面向德纳里峰或面向河畔。表 2 显示了类型表的结构。类型编号（TypeID）字段对每个记录是唯一的，是主键。

表 3 列出了房车站表的结构。房车站表存储了难忘的麋鹿房车公园所有可用的房车站的信息，包括 3 个字段。房车站编号（StationID）字段对每个记录是唯一的，是主键。

表 4 列出了预订表的结构。预订表存储了难忘的麋鹿房车公园当前的预订信息。预订编号（ResID）字段对每个记录是唯一的，是预订表的主键。

表 1   **客户表结构**

字段名称	数据类型	字段描述	字段长度	备注
客户编号（CusotmerID）	自动编号	客户的唯一标识，主键	长整型	必备
名（CFirstName）	文本	客户的名字	50	必备
姓（CLastName）	文本	客户的姓氏	50	必备
地址（CStreet）	文本	客户的街道地址	50	
城市（CCity）	文本	客户所在城市	50	
州（CState）	文本	客户所在州	2	
邮编（CZipCode）	文本	客户的邮编，用输入掩码	10	
电话号码（CPhNo）	文本	客户的电话号码，用输入掩码	10	

表 2   **类型表结构**

字段名称	数据类型	字段描述	字段长度	备注
类型编号（TypeID）	文本	主键	2	必备
类型描述（TypeDesc）	文本	提供房车站类型的简短描述	50	
日费用（DailyRate）	货币	每日标准收费		

表 3   **房车站表结构**

字段名称	数据类型	字段描述	字段长度	备注
房车站编号（StationID）	文本	主键	5	必备
房车站类型（StationType）	文本	房车站类型	2	
房车站描述（StationDesc）	文本	房车站的描述	255	

表 4   **预订表结构**

字段名称	数据类型	字段描述	字段长度	备注
预订编号（ResID）	自动编号	主键	长整型	必备
客户编号（Customer-ID）	数值	进行预订的客户。使用查阅向导	长整型	必备
入住日期（Check-In Date）	日期/时间	客户入住的时间。使用短日期格式		
离开日期（Check-Out Date）	日期/时间	客户离开的时间。使用短日期格式		
请求房车站类型（StationRequestType）	文本	客户请求的房车站的类型。请求将依据可用的房车站进行指派。使用查阅向导	2	
指派房车站（Station-Assigned）	文本	指派给该客户的房车站编号。使用查阅向导	5	

□ 输入需求

对于麋鹿预订数据库而言，客户表单和预订表单是必备的。图 1 和图 2 提供了这两个表单的框架。虽然你可以自行修改每个表单的设计，但是这些表单应该有一个专业和统一的外观。按照马拉斯基太太的要求，每个表单应该使用难忘的麋鹿商标，并包括一张麋鹿的图片。（你需要设计商标，并确定放置麋鹿图片的位置。）

如图 1 所示，客户表单提供了难忘的麋鹿房车公园客户的基本信息，例如他们的姓名和地址。由于这个表单使用了客户表中的字段，因此你可以使用表单工具来创建初始的客户表单。然后，在设计视图下对其进行修改。

难忘的麋鹿房车公园	客户表单	难忘的麋鹿房车公园
客户编号：	电话号码：	
名：	城市：	
姓：	州：	
	邮编：	

图 1　客户表单

在研究预订表单（见图 2）框架时，你注意到预订表单使用了来自多个表的数据，包括客户表、预订表和类型表。入住时间、离开时间、请求房车站类型、所指派的房车站，以及备注字段存储在预订表中，客户字段存储在客户表中，每日费用存储在类型表中。停留时间、适用折扣率、折扣前费用和应收费用字段是经过计算得来的，并需要通过计算控件来完成。

在预订表单上，马拉斯基太太想要从一个下拉框中选择客户编号，然后让系统查阅该客户的姓名、地址和电话号码。在了解了该客户的停留时间后，就能确定所适用的折扣了。如果客户停留一个星期，他将被给予 10％的折扣。如果客户停留时间超过 30 天，折扣率将为 15％。马拉斯基太太希望预订表单能够显示折扣前费用、适用折扣率和最终应收费用。

难忘的麋鹿房车公园	预订表单	难忘的麋鹿房车公园
客户编号：	电话号码：	
名：	城市：	
姓：	州：　　　　　邮编：	
入住日期：	请求房车站类型：	
离开日期：	所指派的房车站：	
停留天数：		
日费用：	备注：	
折扣前费用：		
适用折扣率：		
应收费用：		

图 2　预订表单

□ 信息需求

　　虽然你需要创建多个报表，但马拉斯基太太请你先创建每日房车入住报表、房车站清单和包月客户清单这三个报表。图 3、图 4 和图 5 显示了这些报表的框架。根据马拉斯基太太的要求，每个报表要包括公司的商标和一幅麋鹿的图片。（报表中的数据仅为显示之用，实际数据可能会有不同。）

　　图 3 显示了房车站清单的框架。如图所示，报表包括了房车站类型、房车站编号和房车站描述。房车站首先按照类型，然后按照房车站编号排序。

难忘的麋鹿房车公园		
房车站清单		
（当前日期）		
房车站类型	**房车站编号**	**房车站描述**
面向德纳里峰		
	D1	
	D2	
	D3	
	⋮	
面向河畔		
	R1	
	R2	
	R3	
	⋮	
面向荒野		
	W1	
	W2	
	W3	
	⋮	

图 3　房车站清单

　　在每天营业结束后，马拉斯基太太将打印一张每日房车入住报表。该报表标识了客户姓名、所指派房车站编号，以及离开日期。马拉斯基太太希望客户按照其姓氏的字母顺序排列，并想要显示当天入住的所有房车的数量。图 4 显示了每日房车入住报表的框架。

　　马拉斯基太太尤其感谢难忘的麋鹿房车公园中那些包月的客户。她想要知道哪些是包月客户，并要送给他们一个小礼物。因此，她需要一个包月客户清单。如图 5 所示，包月客户清单列出了停留在难忘的麋鹿房车公园里至少 30 天以上的全部客户。正如此框架显示的，马拉斯基太太想要知道客户的姓名、房车站编号、入住日期、离开日期和停留天数。她希望包月客户清单按照其姓氏的字母顺序排列。

难忘的麋鹿房车公园			
每日房车入住报表			
（当前日期）			
姓	名	房车站编号	离开日期
贝朗葛（Belanger）	蒂莉（Tillie）	R2	7/31/2008
吉尔斯多夫（Gilsdorf）	马拉加（Malara）	D4	8/3/2008
瑞贝加（Rebbaj）	奎恩（Quinn）	W3	8/1/2008
⋮			
			新入住数：

图 4　每日房车入住报表

难忘的麋鹿房车公园					
包月客户清单					
（当前日期）					
姓	名	房车站编号	入住日期	离开日期	停留天数
贝朗葛	蒂莉	R2	7/31/2008	8/31/2008	31
吉尔斯多夫	马拉加	D4	6/1/2008	7/15/2008	44
瑞贝加	奎恩	W3	6/1/2008	7/1/2008	30
⋮					

图 5　包月客户清单

马拉斯基太太需要得到下列问题的答案。如果你愿意，也可以基于下列查询的结果生成报表。

1. 有多少客户没有被指派给他们想要的房车站类型？

2. 房车站公园客户的平均停留时间是多少？

3. 2008 年 6 月 12 日当天，有多少个房车站被使用？

4. 2008 年 6 月 1 日，房车公园的收入是多少？马拉斯基太太希望信息按照房车站类型排序。该报表也应该能显示出总折扣金额。

实施关注

这个案例要求你创建并填充客户表、类型表、房车站表和预订表，生成客户和预订表单，构建几个查询，准备房车站清单、每日房车入住报表和包月客户清单。

在设计数据库表时，要注意按照显示的顺序进行设计。你可以考虑使用查阅向导来创建预订表中的客户编号字段，以及房车站表中的指派房车站和请求房车站类型字段。在设计完这 4 个表之后，你需要查看一下这些表之间的联系，并确保其满足参照完整性。

你可以使用表单工具很容易地创建客户表单。由于预订表单需要来自 3 个表的数据，因此你需要创建一个自动查找查询，然后使表单基于此查询结果。在查询创建完成后，你可以使用表单向导来生成初始的预订表单，然后在设计视图下对其进行编辑。

☐ 设计测试

在完成了案例描述中所要求的修改后，你应该对你的数据库设计进行测试。请完成下列操作：

1. 将你和你 4 个朋友的数据输入客户表中。
2. 输入你和你 4 个朋友的预订数据。
3. 马拉斯基太太希望房车公园数据库中只存储当前的预订数据。她请你删掉 5 月份的数据。

案例作业

为了令人满意地完成这个案例，你需要按照案例描述中的内容创建数据库和工作簿，并准备书面和口头的报告。除非另有规定，否则要向你的教授提交以下内容：

1. 一份书面的报告，列出你对该案例所做的全部假设，以及该案例的关键因素。另外，你是否增加了哪些内容以使得数据库具有更多的功能？用户友好性如何？（请注意，这些假设不能与上述提出的任何需求有冲突，并且必须获得教授的认可。）
2. 每个表单的打印版。
3. 每个报表的打印版。
4. 能够符合案例描述和需求部分所提到条件的数据库电子版。
5. 每个查询的结果。（还应该包括对这些结果的说明。）
6. 如前所述，你应该准备一份口头报告。（你的指导教师将确认你报告的时间。）你可以使用报告软件并说明你所设计的数据库的主要特性。同时，还要说明这个数据库能够为马拉斯基太太带来什么样的帮助。在数据库中附加哪些信息可能是对马拉斯基太太有帮助的？

数据库案例 难度评级：★★★

技能检定
你应该复习如下知识点：

数据库技能

√ 聚合功能	√ 报表设计
√ 计算字段	√ 选择查询
√ 表单设计	√ 子表单
√ 查阅向导	√ 标签页控件
√ 参数查询	√ 表格设计
√ 联系	

▦ 案例背景

　　泰龙·斯卡里奇（Tyrone Skalicky）拥有并经营着泰龙街机游戏店（Tyrone's Arcade Games）。这家规模小但持续增长的商店出租电子游戏街机给当地的商户，包括视频、照片、弹球、保龄球和新颖的游戏。斯卡里奇与当地商户共享游戏的收入，以鼓励游戏租赁。随着斯卡里奇的电子游戏街机租赁业务不断增长，工作文件也逐渐堆积成山。斯卡里奇当前这种基于纸张的文件记录系统非常不方便，耗时并且无序。他聘请你来完成一个电子游戏街机数据库的建设。这个电子游戏街机数据库可以使斯卡里奇追踪到客户、街机租赁和租赁收入的信息。为了完成这个数据库，你需要设计表单和报表，修改联系并创建查询。

案例描述

在少年时，泰龙·斯卡里奇就着迷于电子游戏，常常将整个星期的零用钱花在当地的电子游戏机店。成年后，斯卡里奇对电子游戏的热爱依然不减。所以在当地大学商学院拿到学位后，斯卡里奇决定利用自己所学的知识和对电子游戏的了解，开展游戏街机的租赁业务。斯卡里奇刚开办自己的业务时，购买了一些二手的街机，把它们修理好再租给当地的商户。随着收入增加，斯卡里奇投资购买了一些最新的街机。

比起直接购买街机，租赁对很多商户来说是一个不错的选择。商户们可以租赁机器，从游戏中得到合理的分成，并且没有维护和设备过时的困扰。

在街机租赁过程中，斯卡里奇拜访商户，由商户决定选择最能给他们带来收益的游戏机。在拜访过程中，斯卡里奇和商户所有者商议如何分配游戏带来的利润。一旦双方在分配百分比上达成一致，斯卡里奇就在记事本上草草记下这些信息。不用说，这些百分比目前没有按序排列。

斯卡里奇试着定期拜访每个客户并提供服务。这些服务包括收集游戏机里的钱币和各种必要的维护。随着斯卡里奇的客户数量持续增长，他拜访客户的频率开始下降，而且他也不经常查看自己从游戏租赁得到的收入。

为了成功完成维护工作，斯卡里奇必须更好地组织和管理他的业务。作为切入点，他聘请你完成街机数据库的建设任务。数据库建成后，可以追踪斯卡里奇的客户信息、街机租赁信息和租赁收入。斯卡里奇请你设计和填写租金表和收入表，为机器和用户设计表单，设计游戏清单和租赁报表，修改表格之间的联系，并准备一些查询。

□ 存储需求

这个部分完成的街机数据库目前已经有客户（Customer）表和机器（Machine）表。客户表存储了斯卡里奇每个客户的基本信息，包括客户编号（CID）、姓（LastName）、名（FirstName）、商铺名称（BusinessName）、街道地址（StreetAddress）、城市（City）、州（State）、邮编（Zip）和电话号码（Phone）。机器表存储了每台机器的编号（MID）、机器名称（MName）和类别（MCategory）。CID 字段是客户表中的主键，MID 字段是机器表中的主键。

因为斯卡里奇必须存储每台机器的租金和收入信息，所以需要在数据库中增加租金（Rental）表和收入（Collection）表。租金表存储了每个客户租赁机器的信息，以及每台机器的租金收入百分比。表 1 展示了租金表的结构。收入表存储了每台机器的收入信息，还有每笔收入的日期。表 2 展示了收入表的结构。（你的指导教师将会提供给你数据来填充这两个表。）

在检查租金表和收入表的结构时，你会发现 CID 字段和 MID 字段同时也存在于客户表和机器表中。在为租金表和收入表创建 CID 和 MID 字段时，你决定使用查阅向导。（选择 CID 和 MID 字段的数据类型时，选择查阅向导选项。当你选定查阅向导作为数据类型，查阅向导就被调用了，此时你需要在查阅向导对话框中输入必要的信息。）

　　尽管查阅向导创建了客户表和租金表的联系、机器表和租金表的联系、客户表和收入表的联系、机器表和收入表的联系，但是这些联系并没有实现参照完整性。你打算修改这些联系以满足参照完整性。

表 1　　　　　　　　　　　　租金表结构

字段名称	数据类型	字段描述	字段长度	备注
客户编号（CID）	数值	与 MID，RentalDate 一起作为主键，使用查阅向导	长整型	必备
机器编号（MID）	数值	与 CID，RentalDate 一起作为主键，使用查阅向导	长整型	必备
租赁日期（RentalDate）	日期/时间	与 CID，MID 一起作为主键。定义机器被租赁的时间，使用输入标记		必备
流转日期（RotationDate）	日期/时间	定义联系客户进行机器维护的时间，使用输入标记		必备
分配百分比（TheirPercentage）	数值	客户对街机收入的分配比	单浮点	必备

表 2　　　　　　　　　　　　收入表结构

字段名称	数据类型	字段描述	字段长度	备注
客户编号（CID）	数值	与 MID，CollectionDate 一起作为主键，使用查阅向导	长整型	必备
机器编号（MID）	数值	与 CID，CollectionDate 一起作为主键，使用查阅向导	长整型	必备
收入日期（CollectionDate）	日期/时间	定义从街机中取出钱币的时间		必备
总收入（Gross）	数值	定义街机的总收入	单浮点	必备

输入需求

　　斯卡里奇希望通过机器表单和客户表单来向街机数据库中添加数据。斯卡里奇将使用机器表单向数据库中增加新的游戏机，也可以对现存的机器数据进行更新。客户表单可以使斯卡里奇添加客户的信息、客户租赁街机的信息以及每个租赁的街机产生的收入。

　　如图 1 所示，机器表单是一个简单的表格，使用表单工具或表单向导可以很容易地设计。机器表单创建好后，你可以加入适当的图片到表单中。

　　图 2 展示了客户表单的初步设计。你会注意到客户表的设计实际上是一个多页表单。客户的信息包含在主表单中，机器租赁的信息和收入信息使用标签页控件。当斯卡里奇点击机器租赁选项，租赁表中一些字段信息将展示在子表单中。斯卡里奇将使用这个子表单输入某个特定客户租赁机器的数据。同样，当斯卡里奇点击收入选项，收入表中一些字段信息将展示在子表单中。他将使用这个子表单输入某个特定客户在某个时间的收入信息。

泰龙街机游戏店	
机器表单	
机器编号：	机器名称：
机器分类：	

图 1　机器表单

泰龙街机游戏店				
客户表单				
客户编号：	街道地址：	城市：	州：	邮编：
客户名：	电话号码：			
客户姓：				
店铺名称：				

　　机器租赁标签　　　　　　收入标签

图 2　客户表单

信息需求

　　斯卡里奇需要客户租赁报表和游戏机清单报表。图 3 展示了客户租赁报表提供给斯卡里奇当前按字母排序的客户清单。这个草图还展示了每个客户所租赁的游戏机和租赁日期，同样按字母排序。（马文·德文（Marvin Devon）于 2008 年 2 月 5 日租赁了 2 台魔兽世界游戏机。）游戏机清单报表分类列出游戏机。游戏机清单报表提供了已租赁游戏机和未租赁游戏机的计数。图 4 展示了这个报表的草图。

泰龙街机游戏店		
客户租赁报表		
（当前日期）		
姓	名	商铺名称
德文（Devon）	马文（Marvin）	马文的店
	机器名称	租赁日期
	魔兽世界	2/5/2008
	魔兽世界	2/5/2008
迪皮耶罗（Dipierro）	安杰洛（Angelo）	安杰洛的店
	机器名称	租赁日期
	梦境	2/17/2008
	终极战将	2/17/2008
	终极战将	2/17/2008
	千禧年战斗机	2/17/2008
⋮		

图 3　客户租赁报表

泰龙街机游戏店 游戏机清单报表 （当前日期）				
分类	名称	库存	已租赁	可租赁
保龄球 ⋮	极限保龄球	3	2	1
视频	霹雳游侠	2	2	0
	星际迷航	2	2	0
	终极战将	4	2	2
⋮				

图 4 游戏机清单报表

斯卡里奇还需要得到下列问题的答案，请创建查询来帮助斯卡里奇回答这些问题。选择好查询后，你可以基于这些查询生成报表。

1. 哪些游戏机还没有被租赁并且近期可用？斯卡里奇需要知道每台机器的名称、编号和分类。

2. 租赁时间超过 6 个月的游戏机就需要升级或替换。哪些客户租赁的游戏机时间达到 6 个月或以上？斯卡里奇想看到每个客户的姓名、商铺名称、电话号码和租赁日期。结果应以客户的姓氏按字母排序。使用 2008 年 7 月 15 日作为查询的当前日期。

3. 斯卡里奇需要一个能提示游戏机名称的查询，根据他输入的游戏机名称识别出租赁该游戏机的客户。结果应该展示每个客户的姓名、商铺名称、电话号码和租赁日期。

4. 斯卡里奇需要一个收入生成报表。这个报表应该按字母顺序列出所有客户。对于每个客户，斯卡里奇想看到他所租赁的游戏机，按字母排序。同时对每台游戏机，他希望看到总收入、客户收入和他自己的收入。报表需要提供每个客户的总计收入，以及整个报表的总计收入。

5. 找出为斯卡里奇带来最多收入的游戏机。

6. 找出为斯卡里奇带来最多收入的客户。

7. 找出从斯卡里奇处租赁 4 台及以上游戏机的客户。

☐ 实施关注

尽管你可以自由设计表格和报表，但每个表格和报表外观应该专业并保持一致。可以考虑使用表格和报表工具以及向导来设计初始的表格和报表。一旦设计完成，你可以在设计视图下对其进行编辑。

查找字段可以让最终用户从列表中选择一个值，从而使输入数据更容易并且提高数据的准确性。你需要在租赁表和收入表中定义 CID 和 MID 字段为查找字段。定义每个字段的数据类型时，在数据类型一栏中选择查找向导，遵循查找向导对话框中的说明。

图 2 展示了客户表中有机器租赁标签和收入标签。你可以使用标签控件将这两个标签加入客户表中。当斯卡里奇点击机器租赁标签，他可以进入机器租赁页面。

当斯卡里奇点击收入标签，他可以进入收入页面。收入页面允许斯卡里奇输入客户每台机器的收入数据。创建客户表时，你有几个选择。创建客户表、安置好标签控件之后，其中一个选择是将数据库窗口中新生成的子窗口拖放到它对应的标签页上。

□ 设计测试

在创建完表单、查询和报表后，你应该对你的设计进行测试。请完成下列操作：

1. 斯卡里奇已经购买了 5 台新的街机。将下列信息输入数据库中：斯卡里奇购买了两台名叫陆战队员的游戏机，分类为视频。他还购买了 3 台全力灌篮的游戏机，这些游戏机归类到篮球。

2. 将下列租赁信息输入数据库中。马文·瓦克斯勒（Marvin Waxler）经营着麦夫电影出租店。这家商店位于缅因州巴尔港的派恩布拉夫 888 号，电话号码是 (027) 288-5555。班杰·丘尔拉斯（Benji Cullas）经营着班杰汽车修理店。这家店位于缅因州巴尔港的布伦纳姆路 919 号，电话号码是 (027) 288-6666。这两个商铺的邮编均为 04609。瓦克斯勒和丘尔拉斯租赁游戏机情况如下：

客户	租赁机器	租赁日期	客户利润分成	维护日期
马文·瓦克斯勒	陆战队员	3/1/2008	45%	9/1/2008
马文·瓦克斯勒	全力灌篮	3/1/2008	45%	9/1/2008
马文·瓦克斯勒	迷你爪（00027）	3/1/2008	45%	9/1/2008
马文·瓦克斯勒	终极战将（00016）	3/1/2008	45%	9/1/2008
马文·瓦克斯勒	记忆制造者（00008）	3/1/2008	45%	9/1/2008
班杰·丘尔拉斯	全力灌篮	3/6/2008	45%	9/6/2008
班杰·丘尔拉斯	黑夜侵袭（00032）	3/6/2008	50%	9/6/2008

3. 斯卡里奇需要将下列收入信息输入数据库中。收集的日期是 2008 年 3 月 4 日。

客户	机器 ID	收入
保利·田	4	$75.00
马里内略·普尔绍（Marinello Pourchot）	25	$178.00
马里内略·普尔绍	29	$204.50
安杰洛·迪皮耶罗	14	$132.50
安杰洛·迪皮耶罗	17	$144.75
安杰洛·迪皮耶罗	18	$199.50
安杰洛·迪皮耶罗	20	$50.00

▌ 案例作业

为了令人满意地完成这个案例，你需要创建数据库，并准备书面和口头的报告。除非另有规定，否则要向你的教授提交以下内容：

1. 一份书面的报告，列出你对该案例所做的全部假设，以及该案例的关键因素。另外，你是否增加了哪些内容以使得工作表具有更多的功能？用户友好性如何？（请注意，这些假设不能与上述提出的任何需求有冲突，并且必须获得教授的认可。）

2. 每个表单的打印版。

3. 能够符合案例描述和需求部分所提到的条件的数据库电子版。

4. 每个查询的结果。（还应该提供这些结果的说明。）

5. 如前所述，你应该准备一份口头报告。（你的指导教师将确认你报告的时间。）你可以使用报告软件并说明你所设计的数据库的主要特性。同时，还要说明这个数据库能够为斯卡里奇带来什么样的帮助？数据库中还应该存储哪些数据？

案例 **22**

凯勒工业公司

技能检定
你应该复习如下知识点：

数据库技能

✓ 聚合功能	✓ 参数查询
✓ 自动查找查询	✓ 联系
✓ 计算控件	✓ 报表设计
✓ 查找不匹配项查询向导	✓ 选择查询
✓ 表单设计	✓ 表设计
✓ 查阅向导（可选）	

■ 案例背景

    凯勒工业公司（Keller Industries）是一家存在成长性问题的公司。随着公司给大多数员工配备了个人计算机，这些个人计算机及其所安装软件的管理对于信息技术（IT）部门来说，是个令人头疼的问题。由于目前并没有使用正式的硬件/软件追踪系统，因此 IT 部门没有办法知道在凯勒工业公司员工的机器上都安装了哪些硬件，IT 员工也不知道所安装的软件是否都有授权。

    为了能够更好地管理它的硬件和软件，凯勒工业公司决定正式追踪所有分配给员工的硬件和软件的信息。首先，系统将追踪个人计算机和软件的分配情况。米卡·迈尔斯（Mica Meyers）是公司 IT 部门主任，她向你提供了一份已部分完成的追踪数据库。她请你创建表单和报表，设计并填充一个硬件（Hardware）表，建立表之间的联系，并生成几个查询。

案例描述

当凯勒工业公司的员工需要升级自己的计算机系统时，只需给 IT 部门打个电话，进行口头申请。IT 部门的员工会准备一个工作单，该工作单被批准后，将会尽快生成一份正式申请。当工作单完成后，将被存档在一个文件夹中，不会有人再看它。缺少一个正式的硬件/软件追踪系统使得 IT 部门非常头疼，因为他们对凯勒工业公司员工目前所使用的硬件和软件只有一个大概的了解。同时，目前还存在许多问题，例如偷窃、使用非法软件和不兼容等。

没有人确切知道凯勒工业公司目前有多少台个人计算机，也没有人敢保证这些个人计算机上所安装的都是授权软件。为了控制状况，迈尔斯请你盘点一下所有的个人计算机和可用软件。她请你为每一台个人计算机分配一个唯一的硬件编号，并构建一个追踪数据库。追踪数据库应记录所有的个人计算机、软件和硬件/软件的分配情况。（为简单起见，操作系统并没有包括进软件列表中。）

当购买了一台新的个人计算机时，迈尔斯希望能够将它的细节信息输入追踪数据库中。IT 员工使用一张硬件表单来记录计算机的细节信息，例如硬件编号、处理器类型、处理器速度、RAM 数量、型号、制造商、硬盘存储空间和序列号等。当这台个人计算机被分配给某位员工后，表中的一个分配字段存储了该员工的编号信息。

当一个工作表单完成后，迈尔斯希望这个信息能够立即输入追踪数据库中，这就需要一个硬件/软件分配表单。这个表单使得 IT 员工能够增加、修改或删除当前的硬件/软件分配情况。

迈尔斯知道这个追踪数据库包括硬件、软件和当前硬件/软件分配等重要的细节信息。通过生成基于这些数据的报表，她能够做出有价值的决策。例如，软件分配报表帮助迈尔斯确定当前安装的某个特定的软件有多少份拷贝。硬件报表告诉迈尔斯公司员工当前所使用的硬件和软件的配置。员工分配报表显示了每名员工当前硬件/软件配置的信息。硬件报表是按照计算机来排列这些信息的，而员工分配报表则按照员工来排列这些信息，以便于查阅信息。

存储需求

追踪数据库包含已填充的软件（Software）表、员工（Employee）表和配置（Config）表。在研究这些表时，你注意到软件表包括软件编号（SID）、发行者（Publisher）、名称（Title）、授权（License）和分类（Category）字段。SID 为主键，唯一识别了某个特定的软件。Publisher 字段标识了发行该软件的公司。Title 字段包括软件包的名称，而 License 表明公司拥有该特定软件包的拷贝数量。员工表包括员工编号（EID）、姓（LName）和名（FName）字段。EID 字段存储了员工编号，是此表的主键。LName 和 FName 分别指员工的姓氏和名字。配置表显示当前安装在某台特定计算机上的软件。目前，这个表只包括两个字段：计算机编号（HID）和软件编号（SID）。HID 字段识别了某台特定的计算机，而 SID 字段标识了软件包。在研究这些表时，你意识到一台计算机可能安装有多于一个应用程序，因此 HID 字段和 SID 字段应该作为一个复合主键。

迈尔斯给了你一份包含有每台个人计算机数据的电子文档。在研究这份文档时，你注意到这个文件包含了每台计算机的序列号、处理器类型、处理器速度、RAM 数量、硬盘存储空间、型号和制造商的信息。这个文件也包括一个 AssignedTo 字段，表示这台计算机被分配的员工的编号。你决定在硬件表中使用这些字段，并设计表结构如表 1 所示。在创建完硬件表后，你将电子文件中的数据拷贝粘贴到此表中。

表 1 **硬件表结构**

字段名称	数据类型	字段描述	字段长度	备注
硬件编号（HID）	数值	硬件的唯一标识，主键	长整型	由 IT 部门的员工指派，与序列号不同。必备
处理器速度（PSpeed）	文本	处理器的速度	15	
处理器类型（Ptype）	文本	处理器的类型	25	必备
序列号（SerialNo）	文本	计算机的序列号，与硬件编号（HID）不同	20	必备
硬盘存储（HardDrive）	文本	计算机的硬盘存储空间	10	
RAM	文本	目前安装在这台计算机上的 RAM 数量	10	
制造商（Manufacturer）	文本	生产这台计算机的公司的名称	25	
型号（Model）	文本	计算机的型号	25	
分类（Category）	文本	计算机的类型	10	
分配给（AssignedTo）	文本	目前被分配使用这台计算机的员工的编号	4	

在研究关于追踪数据库的记录时，你意识到至少有 3 个联系是必有的，同时这些联系需要满足参考完整性。首先，你需要员工表和硬件表之间的联系。你通过员工表中的 EID 字段和硬件表中的 AssignedTo 字段将这两个表连接起来。其次，你需要硬件表和配置表之间的联系。由于这两个表中都有 HID 字段，因此你通过该字段将这两个表连接起来。最后，你必须在配置表和软件表之间建立联系。由于这两个表都有 SID 字段，因此你通过该字段将这两个表连接起来。

☐ 输入需求

图 1 和图 2 提供了硬件输入和硬件/软件分配表单的框架。你可以自行修改每个表单的设计，但它们必须有一个专业的外观，并至少能够记录所示的数据。

IT 员工需要一个硬件输入表单来记录新买计算机的信息。图 1 显示了这个表单的框架。由于这个表单所记录的数据被存储在硬件表中，因此你决定使用表单工具或表单向导来创建该表单。表单完成后，你可以在设计视图下对其进行修改。

硬件输入		
硬件编号：		员工编号：
序列号：	制造商：	RAM：
类别：	型号：	硬盘存储空间：
	处理器速度：	
	处理器类型：	

图 1　硬件输入表单

　　IT 员工需要知道在每台个人计算机上安装了哪些软件。硬件/软件分配表单使得 IT 员工能够增加、删除和修改每台个人计算机上所安装的软件数据。图 2 为这个表单的框架。

　　在使用硬件/软件分配表单时，迈尔斯希望数据录入流程能够尽可能地简单。例如，她想从一个下拉框中选择硬件编号，然后系统将从图 2 中显示的其他数据中进行查阅，包括任何先前分配的软件。你决定使用一个自动查阅（AutoLookup）查询来自动检索数据。当把软件分配给某台特定的计算机时，迈尔斯希望先选择一个软件编号，然后系统查阅名称和发行者信息。你意识到自动查找查询也使得软件信息的查阅流程更加便捷。

硬件/软件分配		
硬件编号：		员工编号：
序列号：	制造商：	RAM：
类别：	型号：	硬盘存储空间：
	处理器速度：	
	处理器类型：	

本台计算机上的软件：

软件编号	名称	发行者

图 2　硬件/软件分配表单

信息需求

　　迈尔斯需要三个报表，包括软件分配报表、硬件报表和员工分配报表。这些报表将追踪数据库中的数据按照不同的方式进行排列。虽然迈尔斯鼓励你自由进行报表的设计，但她也强调每个报表必须能够提供框架中显示的信息，并拥有专业化的外观。她希望每个报表都有自己的名称、当前日期，并在报表顶部放一幅图片。每个报表的页脚应包括当前页码以及该报表的总页数。

迈尔斯给了你一个软件分配报表的框架，如图 3 所示。在检查这个框架时，你注意到软件分配报表列出了所有当前已被授权的软件包，并显示出目前这个软件包安装在哪台计算机上。这个报表按照软件名称的字母顺序排列信息。在每个软件名称分类内部，硬件编号按照升序进行排列。对于每个软件名称，显示了安装的数量。迈尔斯使用这个信息来帮助确认所有的软件安装都是经过授权的。你决定创建一个选择查询来检索这个报表的数据，然后基于选择查询的结果来生成报表。

软件分配			
(当前日期)			
软件名称	发行者	硬件编号	员工
⋮			
IGRAFX Flowcharter 2007	Corel	20	罗宾·丹瑟（Robin Dancer）
		安装数量：××	
⋮			
Project 2007	微软	1	阿格尼斯·墨菲（Agnes Murphy）
		安装数量：××	
⋮			
第×页，共×页			

图 3　软件分配报表

　　图 4 显示了硬件报表的初步框架。硬件报表列出了公司的个人计算机，按照硬件编号的升序进行排列。这个报表提供了每台计算机的描述，列出了处理器速度、处理器类型、RAM 数量和硬盘存储空间。它也列出了目前在这台计算机上安装了哪些软件，以及它被分配给了哪名员工。

　　迈尔斯想要知道，目前每名公司员工被分配给了哪些软件和硬件。她希望这些信息按照员工的姓氏进行排列。图 5 列出了员工分配报表的初步框架。在研究这个框架时，你注意到一名员工可能被分配有多台计算机。你决定按照硬件编号字段进行二次排序。

硬件			
(当前日期)			
硬件编·	硬件描述	软件	员工
1	3.6GHz 惠普英特尔奔腾 4 2GB 80GB	诺顿防病毒 2007 微软 Project 专业版 2007 Corel WordPerfect Office X3 专业版 ⋮	阿格尼斯·墨菲
2	3.6GHz 惠普英特尔奔腾 4 2GB 80GB	微软 Office 标准版 2007 ⋮	巴里·沃斯（Barry Vorse）
		第×页，共×页	

图 4　硬件报表

员工分配 (当前日期)				
员工	硬件编号	序列号	硬件描述	软件
勒内·布莱特 (Renae Blatt)	5	784569-58-2222	2.8GHz 戴尔英特尔至强	防病毒 2007 WordPerfect Office X3 专业版
			⋮	
巴里·沃斯	2	746389-03-0098	3.6GHz 惠普英特尔奔腾 4	Office 标准版 2003
			⋮	
第×页，共×页				

图 5　员工分配报表

迈尔斯需要下列问题的答案。如果你愿意，也可以基于下列查询的结果生成报表。

1. 有哪些软件目前没有安装在任何计算机上？迈尔斯只要软件的名称，她不希望看到其他字段。

2. 有哪些公司员工还没有计算机？迈尔斯想知道这些员工的名和姓。她不需要其他字段。

3. 迈尔斯需要一个利用软件名称进行的查询。在输入软件名称后，这个查询能够列出在其计算机上安装了此软件的所有员工的姓名。请为迈尔斯准备这个查询，按照员工姓氏的字母顺序排列结果。

4. 有 3 名员工想要在他们的机器上安装 Corel WordPerfect Office X3 专业版的拷贝。目前共安装了多少份 Corel WordPerfect Office X3 专业版拷贝？是否有足够数量的许可权来满足这些新请求？

5. 哪些员工有笔记本电脑？提供这些员工的姓名、制造商、型号、处理器类型和处理器速度。

6. 迈尔斯需要一个利用员工姓名进行的查询。在输入员工姓名后，她希望得到这名员工的硬件和软件配置信息。

7. 迈尔斯需要一个软件类型报表。这个报表应能按照类别显示软件。在每个类别内部，她希望列出每个软件的名称，以及目前该软件已经安装了多少个拷贝。分类按照字母顺序排列。每个类别内部的软件名称也按照字母顺序进行排列。

☐ 实施关注

为了进行案例描述所要求的修改，你要设计一个数据库表，构建两个表单，准备三个报表，建立表之间的联系，并生成几个查询。硬件表中的数据存储在一个电子文档中，因此，在完成了硬件表后，可以将其拷贝粘贴到其中。

在构建硬件输入表单时，可考虑使用表单工具或表单向导。在基础表单构建完成后，你可以很容易地在设计视图下对其进行任何必要的修改。

硬件/软件分配表单是一个带有子表单的主表单。你应该考虑生成一个自动查找查询，然后使用表单工具或表单向导来生成硬件/软件分配表单。在构建一个初始表单后，你可以在编辑视图下对其进行编辑。

每个报表都使用来自多个表的数据。对每一个报表，你可以先构造一个查询，以从相应的表中检索出必要的信息，然后基于这些查询的结果生成报表。硬件/软件分配报表提供了每个软件包目前安装到公司个人计算机上的数量。获得这个数量的一个方法是在报表中使用计算控件。

□ 设计测试

　　在创建完数据库表、表单、查询、联系和报表后，你应该对你的数据库设计进行测试。请完成下列操作：

　　1. IT 部门刚刚购买了 5 台新计算机。请使用硬件输入表单，把每台计算机的下列信息录入追踪数据库中。这些计算机还没有被分配给员工，因此分配给（AssignedTo）字段并没有被包括进下表中。你还需要为每台计算机分配一个硬件编号（HID）。

硬件表结构

处理器速度 （PSpeed）	处理器类型 （Ptype）	序列号 （SerialNo）	硬盘存储 （HardDrive）	型号 （Model）	RAM	制造商 （Manufacturer）	分类 （Category）
2.2GHz	AMD Phenom 9500	684922-12-4944	500GB	M9100z	4GB	惠普	台式机
3.6 GHz	AMD Phenom 9500	483203-98-4935	500GB	M9100z	4GB	惠普	台式机
3.6 GHz	AMD Phenom 9500	483203-98-4936	500GB	M9100z	4GB	惠普	台式机
2.2GHz	英特尔 Core 2 Duo 4500	684922-12-4943	500GB	DX441X	4GB	捷威	台式机
2.3GHz	AMD Athlon	994847-90-0003	80GB	OptiPlex 740	1GB	戴尔	台式机

　　2. IT 部门进行了如下分配：

　　● 克林特·朱姆沃尔特（Clint Zumwalt）被分配了一台个人计算机，硬件编号是 22。他要求在这台计算机上安装微软 Office 专业版 2007 和微软 Project 专业版 2007。

　　● 玛莎·雷米斯基（Marsha Leminsky）被分配了一台个人计算机，硬件编号是 26。她要求在这台计算机上安装 Corel WordPerfect Office X3 专业版、诺顿 2008 防病毒软件和 SAS/STAT。

　　3. 阿格尼丝·墨菲想要将软件升级到微软 Office 专业版 2007。请将此信息输入数据库中。

　　4. 公司目前有多少台奔腾 4 计算机？这些计算机中有多少是台式机？公司有多少台奔腾 D 计算机？

　　5. 公司目前有多少台戴尔笔记本电脑？

　　6. 有多少台计算机没有安装诺顿 2008 防病毒软件？你认为所有的计算机都应该安装最新版本的防病毒软件吗？如果是这样，请做必要的升级。

　　7. 有多少台计算机的硬盘存储空间小于 500GB？

案例作业

为了令人满意地完成这个案例，你需要创建数据库，并准备书面和口头的报告。除非另有规定，否则要向你的教授提交以下内容：

1. 一份书面的报告，列出你对该案例所做的全部假设，以及该案例的关键因素。另外，你是否增加了哪些内容以使得数据库具有更多的功能？用户友好性如何？（请注意，这些假设不能与上述提出的任何需求有冲突，并且必须获得教授的认可。）

2. 每个表单的打印版。

3. 每个报表的打印版。

4. 能够符合案例描述和需求部分所提到条件的数据库电子版。

5. 每个查询的结果。（还应该包括对这些结果的说明。）

6. 如前所述，你应该准备一份口头报告。（你的指导教师将确认你报告的时间。）你可以使用报告软件并说明你所设计的数据库的主要特性。同时，还要说明这个数据库能够为迈尔斯带来什么样的帮助。你还建议做哪些改变？

23

ABC 公司的健康福利

数据库案例   难度评级：★★★

技能检定
你应该复习如下知识点：

数据库技能

√ 高级报表设计	√ 表单向导
√ 聚合功能	√ 查阅向导
√ 自动查找查询	√ 文本邮件合并向导
√ 计算控件	√ 联系
√ 交叉表查询	√ 选择查询
√ 按表单过滤	√ 子表单
√ 表单设计	√ 表设计

■ 案例背景

    ABC 公司认识到它的员工有着不同的健康需求。公司采用了一个灵活的方案，允许员工根据个人偏好来定制他们的健康福利计划。健康福利注册流程将于两个月内开始，安东尼奥·冈萨雷斯（Antonio Gonzalez）是人力资源总监，他急于更新公司的福利数据库。冈萨雷斯聘用你来对福利数据库进行升级。在星期一与冈萨雷斯会面时，他给了你一份数据库需求。要求你创建一个员工保险注册表单，设计并填充员工（Employee）表和选择（Select）表，生成几个查询，准备一个套用信函，准备一个按保险公司分类的员工报表，并为每个 ABC 公司员工准备一个定制化员工注册报表。

案例描述

    ABC 公司人力资源部门利用一种"自助餐"的方式，来为它的员工提供健康福利。每年秋天，ABC 公司的员工都会检查一下自己当前的福利状况，修改选择，然后签署一份表单。这些变化必须被输入福利（Benefits）数据库中。

    关于医疗保险，员工首先要在优先医疗服务组织（PPO）或健康维护组织（HMO）进行注册。目前，ABC 公司为它的员工支付每月医疗费用。然而，如果员工注册了一个牙科计划或眼科计划，他将需要为这个可选计划支付一份适当的金额。员工也可以为他的一个或多个家人承担医疗、牙科和/或眼科的费用。为了承担家人的保险，这名员工必须也选择同样的保险。例如，如果想要给配偶选择牙科保险，那么这名员工本身也必须选择牙科保险。

    在几个星期内，一封注册信和一份 ABC 价格变更安排将被寄送给每名员工。注册信告知员工，在下个注册期内，提供服务的时间和地点等信息。ABC 价格变更安排列出了新的健康福利价格，从 1 月 1 日起生效。表 1 显示了新的 ABC 价格变更安排。

表 1   **ABC 价格变更安排**

（1 月 1 日起生效）

保险公司	价格					
	E	S	S1	S2	C1	C2
全美生命保险（AALC）——PPO	$ 00.00	$ 281.22	$ 462.06	$ 523.54	$ 180.84	$ 242.32
最佳健康保险（BHC）——HMO	$ 00.00	$ 263.07	$ 405.64	$ 455.54	$ 142.57	$ 192.47
中西牙科（MD）	$ 15.89	$ 37.92	$ 67.96	$ 78.29	$ 30.04	$ 40.37
完美眼科（PV）	$ 18.44	$ 25.78	$ 48.64	$ 79.27	$ 22.86	$ 30.63

E：仅员工   S2：配偶和两个或多个子女
S：仅配偶   C1：仅一个子女
S1：配偶和一个子女   C2：两个或多个子女

    你在查看了与冈萨雷斯会面的记录后，意识到需要对当前的福利数据库做几处修改。这些修改需要你创建一个员工保险注册表单，设计并填充员工（Employee）表和选择（Select）表，构建几个查询，准备一个套用信函，准备一个按保险公司分类的员工报表，并为每个 ABC 公司员工准备一个定制化员工注册报表。

存储需求

    福利数据库包括填充有数据的公司（Company）表、家属（Dependent）表和价格（Rate）表。在研究这些表时，你注意到公司表目前包含了每个保险公司的信息。对每个保险公司，存储了保险公司编号（InsCode）、公司名称（InsName）和简要介绍（Comments）。家属表包括家属编号（DepCode），并提供了这些编号的解释（DepDesc）。价格表包括保险公司编号（InsCode）、家属编号（DepCode）和价格（Rate）字段。价格表有一个复合主键，包括 InsCode 和 DepCode 字段。价格表包含了当前的保险价格信息，并将被修改以体现表 1 中所列出的变化。

在与冈萨雷斯的一次会面中，他给了你一份电子文档，包含有你用来填充员工表和选择表的数据。会面后，你决定使用表 2 和表 3 中所示的结构来构建员工表和选择表。员工表的主键是 EID，州（State）字段的缺省值是"TX"。然后你开始构建员工表。

表 2　员工表结构

字段名称	数据类型	字段描述	字段长度	备注
员工编号（EID）	数值	员工的编号。是唯一值，主键	长整型	格式为 00000。必备
部门编号（DeptID）	数值	部门编号。是唯一值	长整型	格式为 00。必备
名（E FirstName）	文本	员工的名字	50	
姓（ELastName）	文本	员工的姓氏	50	
街道地址（StreetAddress）	文本	员工的街道地址	50	
城市（City）	文本	员工所在城市	50	
州（State）	文本	员工所在州	2	州简写，用大写字母表示。缺省值为"TX"
邮编（ZipCode）	文本	员工的邮编	10	使用输入掩码
办公室分机（OfficeExt）	文本	员工的电话号码，用输入掩码	4	

表 3　选择表结构

字段名称	数据类型	字段描述	字段长度	备注
员工编号（EID）	数值	员工的编号。是复合主键的一部分	长整型	格式为 00000。必备。该编号存于员工表中
家属编号（DepCode）	文本	家属编号。是复合主键的一部分	3	该编号从家属表中取得
公司编号（InsCode）	文本	保险公司编号。是复合主键的一部分	4	该编号从保险表中取得
生效日期（EffectiveDate）	日期/时间	该条款生效的日期		

在研究选择表的设计时，你确定这个表的主键是一个复合主键，由员工编号（EID）、家属编号（DepCode）和保险公司编号（InsCode）字段组成。生效日期（EffectiveDate）字段包括该条款生效的日期。该日期通常为 1 月 1 日，也有可能不同。例如，一名在一年年中被聘用的员工，会有一个不同的生效日期。你意识到 EID，DepCode 和 InsCode 字段的值已经分别在员工表、家属表和公司表中存储了。为了方便数据的输入，你决定使用查阅向导来生成这些字段的值。

查阅向导创建了选择表与员工表、公司表和家属表之间的联系。你认为这些联系应该满足参照完整性。因此，你对每个联系的连接属性进行了编辑，以使其满足参照完整性。

□ 输入需求

福利数据库需要一个员工保险注册表单。图1显示了该表单的初步框架。（实际数据可能与此不同。本框架中数据仅用于显示。）由于员工保险注册表单使用了来自三个表的数据，因此你决定构造一个选择查询。在构造选择查询后，可以使用表单向导来加速员工保险注册表单的生成过程。（你可以查阅系统的在线帮助，以获得关于表单向导和子表单的信息。）

在研究员工保险注册表单框架时，你注意到每月支付额（Monthly Payroll Deduction）字段显示了员工每月健康保险费用的金额。每月支付额字段在主表单中显示，并对注册选项子表单中的价格进行了加总。请使用系统的在线帮助，来查阅如何在子表单中进行合计计算，并在主表单中对其进行显示。

员工保险注册

员工编号：00005　　　　　　　　　　　　　　　　　　每月支付额：$379.25

员工姓名：雅克·沃塔瓦（Jaque Votaw）　　　　　　　部门编号：05

员工地址：乔恩大道201号，阿林顿，得克萨斯州（TX），76004　　办公室分机：3201

注册选项：

家属编号	保险公司编号	价格	生效日期
S	AALC	$281.22	1/1/2009
S	PV	$25.78	1/1/2009
S	MD	$37.92	1/1/2009
E	PV	$15.89	1/1/2009
E	MD	$18.44	1/1/2009

图1　员工保险注册表单

□ 信息需求

冈萨雷斯想要发送一个套用信函给所有的员工，向他们通知新的注册期。他希望这个套用信函对每个员工来讲是定制的。最起码，员工的地址应该出现在信封的地址栏处，而称呼也应使用该员工的姓氏。信函的主体部分应该通知新的注册期，并提供最新的价格安排。他请你来为他准备这个信函。

冈萨雷斯还需要一份按保险公司分类的员工报表，以及每名员工的定制化员工注册报表。图2和图3显示了这些报表的初步框架。你可以自行设计这些报表，但每个报表必须能够提供框架中所显示的信息，并拥有一个专业的外观。按保险公司分类的员工报表将员工和他们所选择的健康保险公司相关联。定制化员工注册报表是专为每名员工准备的定制化报表。该报表识别了这名员工在某一特定注册期内的健康福利情况。

按保险公司分类的员工 （当前日期）				
保险公司	员工编号	姓	名	家属编号
全美生命保险				
	00013	恩里克（Enriquez）	安东尼奥（Antonio）	C2
	00020	提麦斯（Timanus）	狄欧娜（Deona）	S
	⋮			
最佳健康保险				
	00010	千百惠（Chee）	亚纪子（Akiko）	S2
	00011	卢（Lou）	佳怡（Chia-Yi）	E
	⋮			

图 2　按保险公司分类的员工报表

　　按保险公司分类的员工报表根据保险公司来排列信息，在每一保险公司内部再按照员工的名字进行排序。每组均按照升序进行排列。冈萨雷斯需要每名员工的员工编号、名字和姓氏，以及家属编号。由于这个报表的数据来自多个表，因此你决定创建一个选择查询，然后基于该选择查询的结果来生成报表。报表的表头部分包括该报表的标题和当前日期。

　　冈萨雷斯想要每名员工都接到一份定制化员工注册报表。该报表将于新价格生效后的 1 月份打印出来。由于其数据来自多个表，因此你构建了一个选择查询，并且根据选择查询的结果生成报表。从图 3 所示的框架中，你注意到表头包括了报表标题、当前日期、员工的姓名、部门编号、员工编号和月支付额。你还注意到，对于每项健康福利，保险公司名称、家属编号和价格都附在其中。由于使用"新一页"属性，使得每名员工的报表都在新的一页上打印，因此你不需要为每个员工单独设计报表。（你可以查看系统的在线帮助，以获得关于"新一页"属性的信息。）

定制化员工注册报表 （当前日期）		
准备给：安东尼奥·恩里克	部门编号：01	
员工编号：00013	月支付额：	
保险公司	家属编号	价格
最佳健康保险	C2	$3.66
中西牙科	C2	$41.63
完美眼科	C2	$239.16

图 3　定制化员工注册报表

　　冈萨雷斯需要下列问题的答案。创建查询以帮助冈萨雷斯回答这些问题。如果你愿意，也可以基于下列查询的结果生成报表。

　　1. 目前有多少 ABC 公司的员工选择了 HMO？有多少选择了 PPO？

　　2. 有多少 ABC 公司的员工为两个或更多的子女上了医疗保险，却没有为其配偶上保险？

　　3. 如果员工家属的眼科保险价格上涨了，将有多少员工受到影响？

　　4. 冈萨雷斯想知道选择每个保险公司的员工数量。他希望能够显示保险公司名称、保险公司介绍和选择它的员工数量。

5. 冈萨雷斯想知道选择每个保险公司的家属数量。他希望能够显示保险公司名称、家属名称和选择该公司的家属数量。

6. 每名 ABC 公司员工平均支付的保险费用是多少？

实施关注

为了完成案例描述中所提到的内容，你要设计并填充员工表和选择表，创建员工保险注册表单，建立表之间的联系，准备一份按保险公司分类的员工报表，并为每名员工准备一份定制化员工福利报表。在构建选择表时，你可使用查阅向导来获得员工编号（EID）字段、家属编号（DepCode）字段和保险公司编号（InsCode）字段的值。

除了在存储需求部分描述的三个联系外，你还要另外定义几个联系。对于每个你所定义的联系，都需要保证其满足参照完整性。

关于套用信函，你应该使用微软的文本邮件合并向导。你可以通过系统的在线帮助，来获得更多有关微软文本邮件合并向导的信息。

设计测试

在完成表单、表、联系、查询、套用信函和报表的创建后，你应该对你的数据库设计进行测试。请完成下列操作：

1. 下列员工请求更改他们的健康计划。请使用当前日期作为生效日期。

● 方英（Ying Fang）（00025）为他的妻子和两个孩子增加了牙科和眼科保险。

● 多纳蒂卡·安杰洛（Donatica Angelo）（00016）将其配偶包括进她当前的计划中。她选择了最佳健康保险公司和完美眼科。

● 盖尔·耶茨（Gayle Yates）博士为她的丈夫和 5 个孩子增加了牙科计划。她不记得自己的员工编号了。

2. ABC 公司新聘用了两名员工。请将下列信息输入数据库中。为他们指派两个可用的员工编号。

员工姓名：芭芭拉·米歇尔斯（Barbara Michaels）		部门编号：04	
员工地址：卡尔文大道 1944 号，达拉斯，得克萨斯州（TX），75261		办公室分机：4822	
EID：××××××			
注册选项：			
家属编号	保险公司编号	价格	生效日期
S	AALC	×××	3/15/2009
S	PV	×××	3/15/2009
E	AALC	×××	3/15/2009
E	PV	×××	3/15/2009

员工姓名：弗雷德里克·比哈 (Fredrico Behar)		部门编号：02	
员工地址：鸽巢 2204 号，加兰德，得克萨斯州 (TX) 75040		办公室分机：2797	
EID：×××			

注册选项：

家属编号	保险公司编号	价格	生效日期
S1	AALC	×××	5/1/2009
S1	PV	×××	5/1/2009
S1	MD	×××	5/1/2009
E	AALC	×××	5/1/2009
E	PV	×××	5/1/2009
E	MD	×××	5/1/2009

3. 使用表 1 中的新价格来更新价格表。你可能希望创建一个价格表单来帮助进行数据的输入工作。

4. 哪些员工将受到牙科保险价格上涨的影响？请列出这些员工的姓氏和名字。

案例作业

为了令人满意地完成这个案例，你需要创建数据库，并准备书面和口头的报告。除非另有规定，否则要向你的教授提交以下内容：

1. 一份书面的报告，列出你对该案例所做的全部假设，以及该案例的关键因素。另外，你是否增加了哪些内容以使得数据库具有更多的功能？用户友好性如何？（请注意，这些假设不能与上述提出的任何需求有冲突，并且必须获得教授的认可。）

2. 每个表单的打印版。

3. 每个报表的打印版。

4. 能够符合案例描述和需求部分所提到条件的数据库电子版。

5. 每个查询的结果。（还应该包括对这些结果的说明。）

6. 如前所述，你应该准备一份口头报告。（你的指导教师将确认你报告的时间。）你可以使用报告软件并说明你所设计的数据库的主要特性。同时，还要说明这个数据库能够为冈萨雷斯带来什么样的帮助。数据库中还有哪些信息可能对冈萨雷斯有用？

案例 *24*

赖特兄弟机场班车服务公司

数据库案例   难度评级：★★★★

技能检定
你应该复习如下知识点：

数据库技能

✓ 聚合功能	✓ 查阅向导
✓ 自动查找查询	✓ 参数查询
✓ 计算控件	✓ 联系
✓ 下拉框	✓ 报表设计
✓ 按表单过滤	✓ 选择查询
✓ 表单设计	✓ 表设计

▊ 案例背景

  赖特兄弟机场班车服务公司（Wright Brothers' Airport Shuttle Service）为它的客户提供经济便捷的机场外停车和机场班车服务。巴兹尔·赖特和塞奇·赖特兄弟（Basil Wright and Sage Wright）认识到了向他们的客户提供这些服务的便利性，于两个月前开始了机场外停车和机场班车服务。从那时起，他们就发现这些业务的需求一直持续稳定地增长。巴兹尔·赖特深陷于繁杂的文书工作中，于是着手开发一个简单的预订数据库。这个数据库的目的是追踪当前的停车位预订信息。截至今天，巴兹尔·赖特还不能完成这个数据库，特请求你的帮助。

案例描述

作为一名经常旅行的人，巴兹尔·赖特认识到经济便捷的机场外停车服务的需求。利用去年的一个机会，巴兹尔·赖特和他的弟弟塞奇·赖特买下了国际机场附近 10 英亩的场地。兄弟俩把他们新得到场地的一部分变成了停车位，并为旅行者提供班车服务。塞奇·赖特负责接送旅行者来回机场，而巴兹尔·赖特负责管理公司的日常文书工作。

赖特兄弟的机场班车服务提供代客泊车服务，有 200 个有顶棚的停车位和 250 个露天停车位。有顶棚停车位每天收费 12 美元，露天停车位每天收费 10.50 美元。

当客户到达时，把汽车交给泊车助理。之后客户来到办公室，向另一名助理提供必要的信息，申请有顶棚车位或是露天车位，拿到一个停车票，然后乘坐班车到机场。登记车辆时，助理使用一个可用停车位清单来确定将这辆车停在哪儿。车辆被安排到某个停车位后，其后视镜上将被悬挂一个停车票。当客户回来时，打电话给班车服务公司，提供他的停车票编号，然后乘坐下一班班车到达停车处。当他到达停车处后，泊车助理根据停车票编号定位客户的记录。然后客户支付停车费，取车离开。

上个月，巴兹尔·赖特着手为泊车和班车服务创建数据库。然而，泊车业务非常多，使得他忙于日常运作，因此无法完成数据库。你是巴兹尔的好朋友，自愿帮他继续完成数据库的创建。首先，你将修改数据库以追踪公司当前的泊车预订信息。

巴兹尔给了你一份当前的预订清单和一份未完成的数据库。在检查完这些内容后，你注意到预订清单是用工作表应用程序做的，这份清单中包含了当前预订的基本信息。由于预订清单是电子版的，因此在泊车（Parking）表创建完后，你可以拷贝预订清单中的内容到此表中。

当前的数据库包括了几个表，即航空公司（Airline）表、汽车（Car）表、型号（Model）表和价格（Rate）表。这些表中均填充有数据。它们可能需要一些修改。然而，你意识到还需要建立一个泊车表、一个泊车预订表单，每日登记和离开报表、车辆表和型号表之间的联系，以及几个查询。巴兹尔强调这个数据库应该设计得很简单。他还提到，不需要保存过去的客户、以前泊车的车辆和预订的任何信息。

存储需求

如前所述，巴兹尔在上个月就着手创建这个泊车数据库。然而，繁忙的日程使得他没有时间完成这项任务。他给了你未完成的数据库，并请你继续完成这项开发工作。巴兹尔已经设计和填充了航空公司表、汽车表、型号表和价格表。你需要设计填充泊车表。

表 1 显示了泊车表的结构。如前所述，用来填充该表的数据目前存储在一个电子版文件中。在设计完该表后，你可以拷贝这些数据到适当的字段中。

表 1　　　　　　　　　　　　　　泊车表结构

字段名称	数据类型	字段描述	字段长度	备注
停车票编号 (Ticket Number)	数值	停车票编号,该号码唯一	长整型	主键
客户姓 (Customer Last Name)	文本	客户的姓氏	50	必备
客户名 (Customer First Name)	文本	客户的名字	50	必备
到达日期 (Check-In Date)	日期/时间	车辆到达并登记的日期		必备
离开日期 (Check-Out Date)	日期/时间	车辆被取走的实际日期。可能与预计离开日期不同		
牌照号 (Tag Number)	文本	车辆的标签号	10	必备
牌照所在州 (Tag State)	文本	车辆注册所在州	2	缺省值为 "OK"
停车位 (Parking Location)	文本	车辆停车的位置	5	必备
制造商编号 (MakeID)	数值	车辆制造商编号	长整型	必备
型号 (ModelID)	数值	车辆型号	长整型	
预计离开日期 (Tentative Return Date)	日期/时间	预计离开日期		
航空公司 (AAB)	文本	航空公司号	3	
价格编号 (Rate Code)	文本	该车辆适用的价格编号	3	必备
备注 (Comments)	备注	泊车助理用来记录该车辆的任何附加信息		

　　由于停车票编号是主键,因此助理将为每个标签输入一个唯一值。你可以设想停车票编号是从一个预先打印好的标签中获得的。为了便于数据的输入,汽车制造商、汽车型号、航空公司缩写,以及价格编号的值均从一个清单中获得。在设计数据库表的过程中,使用查阅向导来创建这些字段值的清单。因为巴兹尔不希望保留他客户的历史信息,因此那些曾委托泊车的客户的信息将从数据库中删除。然而,在本练习中,你不需要生成泊车删除查询。

　　车辆表和型号表之间需要有一个联系。你应该查找一下这两个表中的共有字段,并据此建立联系。例如,车辆表和型号表都有制造商编号(MakeID)字段。你可以使用该字段建立这两个表间的联系。请记住,虽然这两个字段有时候名字相同,但这并不是必须的。

□ 输入需求

图 1 提供了你需要创建的泊车预订表单的框架。尽管你可以自行修改表单的设计，但该表单必须有一个专业化的外观，并能够记录图 1 中所显示的数据。

赖特兄弟机场班车服务公司 泊车预订表单	
停车票编号：	到达日期：
客户姓：	预计离开日期：
客户名：	离开日期：
航空公司：	
汽车制造商：	停车位：
汽车型号：	
牌照：	
牌照所在州：	
	价格编号：　　　　　　价格说明：
	价格：
	当前收费：
备注：	

图 1　泊车预订表单

当泊车助理完成表单时，你希望他选择一个价格编号（Rate Code），然后系统自动地填入价格（Rate）和说明（Description）。为了实现这个功能，你使用泊车表和价格表中的数据，构建了一个自动查找查询。在构建这个查询时，加入泊车表里的所有字段。从价格表中，加入价格（Rate）字段和描述（Description）字段。

在使用查阅向导来创建泊车表中的航空公司（Airline）、汽车制造商（Car Make）、汽车型号（Car Model）和价格编号（Rate Code）字段时，你会发现这些字段的下拉菜单自动地出现在泊车预订表单中。在这些字段使用下拉菜单将便于数据的录入，你很喜欢这个想法。

在研究当前收费（Current Charges）字段时，你意识到它是一个与日期值相关的计算字段。如果一个客户在 1 月 1 日将车留下，并在 1 月 2 日将车取走，那么他需要支付两天的停车费用，因此你的当前收费计算公式应能反映这点。

□ 信息需求

每天晚上，巴兹尔需要准备两个报表，即每日登记报表和预计离开报表。每日登记报表列了出当天登记的每辆车。预计离开报表标识了计划在第二天取走的车辆。图 2 和图 3 提供了这两个报表的框架。尽管你可以自行设计这些报表，但每个报表必须能够提供该框架中所显示的信息，并有一个专业的外观。

如前所述，每日登记报表标识了当天被留下的车辆。你决定基于参数查询的结果来生成此报表。在使用参数查询时，终端用户被要求输入一个日期。每日登记报表也规定了不同类型的车所需要的空间。在报表的末尾提供了一个总计。为了提高可读性，报表的内容按照价格说明进行排序。报表的表头包括报表标题、当前日期和一个图片。你应该为图片选择一个适当的位置。

顶棚/露天	停车位	客户姓	客户名	停车票编号	牌照	汽车制造商	汽车型号	预计离开日期
赖特兄弟机场班车服务公司 **每日登记报表** **（当前日期）**								
顶棚	C1	贝内特（Bennett）	布鲁克（Brooke）	144	B7987	三菱	Montero	1/5/2009
	C3	兰辛（Lansing）	拉里（Larry）	146	D4756	雷克萨斯	ES250	1/7/2009
	⋮							
					小计：			
露天	U5	法默（Farmer）	戴维（David）	145	IMOK4	福特	Expo	1/4/2009
	U7	于（Yu）	萨曼莎（Samantha）	148	IM47	马自达	Miata	1/15/2009
	⋮							
					小计：			
					登记总数：			

图 2　每日登记报表

每天晚上，赖特兄弟要打印一份预计离开报表。该报表标识出预计在第二天离开的车辆。巴兹尔希望这个报表按照价格编号进行排序。他还想知道一共有多少车辆预计要离开。由于这个报表是每天打印的，因此你将构建一个参数查询。参数查询要求用户提供一个特定的日期，报表将根据这个日期生成。这个参数查询与你之前所构造的类似。图 3 显示了预计离开报表的框架。

停车位	客户姓氏	客户名字	停车票编号	牌照	汽车制造商	汽车型号
赖特兄弟机场班车服务公司 **预计离开报表** **（当前日期）**						
C1	亚当（Adams）	奥得利（Audrey）	144	B7987	三菱	Expo
C3	兰辛	拉里	146	D4756	雷克萨斯	ES250
⋮						
			小计：			
U5	法默	戴维	145	IMOK4	福特	Expo
U7	于	萨曼莎	148	IM47	马自达	Miata
⋮						
			取车总数：			

图 3　预计离开报表

巴兹尔想得到下列问题的答案。请构建查询以帮助他回答这些问题。如果你愿意，也可以基于下列查询的结果生成报表。同时，请基于目前数据库中的数据回答问题。（不要担心是否删除了客户记录。）

1. 车辆平均停留时间是多少？平均收益是多少？

2. 使用有顶棚车位的车辆有多少？使用露天车位的车辆有多少？

3. 今天有多少辆车登记？有多少辆车离开？（请用 2008 年 12 月 31 日作为当天日期。）

4. 哪个航空公司被选择的最多？

5. 在 2008 年 12 月 31 日那天，有顶棚停车位使用的百分比是多少？露天停车位使用的百分比是多少？

6. 假设兄弟俩想要提高露天停车位的价格到 12 美元/天，有顶棚停车位的价格到 16 美元/天。这种提高对总收入将会带来怎样的影响？

7. 赖特兄弟机场班车服务公司的客户在 2009 年 1 月 22 日选择了哪些航空公司？应能识别出航空公司，并提供该航空公司的客户数量。

8. 到目前为止，班车服务公司获得的总收入是多少？有顶棚的停车位共带来了多少收入？露天停车位共带来了多少收入？

9. 1 月份共获得了多少收入？

实施关注

为了构建案例描述中所提及的数据库，你要构建一个表、一个表单、两个报表，以及几个查询，包括选择查询、参数查询和自动查找查询。这几个查询要求你排序、设定参数、创建表达式，并使用两个或多个表中的数据。请记住，表单和报表基于这些查询的结果，因此你应该在构建表单和报表之前先构建查询。

在设计过程中，你基于查询的结果生成报表、选定排列顺序，并设计报表表头、页脚和页眉。为了增强表单和报表的外观，你应该在表单和报表的表头中插入一个图片。表单和报表需要计算控件。

你要在车辆表和型号表之间建立联系。应该在设计查询之前建立该联系。

设计测试

在创建完成数据库表、表单、查询和报表之后，你应该对你的数据库设计进行测试。请完成下列操作：

1. 下列客户将他们的车留在这里。请将这些信息输入数据库中。你不需要输入离开日期（Check-Out Date）字段和备注（Comments）字段，因此这些字段没有显示在下表中。

停车票编号（Ticket Number）	客户姓（Customer Last Name）	客户名（Customer First Name）	制造商编号（Car Make-ID）	型号（Car Model）	牌照号（Tag Number）	牌照所在州（Tag State）	停车位（Parking Location）	到达日期（Check-InDate）	预计离开日期（Tentative Return Date）	航空公司（AAB）	价格编码（Rate Code）
400	杰斯特（Jester）	埃莉诺（Eleanor）	三菱	Montero	E7T89	OK	U21	输入当前日期	计划1周后离开	AA	1
401	佩尔格里诺（Pellegrino）	阿兰（Allan）	通用	Envoy	YT090	OK	U22	输入当前日期	计划2周后离开	WN	1
402	霍（Ho）	陈（Chen）	卡迪拉克	Escalade	KYRJT	TX	C14	输入当前日期	计划第2天离开	AA	2
403	叶（Yeh）	林（Ling）	英菲尼迪	G20	HI9864	TX	C19	输入当前日期	计划第2天离开	CO	2
404	波利多（Polito）	拉尔夫（Ralph）	吉普	Grand Cherokee	KL76H	KS	C20	输入当前日期	计划4天后离开	WN	2
405	阿内特（Arnett）	本尼（Benny）	别克	LeSabre	TR3345	KS	C21	输入当前日期	计划1周后离开	DL	1

2. 下列客户提出取车。

停车票编号（Ticket Number）	客户姓（Customer Last Name）	客户名（Customer First Name）	制造商编号（Car MakeID）
9	伍德拉斯卡（Wodraska）	莱斯特（Lester）	1/3/2009
10	朗费罗（Longfellow）	塔比莎（Tabitha）	1/3/2009

3. 查找停车票编号为 20 的客户。该客户的当前收费是多少？她选择了哪个航空公司？

案例作业

为了令人满意地完成这个案例，你需要按照案例描述中的内容创建数据库和工作簿，并准备书面和口头的报告。除非另有规定，否则要向你的教授提交以下内容：

1. 一份书面的报告，列出你对该案例所做的全部假设，以及该案例的关键因素。另外，你是否增加了哪些内容以使得数据库具有更多的功能？用户友好性如何？（请注意，这些假设不能与上述提出的任何需求有冲突，并且必须获得教授的认可。)

2. 每个表单的打印版。

3. 每个报表的打印版。在预计离开报表中，使用 1/3/2009 作为当前日期。在每日登记报表中，使用 1/22/2009 作为当前日期。

4. 能够符合案例描述和需求部分所提到条件的数据库电子版。

5. 每个查询的结果。(还应该包括对这些结果的说明。)

6. 如前所述，你应该准备一份口头报告（你的指导教师会为你的报告安排合适的时间）。你可以使用报告软件并说明你所设计的数据库的主要特性。同时，还要说明这个数据库能够为赖特带来什么样的帮助。还可以对此数据库做哪些修改，以对赖特先生更有帮助？

案例 **25**

娜塔莉旅行社

技能检定

你应该复习如下知识点：

数据库技能

√ 高级报表设计	√ 联系
√ 聚合功能	√ 参数查询
√ 自动查找查询	√ 选择查询
√ 计算控件	√ 子表单
√ 计算字段	√ 选择查询
√ 命令按钮	√ 标签页控件
√ 表单设计	√ 表设计

■ 案例背景

　　娜塔莉·哈珀（Natalie Harper）的家乡及其周边地区历史悠久，那里的名胜古迹长期以来一直吸引着大量的游客。大学毕业后，哈珀将她对家乡、历史和人们的热爱结合在一起，创办了娜塔莉旅行社（Natalie's Tours）。娜塔莉旅行社是几年前创办的，其业务一直稳步增长。旅行社提供多种广受欢迎的当地旅游景点游览线路。哈珀目前的游览信息系统已经过时了，因此她请你为她的旅行社开发一个数据库。

　　为创建游览（Tour）数据库，要求你设计表单，设计并填充数据库表，构建几个查询，并准备几个报表。有几种技能是必须用到的，包括高级报表设计、表单和子表单设计、查询设计、合计函数的使用，以及计算控件和计算字段的相关知识。

案例描述

娜塔莉旅行社位于一个广受欢迎的旅游区。它提供多种游览线路，例如灵异漫步、野鸟观察，以及当地美食之旅。目前，每种游览线路每天一次，并且时间相同。尽管最繁忙的旅游季节是夏季，但娜塔莉旅行社全年开放。旅游者数量持续增加，同时哈珀也在提供越来越多的游览线路，并聘用更多的导游来满足需求。在不久的将来，哈珀会增加更多的游览线路，因此拥有一个游览数据库将肯定能帮助她管理这个日益增长的游览线路清单。

新导游被聘用后，他的培训项目之一是学习娜塔莉旅行社提供的每条游览线路。提供给每个导游培训每条线路的情况，使得哈珀安排计划更为容易，同时，在有需要时，也使她能够在最后一刻找到合适的人完成。同样，如果导游对所有的游览线路都很熟悉，那么他们也能把娜塔莉旅行社其他的游览线路推荐给旅游者。

当客户需要某条游览线路的信息时，哈珀向他提供该条线路的基本情况，例如游览时间、景点介绍和价格。客户选择了某条游览线路时，需要进行预订并支付。在进行预订时，客户将被询问一共有多少人。哈珀记录预订信息，根据人数多少确定总价，然后告知客户。每个客户将被给予一份个性化安排的游览报表，列出该客户预定的游览信息。支付后，该客户会收到一张收据。

哈珀认识到她的游览业务需要一个更新的游览数据库，以便追踪客户、游览、导游、预订和支付等方面的信息。因为你对微软 Access 很熟悉，因此哈珀请你帮助开发这个数据库。

存储需求

哈珀给了你一份部分完成的游览数据库，并请你完成它的设计和开发工作。这份部分完成的游览数据库包括已填充数据的游览线路（Tour）表、导游（Guide）表和游览安排（ScheduledTour）表。在研究这些表时，你注意到游览线路表包括每条游览线路的信息。对每条游览线路，存储了它的游览线路编号（TourID）、游览线路名称（TourName）、游览时间（TourTime）、游览介绍（TourDesc）和价格（TourPrice）字段。每条记录中的游览线路编号（TourID）字段值是唯一的，作为主键。

导游表存储了哈珀所有导游的信息。此表包括导游编号（GuideID）、导游名（GFirstName）、导游姓（GLastName）、导游城市（GCity）、导游所在州（GState）、导游邮编（GZipCode）和导游开始日期（GStartDate）字段。每个导游的导游编号（GuideID）字段值是唯一的，是导游表的主键。

由于每天都有几条游览线路，你意识到还需要一张游览安排（ScheduledTour）表，因为它能够标识出在某一天哪位导游被安排到了哪条游览线路。游览安排表包括游览安排编号（STID）、游览线路编号（TourID）、导游编号（GuideID）和安排日期（ScheduleDate）字段。每条记录中游览安排编号（STID）字段的值是唯一的，是游览安排表主键。

哈珀想要追踪客户预订和支付的信息，因此她请你在数据库中增加客户（Customer）表、预定（Reservation）表和支付（Payment）表。（你的指导教师将为你提供填充这些表的数据。）客户表存储了旅行社客户的信息。表 1 显示了客户表的结构。预订表追踪每个客户的预订情况。表 2 显示了预订表的结构。当客户进行支付时，支付表存储了该支付的信息。表 3 显示了支付表的结构。每个表之间的联系应满足参照完整性。

表 1   **客户表结构**

字段名称	数据类型	字段描述	字段长度	备注
客户编号（CusotmerID）	自动编号	主键	长整型	必备
客户名（CFirstName）	文本	客户的名字	50	必备
客户姓（CLastName）	文本	客户的姓氏	50	必备
地址（CStreet）	文本	客户的街道地址	50	
城市（CCity）	文本	客户所在城市	50	
州（CState）	文本	客户所在州	2	
邮编（CZipCode）	文本	客户的邮编，用输入掩码	10	
电话号码（CPhNo）	文本	客户的电话号码，用输入掩码	10	

表 2   **预订表结构**

字段名称	数据类型	字段描述	字段长度	备注
预订编号（ResID）	自动编号	主键	长整型	必备
游览线路编号（TourID）	数值	游览线路编号	长整型	必备
客户编号（CustomerID）	数值	客户编号	长整型	必备
预订日期（ResDate）	日期/时间	客户要求的预订日期，使用短日期格式		
人数（PartyNo）	数值	客户团队的人数	长整型	

表 3   **支付表结构**

字段名称	数据类型	字段描述	字段长度	备注
支付编号（PID）	自动编号	主键	长整型	必备
客户编号（CustomerID）	数值	识别进行支付的客户，使用查阅向导	长整型	必备
金额（Amount）	货币	客户支付的金额		必备

☐ 输入需求

游览数据库需要几个表单，包括游览线路表单、导游表单、游览安排表单和客户表单。客户表单还包括预订和支付子表单。尽管你可以自行修改每个表单的设计，但它们必须有一个专业的外观，并至少能够记录所显示的信息。哈珀请你在每个表单上都放置一个娜塔莉旅行社的图标。（她请你来设计这个图标。）

游览线路表单可以增加、修改和删除游览线路表中的记录。图 1 提供了游览线路表单的框架。与游览线路表单一样，导游表单可以对导游表中的记录进行增加、修改和删除。如图 2 所示，导游表单很简单，易于创建。（图 1 和图 2 中的数据仅用于显示。实际数据可能与此不同。）

娜塔莉旅行社	客户表单	娜塔莉旅行社
游览线路编号：0001		
游览线路名称：灵异漫步		
游览时间：晚上 9：00		
价格：$15.00		
游览线路介绍		
带领旅游者到灵异场所，包括著名的玛丽·温特小屋。		

图 1　游览线路表单

娜塔莉旅行社	导游表单	娜塔莉旅行社
导游编号：G001	街道地址：温特大路 100 号	
导游名：莎莉（Sally）	城市：我的城市	
导游姓：杜高（Dugar）	州：我的州	
	邮编：99999	
开始日期：11/1/2005		

图 2　导游表单

哈珀使用游览安排表单来指派一名导游在某一天为某一游览线路带队。图 3 提供了游览安排表单的框架。（图 4 中的数据仅为显示之用，实际数据可能不同。）在研究游览安排表单时，你注意到其中有几个字段并没有存储在游览安排数据库表中。由于哈珀尤其要求显示这些字段，因此你决定游览安排表单应基于一个查询而生成。

娜塔莉旅行社	游览安排表单	娜塔莉旅行社
游览安排编号：000001	导游编号：0001	
安排日期：11/3/2008	游览线路名称：灵异漫步	
	游览时间：晚上 9：00	
导游名字：杜高（Dugar）		
导游姓氏：莎莉（Sally）		

图 3　游览安排表单框架

如图 4 中的框架所示，客户表单由一个主表单和两个子表单组成。（图 4 中的

数据仅用于展示，实际数据可能与此不同。）主表单使得哈珀可以输入客户的数据，
而预订和支付子表单使得她可以输入客户的预订和支付信息。

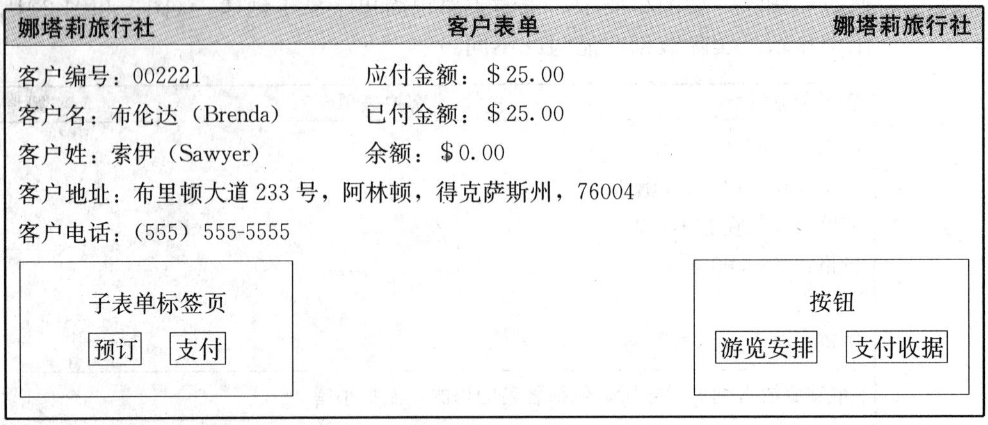

娜塔莉旅行社	客户表单	娜塔莉旅行社

客户编号：002221　　　　　应付金额：＄25.00
客户名：布伦达（Brenda）　　已付金额：＄25.00
客户姓：索伊（Sawyer）　　　余额：＄0.00
客户地址：布里顿大道 233 号，阿林顿，得克萨斯州，76004
客户电话：(555) 555-5555

　　子表单标签页　　　　　　　　　　　　　　　　　　按钮
　　　预订　　支付　　　　　　　　　　　　　游览安排　　支付收据

图 4　客户表单

　　创建客户表单有几个选择。表单向导是其中一种方法，它可以使客户主表单的
创建过程变得容易些。至于预订和支付子表单，你可以先使用选择查询来检索出每
个子表单所需要的信息，然后再基于查询的结果生成这两个子表单。哈珀可以在预
订子表单中输入客户的预订信息，在支付子表单中输入客户的支付信息。在预订子
表单和支付子表单创建完成后，你可以使用标签页控件将它们包括进主表单中。

　　哈珀想通过客户表单打印一份客户游览安排清单和一张支付收据。她请你在客
户表单中放置相应按钮，以完成这些需求。（客户游览安排和支付收据将在下面
描述。）

　　在研究客户表单框架时，你注意到应付金额字段显示了客户预订的总费用，已
付金额字段显示了客户已经支付的费用。应付金额字段在主表单中显示，是预订子
表单中客户多个预订费用的总和。已付金额字段在主表单中显示，是支付子表单中
客户多个支付的总和。在客户表单中，余额字段显示了应付金额字段和已付字段之
间的差额。（可以使用系统的在线帮助，以查看一个主表单中的控件如何参考子表
单上的控件。）

信息需求

　　当客户来到办公室进行预订时，哈珀将打印一份客户游览安排和一张支付收
据。图 5 显示了客户游览安排报表的框架。该报表将游览安排、时间和日期告知客
户。为了进一步为客户个性化报表，哈珀希望在报表的表头中包括客户的姓名。当
客户进行支付时，哈珀会向客户提供支付收据。图 6 显示了支付收据的框架。如前
所述，哈珀希望能在客户表单中打印这两个报表。你提出可以在客户表单中放置按
钮来完成这些任务。哈珀还需要一个按导游分组的报表。该报表列出了某一天内的
全部游览安排，并标识出带领各团的导游。该报表也标识出该团已有多少人预订。
图 7 提供了按导游分组的游览安排报表的框架。

娜塔莉旅行社	客户姓名 游览安排 打印日期:（当前日期）	娜塔莉旅行社
游览线路名称	游览时间	安排日期
河边漫步	下午 1：00	11/3/2008
灵异漫步	晚上 9：00	11/3/2008

请于游览安排时间提前 10 分钟到达。所有游览将在安排时间准时出发。

图 5　客户游览安排表单

娜塔莉旅行社	娜塔莉旅行社 支付收据 打印日期:（当前日期）				娜塔莉旅行社
游览线路名称	游览时间	安排日期	团队人数	每人费用	总费用
河边漫步	下午 1：00	11/3/2008	5	＄20.00	＄100.00
灵异漫步	晚上 9：00	11/3/2008	2	＄15.00	＄30.00
				总费用：	＄130.00
				已支付：	＄130.00
				余额：	＄0.00

感谢您的选择！

图 6　支付收据

娜塔莉旅行社	按导游分组的游览安排 （安排日期）		娜塔莉旅行社
游览线路名称	游览时间	导游姓名	团队人数
河边漫步	下午 1：00	保罗·温菲尔德（Paul Winfield）	10
灵异漫步	晚上 9：00	莎莉·杜高	6

图 7　游览安排

除了上述提到的需求，哈珀还需要得到下列问题的答案，她请你从游览数据库中获得这些信息。请生成查询来帮助哈珀回答这些问题。如果可能，你可以基于这些查询的结果生成报表。

1. 目前都提供哪些时间的游览线路？哈珀想要按游览时间的升序对游览线路进行排序。结果仅需显示游览线路名称和时间即可。

2. 在 11 月份，每条游览线路的导游是谁？请先按照游览时间，然后按照游览线路名称和导游对结果进行培训。

3. 2008 年 11 月 3 日那周，每名导游的游览安排是什么？哈珀想要分别打印出每名导游的情况。对于每名导游，哈珀想要查看其游览线路名称、游览日期、游览时间和团队人数。

4. 哪条游览线路最受欢迎？请根据参与每条线路的人数来回答这个问题。

5. 哪些线路是在下午的？哪些线路是在上午？

6. 游览团队平均人数是多少？

实施关注

为了根据哈珀的需求设计游览数据库，你需设计并填充客户表、预订表和支付表，创建游览线路表单、导游表单、游览安排表单和客户表单，设计客户表单中的预订子表单和支付子表单，生成几个查询，建立表之间的联系，为客户准备游览安排和支付收据，并准备一份按导游分组的游览安排报表。

当表单或报表需要使用来自多个表的数据时，可以考虑先构造一个查询来检索数据，然后再根据查询的结果生成表单或报表。客户表单是一个带有两个子表单的主表单。在设计客户表单时，可以选择使用标签页控件来布置子表单。（要获得更多关于子表单的信息，请查看系统的在线帮助。）

对于每位客户，哈珀想要一份报表，能够显示其游览安排和支付收据。她要求在客户表单上放置按钮，以便能打印客户的游览安排报表和支付收据。游览安排报表和支付收据应该是属于客户表单上所显示的当前客户。

在创建需要多个表中数据的表单时，自动查找查询是很有用处的。可以通过系统的在线帮助来查看如何使用自动查找查询。

虽然鼓励你自行设计表单和报表，但请记住使用一个统一、专业的格式。表单和报表中应包括娜塔莉旅行社的图标。在设计表单和报表之前，你应该先为娜塔莉旅行社设计图标，然后在你设计的表单和报表中使用这个图标。

设计测试

在创建完数据库表、联系、表单、查询和报表后，你应该对你的数据库设计进行测试。请完成下列操作：

1. 在 2008 年 11 月 3 日这一周，哪一条游览线路没有人预订？

2. 从 2009 年 1 月 1 日起，将提供两条新的游览线路。将下列信息输入游览数据库中。（指派一个可用的游览编号，并进行任何其他需要的假设。）

游览线路名称	游览线路介绍	游览时间	游览价格
瀑布 ATV 游览	带领游览者参加一个 3 小时的 ATV 游览	下午 1：00	$75.00
布尔金-马凯宅邸之旅	带领游览者参加布尔金-马凯宅邸的游览	上午 11：00	$25.00

3. 下列客户进行了预订。请将他们的预订信息输入游览数据库中。

● 迈克·琼斯（Mike Jones）想要参加 2009 年 1 月 9 日的瀑布 ATV 游览。琼斯先生这次的预订包括 3 个人。（包括任何其他必要的信息。）

● 西格诺拉·莫格塞斯（Signora Mogseth）想要参加 2009 年 1 月 9 日布尔金-马凯宅邸之旅的游览。莫格塞斯这次的预订包括 10 个人。（包括任何其他必要的信息。）

4. 莎莉·杜高不能带队 2008 年 11 月 3 日墓地之游 2 的游览团。哪些导游在 2008 年 11 月 3 日没有安排？请列出名单。

案例作业

　　为了令人满意地完成这个案例，你需要按照案例描述中的内容创建数据库和工作簿，并准备书面和口头的报告。除非另有规定，否则要向你的教授提交以下内容：

　　1. 一份书面的报告，列出你对该案例所做的全部假设，以及该案例的关键因素。另外，你是否增加了哪些内容以使得数据库具有更多的功能？用户友好性如何？（请注意，这些假设不能与上述提出的任何需求有冲突，并且必须获得教授的认可。）

　　2. 每个表单的打印版。

　　3. 每个报表的打印版。

　　4. 能够符合案例描述和需求部分所提到条件的数据库电子版。

　　5. 每个查询的结果。（还应该包括对这些结果的说明。）

　　6. 如前所述，你应该准备一份口头报告。（你的指导教师将确认你报告的时间。）你可以使用报告软件并说明你所设计的数据库的主要特性。同时，还要说明这个数据库能够为哈珀带来什么样的帮助。还可以对此数据库做哪些修改，以便对哈珀更有帮助？

案例 26

健康植物苗圃

| 数据库案例 | 难度评级：★★★★★ |

技能检定
你应该复习如下知识点：

数据库技能

√ 计算字段	√ 宏
√ 图表（微软 Excel）	√ 数据透视表
√ 命令按钮	√ 联系
√ 导出数据到微软 Excel	√ 报表设计
√ 导出报表到 HTML 文件	√ 选择查询
√ 过滤（微软 Excel）	√ 表格设计
√ 表单设计	√ 更新查询

■ 案例背景

　　健康植物苗圃（Healthy Plant and Tree Nursery），因培育高质量的植物和果树，尤其是热带品种而知名，它已经在佛罗里达阳光充足的南部地区经营了超过100 年。苗圃的顾客主要是景观美化公司、家具店和园艺店以及个人。所有的文书工作均手工完成，这给现任的苗圃拥有者胡安·里加尔多（Juan Regaldo）造成了不小的麻烦。把苗圃现有可用库存和产品价格信息通知给店长和客户，里加尔多也存在困难。为了解决堆积如山的文件和沟通问题，里加尔多聘请你为苗圃创建一个库存数据库。在与里加尔多初次会面后，你认为产品表、产品表单、低库存报表、Web 形式的当前库存清单报表和一些选择查询是必须有的。里加尔多对于用苗圃数据支持决策活动非常感兴趣。由于苗圃数据很快会以电子形式存储，他要求数据库能向微软 Excel 和 HTML 文档导出数据。

案例描述

健康植物苗圃提供多种高质量的植物和树苗（尤其是热带品种）供客户选择。苗圃的库存清单包括各种果树（包括橙、番石榴和芒果）。树苗装在容器中销售，容器大小从 7 加仑到 25 加仑不等。苗圃还出售高质量的外国植物，包括嘉兰、丝兰和牡丹藤。所有植物幼苗均装在花盆里出售，高度从 6 英寸到 12 英寸不等。树苗和植物幼苗的价格取决于品种和容器的大小。

目前，健康植物苗圃拥有两家店铺和一个苗圃。苗圃有几个温室，用于培养树苗和植物幼苗。当一株树苗或植物幼苗长到可以销售时，就被移到配送温室，那里储存着所有准备立即配送和销售的树苗和植物幼苗。每天晚上各个店铺对库存进行核对，然后向苗圃发出一个补货订单。根据配送温室当前的库存情况为店铺补货，树苗和植物幼苗通常在第二天送到店铺。

客户会频繁打电话到店铺，询问当前库存和价格信息。为了减少电话的数量，里加尔多把配送温室的当前库存和价格信息在线提供给店铺经理和客户。里加尔多认为这一改革可以提高苗圃运行的效率。经过对需求的思考，你决定生成当前库存清单报表并导出到 HTML 文档中。HTML 文档可以放在苗圃的网站中。

对里加尔多来说，除了应付店铺经理和客户的电话外，另一项最耗时的活动是更新苗圃的库存记录。里加尔多需要识别出哪些树苗或植物幼苗在配送温室中处于低库存状态。他依据这些信息从其他苗圃的温室中补充货源。低库存报表可以满足这个信息需求。

此外，为了简化数据维护的负担，里加尔多希望能够在微软 Excel 中分析苗圃数据。里加尔多尤其希望了解销售最好的品种、毛利润和库存成本。同时他希望有使用图表展示和分析的能力。这些信息能够帮助他制定更好的营销策略、价格策略和库存储备策略。里加尔多询问你能否将库存信息导出到工作表应用程序，例如微软 Excel 中进一步使用。有多种方法可以将数据库中的数据转移到现有的工作表中，你推荐使用"导出至 Excel 工作表（Export to Excel spreadsheet）"命令。你对里加尔多解释说，一旦数据转移到微软 Excel 中，他就可以使用 Excel 来进一步支持他的决策需求。

一开始，里加尔多需要一个库存数据库来追踪配送温室的树苗和植物幼苗数量。接着，数据库中需要记录其他苗圃的当前库存数量。为了建立数据库，你要设计和实现一张产品表；设计产品表单；创建当前库存清单报表，设计低库存报表；创建几个选择查询。

☐ **存储需求**

在回顾了里加尔多的需求后，你认为苗圃数据库需要一个产品（Product）表。产品表存储了能够立即销售和配送的树苗和植物幼苗等重要的库存信息。对每个产品，存储了它的产品编号（PNo）、名称（PName）、分类（PCategory）、成本

（ProductCost）、售价（ProductPrice）、容器大小（ContainerSize）和数量（QOH）字段。表 1 展示了产品表的结构。（你的指导教师会为你提供必要的数据来完成这个产品表。）产品编号（PNo）对每个产品记录来说是唯一的，因此你决定将这个字段作为主键。分类（PCategory）字段表明该产品是树苗还是植物幼苗。因为树苗和植物幼苗可能尺寸相差很大，所以容器大小（ContainerSize）字段表明了花盆或容器的大小。如果苗圃产品是树苗，它的容器大小单位是加仑。而如果苗圃产品是植物幼苗，它的容器大小单位则是英尺。

表 1　　　　　　　　　　　　　　　　产品表结构

字段名称	数据类型	字段描述	字段长度	备注
产品编号（PNo）	数值	产品编号，作为主键	长整型	必备
产品名称（PName）	文本	产品的名称	25	必备
分类（PCategory）	文本	2 字节的编码，表明产品的类型。当前情况下不是树苗就是植物幼苗。所有字符必须大写	2	必备
成本（ProductCost）	货币	表明产品的价格		必备
售价（ProductPrice）	货币	表明产品的零售价格		必备
容器大小（Container-Size）	数值	表明产品的容器大小	长整型	必备
目前数量（QOH）	数值	手头可供配送的产品数量	长整型	必备

□ 输入需求

为了维护苗圃的库存，建立一个产品表单是必要的。图 1 展示了这个表单的草图。你会发现表单的标题包含了苗圃的名称和表单名。你还决定要为树苗和植物幼苗附上合适的图片。表单的主体包含产品表的所有字段，所以你使用表单工具或表单向导来快速创建初始的产品表单。一旦创建好产品表单，你就可以在设计视图里对其进行编辑，使外观看起来更加专业。

在与里加尔多的交谈中，他提到需要简化导航和操作记录。为了满足这个需求，你决定在产品表单中加入添加、查找、保存和打印按钮。命令按钮向导能简化在产品表单中添加这些按钮的过程，因此你可以使用命令按钮向导来帮助你。

```
                              健康植物苗圃
                                 产品
产品编号：              容器大小：
产品名称：              数量：
产品分类：



产品成本：
产品售价：


              添加         查找         保存         打印
```

图 1　产品表单

信息需求

在研究与里加尔多的谈话记录后，你认为低库存和当前库存清单报表是必要的。从低库存报表中可找出在配送温室中哪些树苗或植物幼苗目前库存小于 75 个。图 2 展示了低库存报表的草图。里加尔多希望把苗圃的名称、报表名称和当前日期显示在报表的表头中。报表的主体列出产品的分类、产品名称、产品编号、容器大小和数量。里加尔多希望这些记录按类分组升序排列，并且以产品名称升序存储。尽管没有在草图中展示，里加尔多希望在报表的页脚打印页码。

里加尔多会把配送温室的当前库存和产品售价放到苗圃的网站上。为了完成这个任务，他请你准备一个当前库存清单报表（见图 3），并且将报表导出到 HTML 文档中。他会将这个文档发布到网站上。由于苗圃的客户也将看到这份报表，因此里加尔多不希望产品成本也包含在报表中。

健康植物苗圃 低库存 （当前日期）				
分类	产品名称	产品编号	容器大小	数量
FT	甜胡椒	30	10	72
	甜胡椒	5	15	48
⋮				
TP	嘉兰	22	6	9
⋮				

图 2　低库存报表

健康植物苗圃 当前库存清单					
分类	产品名称	产品编号	容器大小	数量	售价
FT	甜胡椒	5	15	50	$79.42
FT	甜胡椒	30	10	75	$54.17
⋮					
TP	盆景	6	24	159	$22.75
TP	竹芋	6	20	199	$15.75
⋮					

图 3　当前库存清单报表

因为里加尔多对工作表应用程序非常熟悉，他询问能否将数据库中的数据导出至工作表中。他希望使用工作表的过滤命令来分析苗圃的数据。里加尔多尤其希望将产品编号、产品名称、分类、成本、售价、容器大小和数量导出至微软 Excel 中。此外，他希望每个产品的毛利润和总库存成本包含在工作表中。因为毛利润和总库存成本是需要计算的字段，所以这两类数据没有存储在数据库中。有多种方法可以得到这两类数据，你设计了一个选择查询，使用计算字段来确定它们的值。选择查询建立好之后，你可以使用"导出到 Excel 表格（Export to Excel spreadsheet）"命令将动态集导出到工作表中。动态集导入工作表后，里加尔多可以使用

Excel 中的任何功能来分析数据。

里加尔多还需要回答下列问题，使用微软 Excel 的过滤命令来帮他解决这些问题。

1. 哪些产品目前数量低于 20 个？
2. 总的库存成本是多少？（Excel 中的 SUM 函数会很有用。）
3. 哪些产品的毛利润最高？（展示前 10 种。）
4. 哪些产品的毛利润最低？（展示最低的 5 种。）
5. 苗圃里目前哪些产品数量超过 300 个？

实施关注

根据里加尔多的需求来创建数据库，你需要设计和填充一个产品表；设计产品表单和低库存报表；构造选择查询；导出当前库存清单报表至 HTML 文档；以及使用 Excel 分析数据。尽管你可以自由设计表格和报表，但每个表格和报表外观应该专业并保持一致。

可以考虑使用表单和报表工具和向导来创建初始的表单和报表。这些表单之后可以很容易地在设计视图中进行编辑。创建好当前库存清单报表以后，你可以使用微软 Access 的 HTML 文档命令将报表导出至 HTML 文档。（你可以使用系统的在线帮助功能来学习更多有关导出数据至微软 Access 的内容。）

尽管有多种方法将数据库数据导出至工作表进行进一步分析，但"导出至 Excel 工作表（Export to Excel spreadsheet）"命令是一种友好且简单的工具。在导出库存数据至 Excel 之前，考虑创建一个选择查询。选择查询可以从产品表中检索出必要的数据并且计算出每个产品的毛利润和库存成本。（你可以使用系统的在线帮助功能来复习计算字段。）

设计测试

在创建数据库表、报表、HTML 文档和查询后，你应该对你的设计进行测试。请完成下列操作：

1. 插入以下 5 个新产品信息至数据库中。

产品编号	产品名称	分类	成本	售价	容器大小	数量
41	柠檬	FT	$47.68	$65.95	10	154
42	脐橙	FT	$37.87	$55.25	10	102
43	杏	FT	$56.78	$79.95	10	274
44	鹤望兰	TP	$8.25	$18.95	10	487
45	牡丹藤	TP	$8.25	$18.95	10	397

2. 对苗圃里每种产品，使用产品表来定位和更新可用的数量。
苗圃的配送温室目前有 187 株 15 加仑大小的柠檬树（产品编号 PNo＝2）。
苗圃的配送温室目前有 182 株 15 加仑大小的樱桃树（产品编号 PNo＝12）。
苗圃的配送温室目前有 12 株 6 英寸大小的嘉兰（产品编号 PNo＝22）。
3. 使用产品表单来定位巴豆植物幼苗（产品编号 PNo＝16）的记录。打印这个记录。

4. 使用微软 Excel 的过滤命令，找出苗圃中 10 种售价最高的植物。这些植物应该按照售价降序存储。

5. 准备一个柱状图来展示所有 15 加仑大小树苗的毛利润。

6. 里加尔多希望使用数据透视表来查看每个产品的成本、售价和价格涨幅。他希望根据产品的分类进行过滤。

7. 里加尔多希望将产品售价提高 15％。使用更新查询来更新每个产品的售价。

案例作业

为了令人满意地完成这个案例，你需要创建数据库，并准备书面和口头的报告。除非另有规定，否则要向你的教授提交以下内容：

1. 一份书面的报告，列出你对该案例所做的全部假设，以及该案例的关键因素。另外，你是否增加了哪些内容以使得工作表具有更多的功能？用户友好性如何？（请注意，这些假设不能与上述提出的任何需求有冲突，并且必须获得教授的认可。）

2. 所有表单、报表、HTML 文档和数据透视表的打印版。

3. 能够符合案例描述和需求部分所提到的条件的数据库电子版。

4. 能够符合案例描述和需求部分所提到的条件的工作表电子版。

5. 在信息需求中所提到问题的结果的打印版。（还应该提供这些结果的说明。）

6. 产品表的打印版。

7. 设计测试部分的步骤 3、4、5、7 的结果的打印版。（还应该提供这些结果的说明。）

8. 如前所述，你应该准备一份口头报告。（你的指导教师将确认你报告的时间。）你可以使用报告软件并说明你所设计的数据库的主要特性。同时，还要说明这个数据库能够为里加尔多带来什么样的帮助？数据库中还应该存储哪些数据？

9. 里加尔多能使用 Excel 进行哪种类型的决策？你至少还应该找出两种决策。除了上文中提到的，请至少再找出一种里加尔多还有可能用到的图表。

10. 还有哪些方法可以导出当前库存清单报表？你推荐使用这些方法吗？为什么？

富兰克林大学：学生奖学金管理

数据库案例   难度评级：★★★★★

■ 案例背景

  每年春天，富兰克林大学（Franklin University）的学生通过填写通用的奖学金申请，为下一学年申请奖学金、学费减免和其他各种奖励。学生们将填好的申请表留在学院系主任的办公室。申请期结束后，根据学生的专业，这些表格被送到相应的系。各系审查学生的申请并发放奖学金。他们希望符合条件的学生都得到相应的奖励或资助。到目前为止，没有什么有效的措施能帮助各系甄别出学生是否有足够的学费。富兰克林大学新成立了获得奖学金办公室，其主要任务就是追踪所有的奖学金、学费减免和其他奖励是否合理。尽管还是由各系负责确定获得奖学金的人选,但现在各系将与奖学金办公室密切合作来避免奖学金重复发放。你被聘请来为富兰克林大学建立一个奖学金数据库,并协助发放奖学金。你需要设计和填充一个奖励表,设计奖励表单和申请表单,可用奖学金报表、学费减免资格报表、按专业排序的申请报表和奖学金获得者清单报表,创建一个主表单、查询和报表切换面板,创建查询和宏。

案例描述

每个春季学期,富兰克林大学的学生都将细心填写一个通用的奖学金申请,以获得奖励、学费减免或奖学金。学生们将填好的申请交至所在学院的系主任办公室。系主任办公室将这些申请送交到相应的系进行评审。虽然这个分散的评奖流程也有一些优点,但同时也存在大量的问题。学校经常发现有些重复得奖的学生根本用不完所得到的奖学金。举例来说,学费减免只适用于普通注册费用,而不能用于其他教育花费,如住宿或留学费用。所以,如果一个学生以不同方式获得了多种奖学金用于学费减免,但这些学费减免只能用于支付学生的注册费用,那么他不能使用剩下的学费减免资金来支付一般的教育支出。这些未使用的资金留在一个账户中直到本学期或是本学年结束,这取决于资金的拨款方式。因为这些资金的再分配不是实时的,所以其他有资格的学生无法获得这笔未使用的资金。

为了更好地整合奖学金发放流程,富兰克林大学奖学金办公室现在负责这项活动。并且聘请你来协助富兰克林大学的奖学金主管西蒙娜·泽维尔(Simona Xavier)来管理奖学金的发放。

泽维尔描述的新流程如下。在 3 月份,将相关的可用奖学金报表和通用奖学金申请发放到各个学院。可用奖学金报表提醒各个学院和各系,本单位可用的奖学金项目和每个项目的名额。各系对学生的申请进行审核和评估,将初步的奖学金分配方案报表提交给富兰克林大学奖学金办公室。办公室员工将报表信息输入奖学金数据库,并交叉核对奖学金获得者,以保证获奖的学生得到的资助是全部可用的。例如,一个申请人可能从该系处获得学分奖学金和学费减免。因为两项奖励都是学费资助,所以其中一项可以重新发放给其他有资格的学生。

泽维尔交给你一个已部分完成的奖学金数据库,希望你对其进行完善。看过数据库内容后,你认为还需要奖励表单、申请表单和主表单,查询和报表选择面板,可用奖学金报表、学费减免资格报表、按专业排序的申请报表和奖学金获得者清单报表,几个查询,宏。泽维尔特别要求奖学金数据库应该具有用户友好性,并能提供按钮链接到最经常使用的表单、报表和查询。

☐ 存储需求

当前的奖学金数据库包含申请(Applicant)表和发放(Allocation)表。当学生提交通用奖学金申请时,申请表中的数据被输入和存储到申请表中。当你查看申请表时,发现它有几个字段,包括学生的基本联系方式信息、当前成绩平均绩点

（GPA）、每学期已完成学时数、期望学时数、专业、基本评价、正式学费和毕业日期。已完成学时数字段表明学生成绩单上的学时数，期望学时数字段表示该学生每个学期打算完成的平均课时数。正式学费字段表明该学生是否缴纳正式学费。学生的编号是申请表的主键。发放表存储获得奖励的学生信息。发放表采用奖学金编号和学生编号字段作为组合键。

检查奖学金数据库时，你会意识到奖学金项目表是必要的。该表存储了每个可用的奖项，包含奖学金编号、名称、每个学生可能的最大限额、总可用限额、内部奖学金标识、系奖励标识、管理奖学金的通用指南。各系或学院发放内部奖学金，外部基金会或组织提供外部奖学金。此外，奖学金可能针对某特定专业发放或发放给符合条件的学生，而不管学生所在的学院或专业。例如，信息系统专业奖学金就是内部奖学金，每年发放给信息系统专业的优秀学生。而鲍勃·哈兰奖学金就是外部奖学金，发放给所有符合条件的学生，而不管学生所在的学院或专业。表1展示了奖学金项目（Award）表的结构。（你的指导教师会给你提供填充该表所需的数据。）

研究完你的笔记后，你觉得有两种联系是必须建立的。首先，奖学金项目表和发放表之间必须有联系。因为这两个表都含有奖学金编号（AwardNo）字段，你使用奖学金编号（AwardNo）字段在两个表间建立联系。其次，发放表和申请表之间必须建立联系。因为这两个表都含有 SID 字段，你使用 SID 字段在两个表间建立联系。

表1   **奖学金项目表结构**

字段名称	数据类型	字段描述	字段长度	备注
奖学金编号（Award-No）	数值	作为主键	长整型	为每个奖学金指派下一个可用的编号。必备
奖学金名称（PName）	文本	表明奖学金的名称	50	必备
内部标识（Internal）	是/否	表明资金来源是否为大学外部机构		仅在公司或基金会情况下标注"否"。政府资金看成是内部
系标识（Department）	是/否	表明奖学金是否针对某个特定的系		
所属学院（CollegeAffiliation）	文本	表明奖学金定位的学院	4	字段值必须全部大写
专业代码（MajorCode）	文本	表明奖学金所针对的专业的代码	4	
学生最大限额（MaxStudentAmount）	货币	表明能够给予单个学生的最大金额		必备
总可用金额（TotalAvailable）	货币	表明该奖学金能够发放的最大资金数		必备
仅学费（TuitionOnly）	是/否	标注该奖学金是否仅能用于注册学费		
指南（Guidelines）	备注	提供该奖学金的评选标准		

□ 输入需求

　　奖学金数据库需要奖学金表单和申请者表单。奖学金表单（见图 1）能够帮助用户更新现存的奖学金数据和增加新的奖学金。奖学金表单从奖学金项目表中更新数据，申请者表单从两个表中更新数据：申请表和发放表。申请者表单获取申请人的详细数据，以及申请人所获得的奖学金的详细数据。因为奖学金表单最容易建立，你打算先建立它，然后建立申请者表单。

富兰克林大学奖学金办公室
奖学金

奖学金编号：	内部：
奖学金名称：	系：
学生最大限额：	仅学费：
总可用：	
	所属学院：
	专业代码：
指南：	
	添加　　　查找　　　打印

图 1　奖学金表单

　　申请者表单获取申请人的详细数据，以及申请人所获得奖学金的详细数据。图 2 展示了该表单的草图。表单标题包括富兰克林大学奖学金办公室和表单名。（你还应该为该表单提供合适的图片。）申请者表单包含所有候选申请者表中的所有字段，并且对每项奖学金鉴别出奖学金编号、名称以及该学生获得的资金数额。

　　奖学金编号和资金数额存储在发放表中，奖学金名称存储在奖学金项目表中，因此需要一个子表单。（你可以使用系统的在线帮助功能来复习子表单。）泽维尔尤其想看到每个学生获得的奖学金总额一览。你可以在子表单中使用计算字段来求得所获得的奖学金数额合计数。然后，将子表单引用到主表单中。

富兰克林大学奖学金办公室
申请者

学生编号：	城市：	正式：
学生名：	州：	数量：
学生姓：	邮编：	已完成学时数：
		期望毕业日期

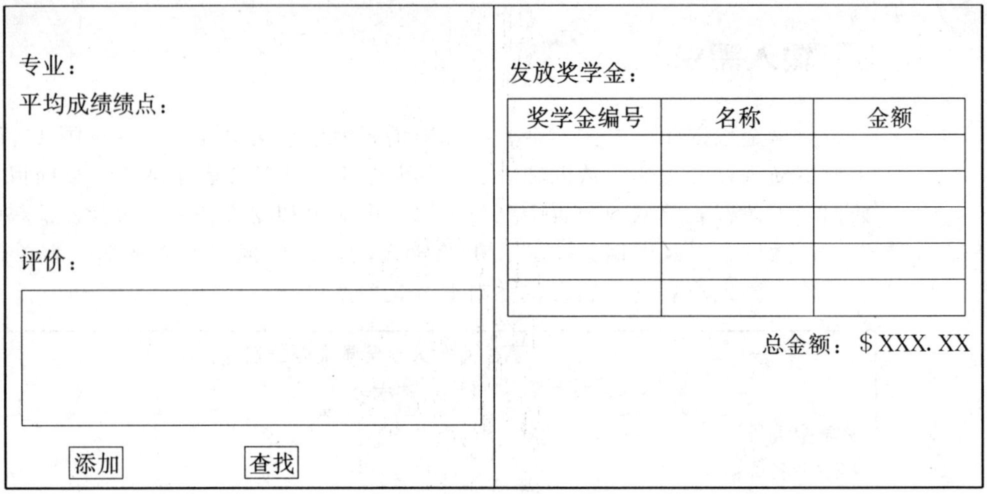

图 2　申请者表单

　　泽维尔要求易于访问数据库中的各种表单、报表和查询。她希望能通过"按一两个按钮"就看到所要求的项目。切换面板提供了一个标准化的接口，所以你打算创建 4 个切换标签：主页、表单、查询和报表。主页切换作为主菜单，链接到其他切换页面；表单标签链接到数据库中的表单；查询标签链接到数据库中的查询；而报表标签则链接到数据库中的报表。

　　图 3 和图 4 展示了主页切换和表单切换的草图。（查询切换和报表切换应该使用与主页切换和表单切换同样的格式。）在主页切换中，最后一个切换选项是退出富兰克林大学数据库，保证用户能够退出。为了实现这个功能，你创建了一个宏，并指派给退出富兰克林大学数据库按钮。（你可以使用系统的在线帮助功能来复习宏和切换面板的创建。）图 4 是表单切换的草图。如图 4 所示，表单切换提供了至数据库表单的链接。你还设置了一个选项供用户返回主页。

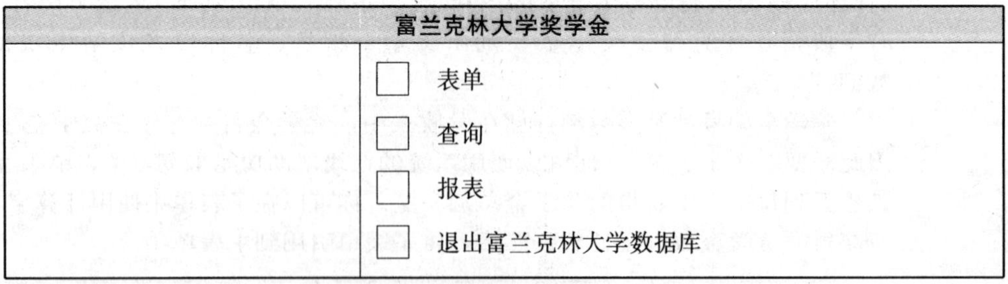

图 3　主页切换

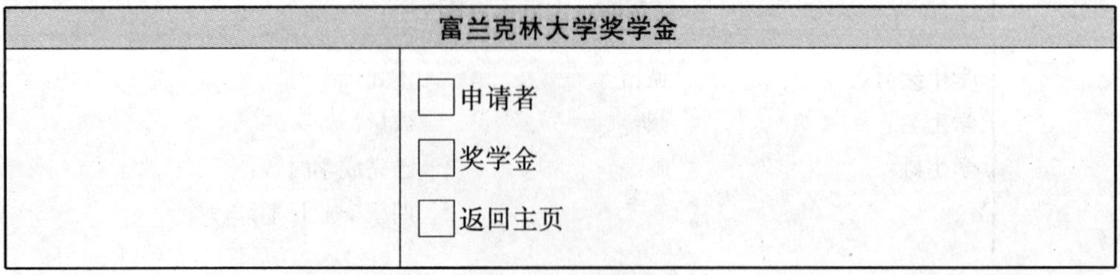

图 4　表单切换

□ 信息需求

泽维尔需要可用奖学金报表、学费减免资格报表、按专业排序的申请者报表和奖学金获得者清单报表。图 5 展示了可用奖学金报表的草图。该报表确定了下一学年可用的奖学金项目。所属学院或专业代码字段中的"UNIV"代表该奖学金不局限于某个学院或系。相反，"CBA"代表该奖学金给予某个学院，但不局限于系或专业。报表标题包括奖学金办公室名称、报表名称和日期。所存储的报表数据按所属学院排序，每个学院的数据按专业代码排序，每个专业的数据按奖学金名称排序。

富兰克林大学奖学金办公室 可用奖学金 （当前日期）				
所属学院	专业代码	奖学金名称	学生最大限额	总可用金额
CBA	411	西堤·汉娜杰出奖学金	$3 500	$3 500
CBA	411	信息系统专业奖学金	$800	$800
⋮				
UNIV	UNIV	学分奖学金	$1 500	$20 000
⋮				

图 5　可用奖学金报表

学费减免资格报表如图 6 所示，确定了哪些学生需要支付正式学费以及获得学费减免的人员。报表标题包括奖学金办公室的名称、报表名称和日期。（泽维尔要求报表合理布局。）如图 6 所示，报表的主体包括学生姓名、编号、专业、期望学时数和预期毕业日期。这些信息按学生姓氏的升序存储。尽管没有在草图中展示出来，泽维尔要求将页码标注在页脚。

富兰克林大学奖学金办公室 学费减免资格 （当前日期）				
姓名	编号	专业	期望学时数	预期毕业日期
亚伦·阿伦尼沃 （Aaron Arenivar）	231717578	417	12	5/12/2009
德洛里斯·伯纳尔多 （Delorise Bernaldo）	652134881	411	12	5/12/2009
⋮				
卢比·洛 （Ruby Lowe）	218392004	416	12	7/13/2012

图 6　学费减免资格报表

泽维尔需要定期按专业查看申请者。她询问你是否能够指定一个专业代码就能按专业生成申请者报表。为了满足这一需求，你建立了一个基于按专业的申请者的参数查询。图 7 展示了这一报表的草图。报表的标题包括奖学金办公室名称、报表名称、指定专业的代码和当前日期。报表的主体部分展示了申请者姓名、编号、平均成绩绩点（GPA）、已完成学时数、期望学时数和期望毕业日期。报表的数据按申请者姓氏的升序排列。

富兰克林大学奖学金办公室					
按专业排序的申请者					
专业代码：411					
（当前日期）					
姓名	编号	GPA	已完成学时数	期望学时数	预期毕业日期
德洛里斯·伯纳尔多	652134881	3.64	94	12	5/12/2009
詹姆斯·钱伯斯 (James Chambers) ⋮	660635664	3.12	99	12	5/12/2009
弗兰克·诺尔斯 (Frank Noels) ⋮	100496263	3.77	60	12	7/25/2011

图7　按专业排序的申请者报表

奖学金接受者清单报表确定了申请者和他所受到的奖励。该报表在所有奖励发放完毕后生成，并发送到各个学院办公室和系主任办公室。图8展示了奖学金接受者清单报表的草图。奖学金接受者清单报表的标题包括奖学金办公室的名称、报表名称和日期。报表的主体部分按学生姓氏的字母顺序排序，并列出每个学生所获得的奖励。每个学生所获得奖励的总金额显示在报表中。尽管在图8中没有展示出来，但页脚中需要包含页码。

富兰克林大学奖学金办公室			
奖学金接受者清单			
（当前日期）			
学生姓名	编号	奖学金名称	奖学金金额
刘易斯·丹宁顿 (Louise Dennington)	012780183	鲍勃·哈兰奖学金	$1 500.00
		信息系统专业学费减免	$350.00
		总金额：	$1 850.00
盖·尼内梅尔 (Guy Ninemire) ⋮	122388169	市场营销系学费减免	$450.00
		总金额：	$450.00

图8　奖学金接受者清单报表

泽维尔要求你回答下列问题。请创建查询来回答这些问题。你可以根据这些查询来生成报表。

1. 哪些申请者目前是大四的学生？提供申请者的姓名，不需要显示其他字段。

2. 哪些学生的平均成绩绩点（GPA）超过3.5？列出申请者的姓名和GPA，不需要显示其他字段。

3. 申请者得到的奖学金平均值为多少？

4. 鲍勃·哈兰奖学金的审核指南是什么？

5. 为 CBA 杰出学生提供的奖学金数额是多少？该奖学金的评奖标准是什么？准备一个你认为符合该标准的申请人清单。

6. 哪些申请人没有获得奖励？你认为原因是什么？

7. 哪些申请人获得不止一项奖励？提供他们的姓名、奖学金名称和金额。有需要进行重新分配的资金吗？

8. 在发放的奖学金中，哪个专业的学生获得最多的金额？

9. 奖学金项目的平均可用金额是多少？

实施关注

根据案例描述的需求，你需要设计和填充一个奖学金项目表，并建立表之间的联系；设计奖学金表单和申请者表单；设计可用奖学金报表、学费减免资格报表、按专业排序的申请者报表和奖学金获得者清单报表；准备主页切换、表单切换、查询切换和报表切换；构造奖学金接受者清单报表；创建宏。

使用表单工具很容易创建奖学金表单。奖学金表单创建完成后，可以在设计视图中修改。申请者表单包括主表单和子表单。存在多种创建申请者表单及其子表单的方法，你可以使用表单向导来创建。创建好主表单和子表单后，你可以对其进行编辑。（你可以使用系统的在线帮助来查看如何在子表单中增加信息。）申请者表单中的总可用金额字段是累计字段。考虑在你的子表单中增加一个字段，来求得每个学生所获得的奖学金总金额。再联系到你的主表单中。

作为本案例的一部分，你需要创建 4 个切换面板。实质上，一个切换面板就是一个菜单。切换面板为用户提供了一个标准接口或方法来连接数据库中的项目。使用主页切换来分支出表单切换、查询切换和报表切换。

你需要在启动项展示主页切换。这个功能很容易完成。可以使用系统的在线帮助来了解有关"绕过启动项"的信息。同时，主页切换面板页面的最后一个按钮应是退出数据库。为了完成这一任务，你必须创建一个宏并将它指派到"退出富兰克林大学数据库"按钮上。

尽管你可以自由设计表格、报表和切换面板，但每个表格、报表和切换面板外观应该专业并保持一致。同时，查询切换至少应该提供 5 个查询。

设计测试

在创建表、表单、报表、联系、查询和宏之后，你应该对你的设计进行测试。请完成下列操作：

1. 以下 4 名学生申请了奖学金：

学生 ID 号：63548780　　　　　　　　学生 ID 号：48484329
学生姓：泽图尼安（Zeytounian）　　　学生姓：阿伯纳西（Abernathy）
学生名：奥西（Ossie）　　　　　　　　学生名：拉蒙特（Lamont）
地址：知更鸟路 101 号　　　　　　　　地址：比莉路 7878 号

城市：洛杉矶   城市：洛杉矶
州：加利福尼亚   州：加利福尼亚
正式：是   正式：是
专业：411   专业：411
期望学时数：15   期望学时数：12
已完成学时数：93   已完成学时数：36
GPA：3.22   GPA：3.77
预期毕业日期：5/14/2009   预期毕业日期：5/14/2012

学生 ID 号：25972225   学生 ID 号：58485529
学生姓：余（Yu）   学生姓：博蒙特（Beaumont）
学生名：琳达（Linda）   学生名：琼（Joan）
地址：皮平路 2874 号   地址：哈里森街 7584 号
城市：洛杉矶   城市：洛杉矶
州：加利福尼亚   州：加利福尼亚
正式：否   正式：否
专业：417   专业：413
期望学时数：18   期望学时数：15
已完成学时数：88   已完成学时数：80
GPA：3.57   GPA：3.98
预期毕业日期：12/14/2010   预期毕业日期：7/31/2012

2. 富兰克林奖学金办公室公布了两项新的奖学金。请将以下信息输入至数据库中。

奖学金编号：使用下一个可用的编号   内部：是
奖学金名称：朋友教育奖学金   系：否
总金额：$750   仅学费：否
学生最大限额：$750

指南：给予 GPA 优异的大四学生。学生的 GPA 至少应达到 3.75。学生在学院里必须是活跃的。

奖学金编号：使用下一个可用的编号   内部：否
奖学金名称：玛丽·卢纪念奖学金   系：是
总金额：$1 000   仅学费：否
学生最大限额：$1 000

指南：给予信息系统专业的学生。学生应该证明确实需要这笔资金。

3. 哪些奖学金还未颁发？请准备一个报表。

4. 泽维尔想知道每个申请者的排名和他所接受的奖项。展示申请者的姓名、已完成学时数、排名、奖学金名称和金额。（提示：使用下表来确定学生的排名，同时使用 IIF 函数。)

学生分类

排名	已完成学时数
大四	90 及以上
大三	60～89
大二	30～59
大一	0～29

5. 泽维尔希望看到奖学金的名称和每种奖学金可用的总金额,你可以使用数据透视表。按所属学院和是否内部奖学金来过滤数据透视表。为泽维尔创建一个数据透视表。

案例作业

为了令人满意地完成这个案例,你需要创建数据库,并准备书面和口头的报告。除非另有规定,否则向你的教授提交以下内容:

1. 一份书面的报告,列出你对该案例所做的全部假设,以及该案例的关键因素。另外,你是否增加了哪些内容以使得工作表具有更多的功能?用户友好性如何?(请注意,这些假设不能与上述提出的任何需求有冲突,并且必须获得教授的认可。)

2. 所有表单的打印版。

3. 所有报告的打印版。(在需要的地方,使用 411 作为专业代码。)

4. 能够符合案例描述和需求部分所提到的条件的数据库电子版。

5. 所有查询的结果。(还应该提供这些结果的说明。)

6. 如前所述,你应该准备一份口头报告。(你的指导教师将确认你报告的时间。)你可以使用报告软件并说明你所设计的数据库的主要特性。同时,还要说明这个数据库能够为泽维尔带来什么样的帮助。数据库中还应该存储哪些数据?

案例 **28**

莱蒂服饰租赁店

技能检定

你应该复习如下知识点：

数据库技能	工作表技能
√ 自动查找查询	√ 高级过滤
√ 计算控件	√ 过滤（可选）
√ 计算字段	√ 图表
√ 命令按钮	√ DAVERAGE 函数
√ 表单设计	√ DMAX 函数
√ IIF 函数	√ DSUM 函数
√ 查阅向导	√ 数据透视表
√ 宏（可选）	√ 标签页控件
√ 报表设计	√ 切换面板
√ 更新查询	

▌ 案例背景_____

　　莱蒂服饰租赁店（Letty's Costume Rentals）是一家开业没多久的店铺。莱蒂·斯科特（Letty Scott）在刚过去的夏季开了这家店，其营业额不断增加。斯科特意识到客户服务的重要性，她认为数据库能够帮助她追踪到客户租赁、客户、付款、服饰和过去的租赁情况等方面的信息。斯科特聘请你来为她建立一个数据库。你需要设计一些表单和子表单、报表、查询和一个切换面板。另外，斯科特希望能够将数据导出至微软 Excel 中进一步分析。在 Excel 中，斯科特会用到 Excel 的数据透视表、图表、过滤工具和数据库功能。

案例描述

今年夏天，斯科特开了这家店铺。店铺经营得很好，斯科特雇用了 2 名员工来协助她。随着万圣节和节日季的到来，斯科特意识到建立一个数据库能够提高她的租赁效率。她还知道可以对租赁数据进行进一步的分析，以指导她的商业决策。目前，莱蒂服饰租赁店只提供成人服饰租赁，但未来会采购儿童服饰。斯科特当前的服饰库存大约是 500 件。建立数据库后，她可以在数据库中增加新的服饰类别和品种。

当客户来到店铺询问斯科特或她的助手，某件服饰能否进行租赁时，斯科特首先要查看她放在收款机旁的服饰租赁笔记，确认这件服饰在客户需求的日期是否可用。如果可用，她就在笔记上记录下来预订日期、租赁日期、客户姓名和联系方式。客户接着签署一份服饰租赁合同，并支付租金和押金。

如果客户返还的服饰状况良好，将得到退还的押金。如果返还的服饰有损坏，则需要支付一笔罚金。通常，客户在需要的前一天挑好服饰，活动结束后的第二天返还。例如，一名客户要参加周五的活动，会在周四挑选好他要的服饰，然后在下一个工作日即周六返还。如果有必要，可以特别安排更长的租赁期。如果没有申请特殊安排，每超出一天，罚款 20 美元。

存储需求

在拜访完斯科特后，你认为服饰数据库应该包含分类（Category）表、客户（Customer）表、服饰（Costume）表、支付（Payment）表、租赁（Rental）表和租赁历史（RentalHistory）表。（你的指导教师会为你提供填充这些表的数据。）斯科特希望服饰按类型分类，服饰类型包括中世纪、食物和科幻等。为了给服饰分类，服饰数据库中需要一个分类表。分类表包括分类编号（CategoryID）字段和分类描述（CategoryDescription）字段。分类编号对每个记录是唯一的，所以作为主键。分类描述字段提供一个服饰分类的额外描述信息。表 1 展示了分类表的结构。

表 1　　　　　　　　　　　　　　**分类表结构**

字段名称	数据类型	字段描述	字段长度	备注
分类编号（CategoryID）	数值	作为主键	长整型	必备
分类描述 （CategoryDescription）	文本	描述分类	50	

服饰表存储了库存中所有服饰的信息。服饰表包括服饰编号（CostumeID）字段、描述（Description）字段、型号（Size）字段、租赁价格（RentalPrice）字段和分类编号（CategoryID）字段。服饰编号对每件服饰是唯一的，因此作为主键。描述字段存储了服饰的名称，如海盗服或青蛙服。型号字段表明了服饰的大小，如

小号、中号或大号。租赁价格字段存储了服饰的租赁价格，分类编号字段存储了分类的识别号码。分类编号的值从分类表中获得。表 2 展示了服饰表的结构。

表 2　　　　　　　　　　　　　　　　服饰表结构

字段名称	数据类型	字段描述	字段长度	备注
服饰编号（CustumeID）	数值	作为主键	长整型	必备
描述（Description）	文本	描述服饰	50	
型号（Size）	文本	表明服饰大小	5	
租赁价格（RentalPrice）	货币	存储最新的租赁价格		
分类编号（CategoryID）	数值	将服饰与服饰中的分类关联起来	长整型	必备

客户表存储了每个客户的信息。客户表包含了客户编号（CustomerID）字段、姓（LastName）、名（FirstName）、街道地址（StreetAddress）、城市（City）、州（State）、邮编（Zip）和电话号码（Phone）字段。对每个客户来说客户编号是唯一的，所以作为主键。表 3 展示了客户表的结构。

表 3　　　　　　　　　　　　　　　　服饰表结构

字段名称	数据类型	字段描述	字段长度	备注
客户编号（CustumeID）	自动编号	客户唯一标识，作为主键	长整型	必备
姓（LastName）	文本	存储客户的姓	50	必备
名（FirstName）	文本	存储客户的名	50	必备
街道地址（StreetAddress）	文本	存储客户街道地址	30	必备
城市（City）	文本	存储客户所在城市	50	必备
州（State）	文本	存储客户所在州	2	必备
邮编（Zip）	文本	存储客户所在地邮编	10	必备
电话号码（Phone）	文本	存储客户的电话号码	10	必备

支付表存储了客户的支付信息。支付表包含的字段如表 4 所示，包括支付编号（PaymentID）、客户编号（CustomerID）、支付日期（PaymentDate）、支付金额（PaymentAmount）和备注（Comment）。每个支付记录的支付编号是唯一的，所以作为主键。客户编号将某一笔支付与某一个客户关联。支付日期字段表明支付发生的时间。支付金额字段表明客户支付了多少钱。备注字段存储了关于支付交易的任何必要信息。

表 4　　　　　　　　　　　　　　　　支付表结构

字段名称	数据类型	字段描述	字段长度	备注
支付编号（PaymentID）	自动编号	支付的唯一标识，作为主键	长整型	必备
客户编号（CustomerID）	数值	关联支付记录和客户，使用查阅向导	长整型	必备
支付日期（PaymentDate）	日期	定义支付的时间，使用短日期格式		
支付金额（PaymentAmount）	货币	表明支付的金额		必备
备注（Comment）	文本	存储任何必要的备注		

租赁表结构包括租赁编号（ResID）、客户编号（CustomerID）、服饰编号（CostumeID）、租赁日期（RentalDate）、预订日期（BookingDate）、到期日（DueDate）、实际归还日期（ActualReturnDate）、登记收回（CheckIn）和额外罚款（AdditionalPenalty）字段。租赁编号对每笔租赁记录来说是唯一的，因此作为主键。客户编号表明是由哪位客户租赁的。租赁日期表明客户在哪天需要服装。预订日期表明客户预约的时间。到期日表明客户应该何时归还服装。实际归还日期表明客户返还服装的日期。登记收回字段表明客户是否归还了服装，只有归还之后才会标记为是，默认值为否。额外罚款是因为服装污渍、破损、延迟归还等等。表 5 展示了租赁表的结构。

表 5　　　　　　　　　　　　　租赁表结构

字段名称	数据类型	字段描述	字段长度	备注
租赁编号（ResID）	自动编号	租赁的唯一标识，作为主键	长整型	必备
客户编号（CustomerID）	数值	定义租赁服饰的客户。使用查阅向导	长整型	必备
服饰编号（CostumeID）	数值	定义租赁的服饰。使用查阅向导	长整型	必备
租赁日期（RentalDate）	日期	定义租赁服装的时间，使用短日期格式		必备
预订日期（BookingDate）	日期	定义预约的时间，使用短日期格式		必备
到期日（DueDate）	日期	定义客户应该归还服装的时间，使用短日期格式		
实际归还日期（ActualReturnDate）	日期	定义客户实际归还服装的时间，使用短日期格式		
登记收回（CheckIn）	是/否	表明客户是否归还服装。默认值为否		
额外罚款（AdditionalPenalty）		存储任何关联到本次租赁的罚款信息		

　　租赁历史（RentalHistory）表的结构与租赁表类似。租赁历史表是为了存储以往客户的租赁信息。当客户登记收回了所租赁的服装后，租赁表中的登记收回字段就标记为是。每天营业结束后，这些标记为是的租赁记录就从租赁表中删除，转移到租赁历史表中。转移这些租赁记录需要一个能识别登记收回字段值的查询，还有一个将记录增加到历史表中的更新查询。

　　你意识到作为设计过程的一部分，表与表之间的联系是必须有的。根据参照完整性，你创建了一些必要的联系，在需要的地方修改联系。

输入需求

　　服饰数据库必须采集和存储客户的信息、服饰信息、租赁信息和支付信息。服饰数据库需要客户表单、服饰表单、可用服饰表单。斯科特请你为她设计表单，并在表单上设计一个店铺的标识。

　　客户表单应该至少能够帮助斯科特采集和查看客户的姓名、地址和电话。此外，客户表单还应该展示客户应付金额、客户已支付金额、押金、罚款和欠款结算额。在查看客户表单时，斯科特希望能看到客户当前租赁的服饰和当前租赁服饰的支付额。对于每笔服饰租赁，她希望看到服饰编号、描述、型号、租赁价格、需要的押金、租赁日期、预订日期、到期日和罚款。她还想知道这件服饰有没有被登记退还。对每笔客户的支付交易，她希望看到支付日期、金额和备注。

　　服饰表单允许斯科特创建、修改和删除记录。该表单至少会用到服饰表中的字段。

　　斯科特可以通过确认可用服饰表单来查看该件服饰是否可被租赁。该表单至少应该包括服饰表中的字段。该表单还应该包括能反映该服装是否可用的字段。如果暂时不可用，这一字段应该标明预期可用的时间。斯科特可以使用过滤功能来定位表单中的某一服装。

　　建立好服饰数据库后，斯科特需要一个能自动展示的切换面板。切换面板允许她从当前位置进入表单、报表和查询。她还需要在切换主页界面有退出数据库的选项。

☐ 信息需求

　　斯科特需要服饰分类报表和延迟客户报表。请你为她设计这些报表。

　　服饰分类报表是一个详细的库存报表。斯科特希望按类存储。类别应该按升序排列。在每个分类中，服饰描述按升序存储。报表至少应该展示分类名称、服饰编号、服饰描述、型号、租赁价格。报表标题应该包括名称、日期、店铺名和店铺商标。

　　延迟客户报表包括未能按时归还服装的客户的名字、地址和联系方式。还应该标注出未能按时归还客户所租赁的服装。报表内容按到期日升序排列。在一天内，多条信息按客户的姓氏升序存储。如果一个客户租赁了不止一件服装，按服饰描述升序排列。

　　斯科特想了解以下问题。创建查询来帮助她回答这些问题。你可以根据这些查询来生成报表。

　　1. 今天有哪些服装被租赁出去？哪些客户租赁了这些服装？（使用 2008 年 10 月 15 日作为当前日期。）你的结果至少应该包括客户的姓名、服饰描述、租赁日期、型号和租赁价格。

　　2. 根据租赁历史数据，哪些服饰从未被租赁过？（根据租赁历史表的数据回答。）

　　3. 最近有多少件恐龙服饰被租赁？最近有多少件公主服饰被租赁？

　　4. 根据租赁历史表的数据，每个客户的平均租赁金额是多少？（根据租赁历史表的数据回答，不包括罚款和押金。）

　　5. 根据租赁历史表的数据，哪些服饰被支付了罚金？提供每个客户支付的罚金总额。（根据租赁历史表的数据回答。）

　　6. 客户延迟归还服装的平均天数是多少？

　　7. 店铺的客户分布在哪儿？按城市来计数。

　　8. 斯科特想找出店铺的老客户，为她找出这些客户的姓名和街道地址。

9. 哪种型号的服装最受欢迎？按型号来计数。

斯科特会把数据导出至微软 Excel 中进一步分析。（你需要确定哪些数据需要导出。）斯科特需要解决以下问题，请使用微软 Excel 为她找到这些问题的答案。

10. 根据租赁历史数据，斯科特想知道哪类服饰利润最大。根据服饰描述，哪类服饰产生了最多的利润？

11. 每类服饰产生的利润是多少？斯科特希望有一个专门的页面返回每类的利润结果。

12. 请为 10 月份生成一个柱状图来比较每类服饰的利润。

13. 使用客户表和租赁历史表的数据创建一个 Excel 工作表。给定一个客户和租赁日期，他的平均罚款金额是多少？在某一天中该客户的罚款总额是多少？某一天中，客户中接受罚款的最高金额是多少？

14. 延迟返还服装的客户，从到期日到返还日的平均拖欠时间是多少？

15. 某一租赁日期内，平均租赁费用和罚款是多少？（使用租赁历史表的数据。）

实施关注

根据案例描述的需求，你需要建立选择查询、自动查找查询、参数查询和动作查询；设计表单和子表单；设计报表；创建表；创建宏（如有必要）；建立表间联系。尽管斯科特鼓励你创新表单的设计，但她同样要求表单外观应该专业并保持一致、易于使用，并能展示企业名称和标识。（斯科特请你为她的店铺设计一个标识。）在适当的情况下，包含增加记录、删除记录和打印记录的按钮。为了方便数据输入，斯科特希望在某些字段使用自动查阅、组合框和操作建议。在可能的情况下，你应该遵循有效性原则，使用默认值、输入标记和正确的格式。

为了满足工作表要求，你要将数据库中所选择的数据导出到工作表中。为了分析数据，你会用到一些工作表的功能，包括数据透视表、高级过滤和数据库功能。

如前所述，尽管你可以自由设计表格、报表和切换面板，但每个表格、报表和切换面板的外观应该专业并保持一致。并且你还可以自由假定这个案例的其他条件，但这些假设不能与其他任何要求冲突，而且要经过教授同意。你可能需要创建额外的表单或收集前文没有提到的信息。

设计测试

在创建完数据库和工作表之后，你应该对你的设计进行测试。请完成下列操作：

1. 输入以下信息到你的数据库中：

克尔图·穆罕默德（Kirtu Mohammed）想租赁南瓜服饰和恐龙服饰。为他找到可用的服装，使用今天作为租赁日期和预订日期，使用明天作为归还日期。（为他挑出南瓜服和恐龙服。如有必要可以做一些假设。）

佩特罗娜·霍根（Petronna Hogan）希望租赁牧羊女服饰和狼服饰。为她找到可用的服装，使用今天作为租赁日期和预订日期，使用明天作为归还日期。（为她挑出牧羊女服和狼服。如有必要可以做一些假设。）

伊姆兰·赛古拉（Imran Segura）希望租赁修女服饰、主教服饰和红衣主教服饰。为他找到可用的服装，使用今天作为租赁日期和预订日期，使用明天作为归还日期。（为他挑出修女服、主教服和红衣主教服。如有必要可以做一些假设。）

2. 更新租赁表记录，显示 2008 年 10 月 17 日到期的所有服饰已经归还。

3. 斯科特想看到客户租赁的历史。修改客户表来帮助她查看每个客户的租赁历史。（你需要确定哪些字段是必须有的。）

案例作业

为了令人满意地完成这个案例，你需要创建数据库和工作表，并准备书面和口头的报告。除非另有规定，否则要向你的教授提交以下内容：

1. 一份书面的报告，列出你对该案例所做的全部假设，以及该案例的关键因素。另外，你是否增加了哪些内容以使得工作表具有更多的功能？用户友好性如何？（请注意，这些假设不能与上述提出的任何需求有冲突，并且必须获得教授的认可。）

2. 每张工作表的打印版。

3. 每个工作表公式的打印版。

4. 能够符合案例描述和需求部分所提到的条件的工作簿电子版。

5. 能够符合案例描述和需求部分所提到的条件的数据库电子版。

6. 上述问题的结果。（还应该包括对这些结果的说明。）

7. 如前所述，你应该准备一份口头报告。（你的指导教师将确认你报告的时间。）你可以使用报告软件并说明你所设计的数据库和工作簿的主要特性。同时，还要说明数据库和工作簿能够为斯科特带来什么样的帮助。在数据库和工作簿中还应该包括哪些数据？

第 III 篇

网页开发

■ 山景城牙科诊所
■ 家庭宠物医疗和护理诊所

案例 **29**

山景城牙科诊所

Web 案例   难度评级：★★

■ 案例背景

　　乔希·米哈伊洛夫（Joshi Michailoff）在美国东北部开设了一家受欢迎的私人牙科诊所——山景城牙科诊所（Mountain View Dental Clinic）。米哈伊洛夫和他的雇员为成人和儿童提供各种牙科服务。米哈伊洛夫发现许多牙科诊所都为自己的病人提供了信息丰富的网站页面。他希望能吸引新病人，同时为现有的病人提供信息，所以聘请你来为他的牙科诊所设计一个具有专业界面的网页。

■ 案例描述

　　山景城牙科诊所是一个以家庭为导向的诊所，位于美国东北部。诊所面向成人和儿童。米哈伊洛夫 10 年前从得克萨斯大学健康科学中心获得口腔外科博士学位，毕业之后开设了这家诊所。米哈伊洛夫是多家机构的会员，包括美国牙医协会（American Dental Association）、美国牙科美容学会（American Academy of Cosmetic Dentistry）、普通牙科学会（Academy of General Dentistry）和美国牙医师协会（American Association of Hospital Dentists）。他最近获得了普通牙科学会的研究员荣誉，这是一个非常权威的荣誉。

米哈伊洛夫有一群非常得力的助手，包括戴安娜·哈姆里克（Dianne Hamrick）、贝妮塔·杰克逊（Benita Jackson）、克莱德·麦吉尔（Clyde McGill）和科里·帕西（Corey Passey）。戴安娜是牙医助手，她已经与米哈伊洛夫共同工作 6 年了。贝妮塔也是一名助手，去年开始在诊所工作。克莱德是牙科保健专家，已经在诊所工作 2 年了。科里是一名办公室经理，在诊所工作 6 个月。

牙科诊所提供各种服务，包括牙齿清洗、氟治疗、冠桥修复、拔牙、口腔检查、补牙、美容正畸术、烤瓷贴面、牙齿美白、密封、牙龈治疗、根管治疗、局部镶牙或全口镶牙。所有服务的费用取决于服务的时间。病人可以使用信用卡、支票或保险来支付。

米哈伊洛夫请你为他的诊所设计一个网页。他希望网页能增加诊所的营业额、提供基本的诊所信息并且吸引新的客户。

设计规范

米哈伊洛夫请你创建一个具有专业界面的网站。他希望在病人访问网站时，有一个引人注目而又简单的导航页面。米哈伊洛夫希望网页能够为现有患者以及潜在顾客提供有用的信息。他希望网站至少能提供诊所的基本信息，例如工作时间、联系信息、服务项目和员工情况。而且网站的访问者能够很容易地在页面间切换，页面加载迅速，还包括其他一些令人感兴趣的链接。他需要找到几个这样的链接网站。

信息需求

正式发布网页以前，你希望米哈伊洛夫审查一下这个网页。他已经提到过想在诊所网站上看到的信息：

1. 诊所紧急护理的信息。
2. 诊所员工的基本资料。他认为这样能够使病人更舒适。（你应该提供员工的基本材料。）
3. 诊所的服务清单。
4. 网页提供有用信息的链接。（你需要完善这些信息。）

实施关注

案例描述已经为你提供了牙科诊所的详细背景。例如，为了设计好网页你需要做一些假设。访问其他牙科诊所网站是学习哪些信息需要在网站上展示的一个有效方法。但是，要记住不要侵犯任何现有的版权。

尽管你可以自由设计牙科诊所网站页面，但页面外观应该专业并保持一致。同时，你还应该在网页上放置合适的图片。你的指导教师会给你提出对网站页面的更多要求。

☐ 设计测试

在创建好网页之后，你应该对你的设计进行测试。请完成下列操作：

1. 米哈伊洛夫新招聘了一位牙医，阿肖克·帕特蒙（Ashok Patmon）医生，他刚从知名的牙科医学院毕业。米哈伊洛夫请你为阿肖克医生制作一份简短的资料，并添加到诊所网页中。（你可能需要提供必要的资料信息。）

2. 通常，患者的牙科医疗开销是一笔大账单。为了减轻患者的经济负担，米哈伊洛夫打算采用一种名为"牙科治疗月付计划"的新的付款方式。这个计划允许患者分月支付款项，而不是在接受医疗服务后一次付清。米哈伊洛夫希望把这些信息加入到牙科诊所网站中。

■ 案例作业

为了令人满意地完成这个案例，你需要创建网页，并准备书面和口头的报告。除非另有规定，否则要向你的教授提交以下内容。同样，除非特别要求，遵循以下步骤测试你的设计。

1. 一份书面的报告，列出你对该案例所做的全部假设，以及该案例的关键因素。另外，你是否增加了哪些内容以使得工作表具有更多的功能？用户友好性如何？（请注意，这些假设不能与上述提出的任何需求有冲突，并且必须获得教授的认可。）

2. 所有网页的打印版。（如果还创建了别的页面，你需要全部提交。）

3. 能够符合案例描述和需求部分所提到的条件的网页电子版。

4. 如前所述，你应该准备一份口头报告。（你的指导教师将确认你报告的时间。）你可以使用报告软件并说明你所设计网页的主要特性。同时，还要说明网页能够为米哈伊洛夫带来什么样的帮助。还有哪些信息会对米哈伊洛夫的患者有帮助？

案例 *30*

家庭宠物医疗和护理诊所

Web 案例   难度评级：★★

技能检定
你应该复习如下知识点：

Web 技能

√	基础 Web 页面设计	√	清单
√	标题	√	段落
√	HTML（可选）	√	表
√	超链接	√	文本编辑
√	插入图片	√	Web 页面编辑

■ 案例背景

保罗·道（Paul Dao）医生在美国的西南部开设了一家小型宠物诊所——家庭宠物医疗和护理诊所（Family Veterinary Pet Care Clinic）。他和他的雇员向宠物主人们提供各种服务和产品。保罗·道发现其他许多宠物诊所都拥有自己的网站。为了与时俱进，他聘请你来为他的宠物诊所设计一个具有专业界面的网页。

■ 案例描述

家庭宠物医疗和护理诊所是位于美国西南部的一家小型宠物诊所，主要针对小型动物。20 年前的 1983 年，保罗·道从动物医学专业毕业后，开设了这家诊所。保罗·道先后获得了多个国际和社区奖项，包括权威的 AVMA 动物福利奖。他是美国兽医协会（American Veterinary Medical Association）成员、美国动物医院协会（American Animal Hospital Association）成员，并且拥有得克萨斯州、新墨西哥州、亚利桑那州和俄克拉何马州的兽医执照。

宠物诊所拥有专业的护理人员，包括一名兽医技师、一名办公室经理和多名助理兽医。尹斯拉·梅林（Isla Meiring）是一名兽医技师，已经在诊所工作了 15 年。马里奥·施威尔默（Mario Schwermer）是一名办公室经理，在诊所工作了 5 年。瓦莱丽·威迪克（Valerie Widick）、哈里特·拉弗利特（Harriett Lafollette）、布莱恩·哈里特（Brian Hallett）、比尔·麦基（Bill Mckee）都是诊所的助理兽医。瓦莱丽已经在诊所工作了 10 年，哈里特在诊所工作了 2 年，布莱恩在诊所工作了 6 个月，比尔上个星期才被招聘进来。加里·朱姆戈尔（Gary Dromgoole）和朱尔斯·杜布瓦（Jules Dubbois）是宠物美容师，从 20 世纪 80 年代起就为诊所工作。

家庭宠物医疗和护理诊所提供广泛的服务，包括例行检查、手术、放射、药剂、骨科、牙科、疫苗接种、美容、重症监护、上门出诊、药剂和物品配送、动物寄养和紧急治疗。作为一个全面的宠物诊所，它还提供各种产品，包括装饰、宠物食品、清洁用品、药剂、皮毛护理和膳食补充剂。服务费用取决于所接受的服务，产品费用取决于所购买的产品。客户可以使用现金、支票或信用卡付账。支付费用超过 25 美元才能使用信用卡付款。

诊所的营业时间为：周一至周五，早上 8：00 至下午 6：00；周六，早上 8：00 至 12：00。道医生可能会因紧急治疗而耽搁数小时，因此他鼓励客户提前打电话预约，当然他也接待未预约客户。

道医生请你为诊所设计一个网页。他希望网页能够提升诊所的形象，并且为客户提供诊所的基本信息。

设计规范

道医生请你创建一个具有专业界面的网页。他希望客户在访问网站时，有一个引人注目而又简单的导航页面。道医生希望网页能够针对社区里有小宠物的所有人员。他希望网页至少能提供诊所的基本信息，例如工作时间、服务、工作人员和产品。他希望网站的访问者能够很容易地在页面间切换，页面加载迅速，还包括其他一些令人感兴趣的链接。他希望找到几个这样的链接网站。

信息需求

发布网页以前，你希望道医生审查一下这个网页。他已经提到过他想在诊所网页上看到的信息：

1. 诊所的营业时间以及紧急治疗的信息。
2. 诊所员工的基本资料。他认为这样能够使客户更舒适。
3. 诊所关于寄养宠物的政策。（你需要提供该信息。）
4. 按分类排序的产品清单，包括产品的价格。（你需要提供该信息。）

5. 网页上提供有用信息的链接。（你需要提供该信息。）

☐ 实施关注

案例描述已经为你提供了宠物诊所的详细背景。例如，为了设计好网页你需要做一些假设。访问其他宠物诊所网站是学习有哪些信息需要在网页上展示的一个有效的方法。但是，要记住不要侵犯任何现有的版权。

尽管你可以自由设计宠物诊所网站的页面，但页面外观应该专业并保持一致。同时，你还应该在网页上放置合适的图片。你的指导教师会给你提出对网页的更多要求。

☐ 设计测试

在创建好网页之后，你应该对你的设计进行测试。请完成下列操作：

1. 道医生新招聘了一位兽医，劳安达·芳登（Lawanda Fontaine）医生，她刚从某知名的兽医学院毕业。道医生请你为她制作一份简短的资料，并添加到兽医诊所网页中。（你可能需要提供必要的材料信息。）

2. 通常，客户的宠物开销是一笔大账单。为了减轻客户的经济负担，道医生打算采用一种名为"宠物护理扩展支付计划"的新付款方式。这个计划允许客户按月支付开销款项，而不是在接受服务后一次付清。道医生希望把这些信息加入牙医诊所网页中。

▌案例作业

为了令人满意地完成这个案例，你需要创建网页，并准备书面和口头的报告。除非另有规定，否则要向你的教授提交以下内容。同样，除非特别要求，遵循以下步骤测试你的设计：

1. 一份书面的报告，列出你对该案例所做的全部假设，以及该案例的关键因素。另外，你是否增加了哪些内容以使得工作表具有更多的功能？用户友好性如何？（请注意，这些假设不能与上述提出的任何需求有冲突，并且必须获得教授的认可。）

2. 所有网页的打印版。（如果还创建了别的页面，你需要全部提交。）

3. 能够符合案例描述和需求部分所提到的条件的网页电子版。

4. 如前所述，你应该准备一份口头报告。（你的指导教师将确认你报告的时间。）你可以使用报告软件并说明你所设计网页的主要特性。同时，还要说明这个网页能够为道医生带来什么样的帮助。还有哪些信息会对道医生的客户有帮助？

第 IV 篇

教　程

- ■ 工作表教程
- ■ 数据库教程
- ■ 网页教程

工作表教程*

蒂米卡美黑沙龙

案例简介

蒂米卡美黑沙龙（Timeka's Tanning Salon，Inc.）是专为本书设计的案例。本书利用该案例作为一个复习工作表创建的工具，并假定你已经具备有关工作表、工作表术语和微软 Excel 2007 的基础知识。

该案例分为两部分。第一部分包含了案例背景、案例描述、设计规范、信息需求、设计测试以及案例作业等。第二部分将指导你按步骤完成案例。由于第一部分介绍了案例的主要特点，并为工作表的设计工作做好了准备，因此在开始第二部分之前，你应当仔细阅读第一部分。在第二部分中，你要设计并创建满足案例信息需求的工作簿。

第一部分　场景设置

案例背景

蒂米卡·洛伦左（Timeka Lorenzo）拥有并运营位于加利福尼亚州旧金山市的蒂米卡美黑沙龙。该美黑沙龙已经营业了多年，并且一直保持着客户数量的增长。该美黑沙龙为客户提供最新的美黑床、美黑产品以及健身中心。

由于该沙龙中的活动采用手工记录，因此洛伦左每周需要花费大量的时间来整理她的销售活动记录。洛伦左已经意识到将基于纸张的记录转换为电子形式记录的

---

* 为读者学习方便，从本部分起，大部分图表均用原著中的内容，未作翻译，以免引起混淆。——译者注

必要性。她聘请你设计一个工作簿来记录该沙龙的每日销售活动。为了完成这个案例，你需要设计六个工作表，运用一些函数，合并数据到汇总表中，使用正确的单元格和工作表格式，绘制数据透视表和其他图表，并使用过滤工具。

案例描述

四年前，蒂米卡·洛伦左在旧金山市开设了蒂米卡美黑沙龙。该沙龙运营良好，一直保持客户数量的增长。由于沙龙的业务不断增加，洛伦左使用的手工记录保存系统已经不再高效。

在每个营业日结束后，洛伦左就把当天的销售活动记录到日销售活动记录中。图 1 展示了日销售活动记录。每当方便的时候，洛伦左就利用图 2 中所示的价目工作表计算销售额。然后她会比较日销售活动记录中的信息和实际收银机中的收据，并记录下任何不符的地方。在一周结束后，她会准备一份周销售活动报表，汇总七天的日销售报表。

<table>
<tr><td colspan="3" align="center">蒂米卡美黑沙龙
日销售活动报表
日期：_____</td></tr>
<tr><th>项目</th><th>销售数量</th><th>销售额</th></tr>
<tr><td>1 次（1 Session）</td><td></td><td></td></tr>
<tr><td>5 次（5 Sessions）</td><td></td><td></td></tr>
<tr><td>10 次（10 Sessions）</td><td></td><td></td></tr>
<tr><td>15 次（15 Sessions）</td><td></td><td></td></tr>
<tr><td>20 次（20 Sessions）</td><td></td><td></td></tr>
<tr><td>每月无限次（One Month Unlimited）</td><td></td><td></td></tr>
<tr><td>每月精选（Monthly Special）</td><td></td><td></td></tr>
<tr><td>忠实客户（Loyal Customer）</td><td></td><td></td></tr>
<tr><td>转接客户（Referral）</td><td></td><td></td></tr>
<tr><td>年度客户（Yearly Enrollment）</td><td></td><td></td></tr>
<tr><td>古铜色 12 盎司乳液（Bronze 12 oz Lotion）</td><td></td><td></td></tr>
<tr><td>金色 12 盎司乳液（Golden 12 oz Lotion）</td><td></td><td></td></tr>
<tr><td>古铜色 12 盎司精油（Bronze 12 oz Oil）</td><td></td><td></td></tr>
<tr><td>金色 12 盎司精油（Golden 12 oz Oil）</td><td></td><td></td></tr>
<tr><td>蒂米卡美黑提升 12 盎司乳液
（Timeka's Tan Enhancer 12 oz Lotion）</td><td></td><td></td></tr>
<tr><td>蒂米卡美黑提升 16 盎司乳液
（Timeka's Tan Enhancer 16 oz Lotion）</td><td></td><td></td></tr>
<tr><td>半年健身会员（6-Month Membership）</td><td></td><td></td></tr>
<tr><td>全年健身会员（Yearly Membership）</td><td></td><td></td></tr>
<tr><td>每日总销售额（Total Daily Sales）</td><td></td><td></td></tr>
</table>

图 1　日销售活动报表

塔米卡美黑沙龙 价目	
1 次	$ 5.00
5 次	$ 25.00
10 次	$ 50.00
15 次	$ 75.00
20 次	$ 100.00
每月无限次	$ 35.00
每月精选	$ 30.00
忠实客户	$ 29.99
转接客户	$ 29.99
年度客户	$ 350.00
古铜色 12 盎司乳液	$ 24.99
金色 12 盎司乳液	$ 27.99
古铜色 12 盎司精油	$ 19.99
金色 12 盎司精油	$ 21.99
蒂米卡美黑提升 12 盎司乳液	$ 27.99
蒂米卡美黑提升 16 盎司乳液	$ 34.99
半年健身会员	$ 180.99
全年健身会员	$ 280.99

图 2　价目工作表

　　洛伦左意识到手工记录和盘点沙龙的销售数据非常沉闷和耗时。她需要一个更高效的系统来记录并分析沙龙的每日销售活动。她聘请你创建一个工作簿帮助她更高效地记录并分析沙龙的销售活动。

□ 设计规范

　　在每个营业日结束后，洛伦左会在日销售活动报表中手工记录当天的销售信息。图 1 展示了该销售活动报表。如图 1 所示，洛伦左记录每项沙龙产品的销售量和销售额。在每周结束后，洛伦左将利用日销售活动报表准备一份周销售活动报表。周销售活动报表除了反映的是周销售数据外，格式与日销售活动报表相同。

　　洛伦左希望使用一个工作簿来记录沙龙的每日销售活动信息，并且希望为各月创建工作簿。（在这个案例中，你需要创建一个 10 月份的工作簿。）沙龙工作簿包含 4 张周工作表、一张汇总表以及一张价目工作表。每月的各周都需要创建一份周工作表。周工作表汇总了一周中每天的销售活动。汇总工作表将各表中的数据合并为一个月的总数据。价目工作表中含有沙龙各项产品的当前价格，如图 2 中所示的价目工作表格式所示。

□ 信息需求

　　洛伦左将使用新的沙龙工作簿来分析沙龙的销售活动。她对找出最受欢迎的美黑疗程和按类别查看沙龙的销售项目特别关注。除了这些信息需求，她还希望你为她提供以下信息：

1. 用饼图来比较沙龙产品的每月销售额。
2. 根据月销售总额，确定沙龙最畅销的两项产品。
3. 根据月销售总额，确定哪项产品最不受欢迎。

□ 设计测试

在创建了沙龙工作簿后，你应该对你的设计进行测试。完成以下步骤：

1. 现在洛伦左提供了两种新的健身套餐，修改你的工作表，反映新的健身会员套餐。图3中给出了每种套餐的销售量数据。1个月的健身会员套餐价为35.99美元，3个月的健身会员套餐价为66.99美元（四周均使用该数据）。

蒂米卡美黑沙龙 新健身套餐 销售数量							
健身套餐	周日	周一	周二	周三	周四	周五	周六
1个月健身会员	5	3	4	2	1	7	3
3个月健身会员	1	2	0	4	2	3	5

图3　健身套餐销售量

2. 利用第4周的数据，绘制数据透视表来比较每项产品的总销售额。洛伦左希望每类产品单独显示。

▨ 案例作业

为了令人满意地完成这个案例，你需要按照案例描述中的内容创建工作簿，并准备书面和口头的报告。除非另有规定，否则要向你的教授提交以下内容：

1. 一份书面的报告，列出你对该案例所做的全部假设，以及该案例的关键因素。另外，你是否增加了哪些内容以使得工作表具有更多的功能？用户友好性如何？（请注意，这些假设不能与上述提出的任何需求有冲突，并且必须获得教授的认可。）
2. 每张工作表的打印版。
3. 每个工作表公式的打印版。
4. 能够符合案例描述和需求部分所提到的条件的工作簿电子版。
5. 上述问题的结果。（还应该包括对这些结果的说明。）
6. 如前所述，你应该准备一份口头报告。你可以使用报告软件并说明你所设计的工作簿的主要特性。同时，还要说明这个工作簿能够为洛伦左带来什么样的帮助。工作簿中还应该包括哪些信息以使它的功能更强大？

第二部分　工作簿创建

设计准备

如果你还没有做好设计准备，请阅读本案例的第一部分。

为了满足洛伦左的设计规范，你需要创建一个包含周工作表、汇总工作表、价目工作表的工作簿。你需要创建 4 张周工作表，其中每张周工作表都汇总了本周的每日销售活动。周工作表分别被命名为第一周、第二周、第三周和第四周工作表。汇总工作表被命名为汇总工作表，并将周工作表中的数据进行合并。价目工作表中包含了所有沙龙产品的当前价格。周工作表利用价目工作表中的数据来计算每日销售额。

沙龙工作簿的创建可以分为 4 个主要活动，分别是：创建初始工作簿，创建价目工作表，创建周工作表，以及创建汇总工作表。每个活动的描述如下文所述。为了作参考之用，图 2 展示了完整的价目工作表。图 46 展示了第一周工作表。图 47 展示了完整的汇总工作表。（这些图中显示的数据并没有反映设计测试部分对数据的更新。）

活动 1：初始工作簿准备

初始工作簿准备工作包含 3 项主要任务：创建并保存一个新的工作簿，插入 3 张工作表，重命名这些工作表。每项任务如下所述。（请记住你应当定期保存你的工作。）

任务 1：创建并保存一个新的工作簿

为了完成初始工作簿准备，完成以下步骤：

1. 启动微软 Excel。
2. 创建一个新的工作簿。
3. 将这个新的工作簿保存为"沙龙（Salon）"。

任务 2：插入 3 张工作表

你可以通过如下操作插入一张新的工作表：

1. 点击"开始（Home）"标签页"单元格（Cells）"菜单组中"插入（Insert）"按钮上的箭头。
2. 选择"插入工作表（Insert Sheet）"命令。详见图 4。
3. 重复步骤 2 两次。

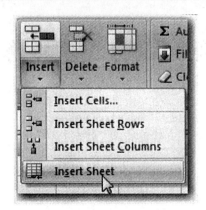

图 4　"单元格"菜单组

任务 3：重命名工作表

你可以通过如下操作重命名工作表：

1. 右键单击工作表名称，然后选择"重命名（Rename）"命令，输入工作表的新名称。

2. 重复该过程为每张工作表重命名。将其分别命名为：价目工作表（PriceList）、汇总工作表（Summary）、第一周工作表（Week1）、第二周工作表（Week2）、第三周工作表（Week3）和第四周工作表（Week4）。（提示：按此顺序保存这些工作表。）

活动 2：创建价目工作表

价目工作表包含了沙龙产品的当前价格，并且作为周工作表的查询表。（周工作表将使用 VLOOKUP 函数引用包含在价目工作表中的价格信息。）创建价目工作表需要设计并设置价目工作表格式，向价目工作表中输入数据，并为价目工作表指定一个区域名称。图 2 给出了完整的价目工作表作为参考。

任务 1：设计并设置价目工作表格式

为了准备价目工作表，你应当：

1. 将价目工作表作为活动工作表。

2. 将第一行的高度调整为 30，将第二行的高度调整为 21。你可以通过如下操作调整行高：

（1）选择某行。

（2）点击"开始（Home）"标签页"单元格（Cells）"菜单组中的"格式（Format）"按钮，然后选择"行高（Row Height）"命令，详见图 5。

3. 将列 A 的宽度调整为 49，将列 B 的宽度调整为 10，你可以通过如下操作设置列宽：

（1）选择某列。

（2）点击"开始（Home）"标签页"单元格（Cells）"菜单组中的"格式（Format）"按钮，然后选择"列宽（Column Width）"命令。

4. 在单元格 A1 中输入"蒂米卡美黑沙龙（Timeka's Tanning Salon）"，将单

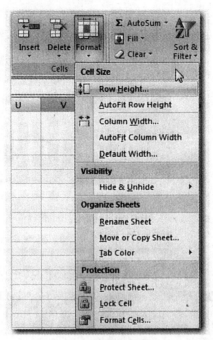

图 5   "格式"选项

元格 A1 的字体大小设置为 26 并加粗，详见图 6。

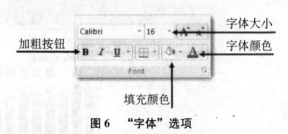

图 6   "字体"选项

5. 在单元格 A2 中输入"价目工作表（Price List）"，将单元格 A2 的字体大小设置为 16 并加粗。

6. 选定单元格 A1 和 B1，点击"开始（Home）"标签页"对齐方式（Alignment）"菜单组中的"合并后居中（Merge and Center）"按钮，详见图 7。

图 7   "合并后居中"选项

7. 选定单元格 A2 和 B2，点击"开始（Home）"标签页"对齐方式（Alignment）"菜单组中的"合并后居中（Merge and Center）"按钮。

8. 选择单元格区域 A1：B2，点击"开始（Home）"标签页"字体（Font）"菜单组中的"填充颜色（Fill Color）"按钮旁边的箭头，选择深蓝色（第 4 列第 5 行）。详见图 8。

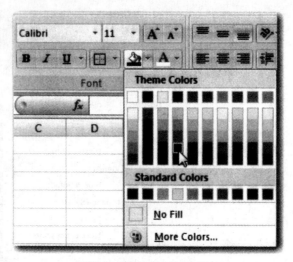

图 8　"填充颜色"选项

9. 如果必要的话，重新选择单元格区域 A1：B2。点击"开始（Home）"标签页"字体（Font）"菜单组中的"字体颜色（Font Color）"按钮旁边的箭头，选择白色。详见图 9。

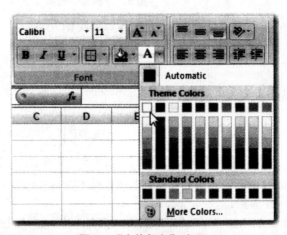

图 9　"字体颜色"选项

10. 选择单元格区域 A1：B20，点击"开始（Home）"标签页"字体（Font）"菜单组中的"边框（Borders）"按钮旁边的箭头，选择"外侧框线（Outside Borders）"选项。（注意：你的按钮可能具有不同的外观。如果这样的话，点击"边框（Borders）"按钮旁边的箭头，然后选择"外侧框线（Outside Borders）"选项。）详见图 10。

11. 选择单元格区域 A3：A20，点击"开始（Home）"标签页"字体（Font）"菜单组中的"边框（Borders）"按钮旁边的箭头，选择"右框线（Right Border）"选项。

12. 选择单元格 A7 和 B7，点击"开始（Home）"标签页"字体（Font）"菜单组中的"边框（Borders）"按钮旁边的箭头，选择"双底框线（Bottom Border）"选项。

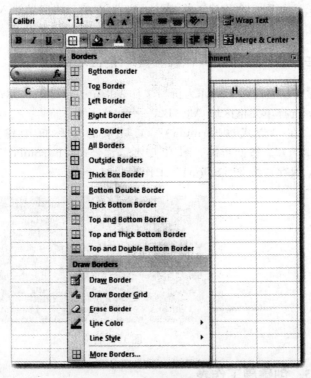

图 10 "边框"选项

13. 选择单元格 A12 和 B12，点击"开始（Home）"标签页"字体（Font）"菜单组中的"边框（Borders）"按钮旁边的箭头，选择"双底框线（Bottom Border）"选项。

14. 选择单元格 A18 和 B18，点击"开始（Home）"标签页"字体（Font）"菜单组中的"边框（Borders）"按钮旁边的箭头，选择"双底框线（Bottom Border）"选项。

15. 在单元格区域 A3：B20 中应用粗体格式。

16. 选择单元格区域 B3：B20，点击"开始（Home）"标签页"数字（Number）"菜单组中的"货币（Currency）"选项作为数字格式。（为了找到货币格式，你可能需要点击箭头。）美元值应保留两位小数。详见图 11。

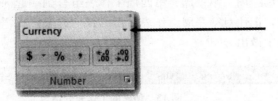

图 11 "数字（Number）"菜单组

17. 保存你的工作。

任务 2：向价目工作表中输入数据

你可以通过如下操作向价目工作表中输入数据：

1. 参照图 2 向价目工作表的 A3：B20 单元格区域输入产品及价格。

2. 花点时间检查，确保你没有任何输入错误。

任务 3：为价目工作表指定一个区域名称

你可以通过如下操作为价目工作表指定一个区域名称：

1. 选择单元格区域 A3：B20。

2. 在"公式（Formula）"工具条的名称框中输入名称"价目工作表（PriceList）"。按回车键。图 12 展示了"公式（Formula）"工具条中的名称框。

3. 保存"沙龙（Salon）"工作簿。

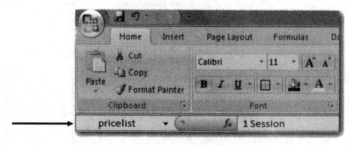

图 12　名称框

活动 3：创建周工作表

由于 4 张周工作表具有相同的设计和格式要求，你可以将这些工作表分为一组，然后同时为它们设置格式并设计布局。为了准备这些工作表，你需要为这些工作表创建分组，为它们设置格式并设计布局，向工作表中输入数据，并向工作表中输入公式。当创建公式计算每日销售额时，你的公式要引用包含在价目工作表中的数据。

任务 1：创建第一周、第二周、第三周、第四周工作表组

你可以通过如下操作创建周工作表分组：

点击第一周工作表的标签，同时按住 Shift 键，点击第四周工作表的标签。（当一个工作表是工作表分组的一部分时，它的工作表标签背景为白色。图 13 展示了将第一周、第二周、第三周、第四周工作表组合到一起。在图 13 中，第一周工作表是活动表，记住对第一周工作表所做的任何修改，也需要在第二周、第三周、第四周工作表中做出。）

|◄ ◄ ► ►|　PriceList　／　Summary　／　**Week1**　／　Week2　／　Week3　／　Week4　／

图 13　创建的工作表分组

任务 2：格式化和设计第一周、第二周、第三周、第四周工作表

你可以通过如下操作格式化和设计周工作表：

1. 将第一行的高度设置为 30，第二行的高度设置为 21，第三行的高度设置为 26。

2. 将列 A 的宽度调整为 38，第二行的宽度调整为 16。

3. 在 A1 单元格中输入"蒂米卡美黑沙龙（Timeka's Tanning Salon）"。

4. 选择单元格区域 A1：R1，点击"开始（Home）"标签页"对齐方式（Alignment）"菜单组中的"合并后居中（Merge and Center）"按钮。将字体大小设置为 26 并加粗。

5. 在 A2 单元格中输入"每周销售额"，将字体大小设置为 16 并加粗。

6. 选择单元格区域为 A2：R2，点击"开始（Home）"标签页"对齐方式（Alignment）"菜单组中的"合并后居中（Merge and Center）"按钮。

7. 选择单元格区域 A1：R3。

8. 点击"开始（Home）"标签页"字体（Font）"菜单组中的"填充颜色（Fill Color）"按钮。（"填充颜色（Fill Color）"按钮应该为深蓝色，如果不是，点击箭头并选择深蓝色选项（第 4 行第 5 列）。）

9. 点击"开始（Home）"标签页"字体（Font）"菜单组中的"字体颜色（Font Color）"按钮。（如果"字体颜色（Font Color）"按钮不是白色，点击箭头并选择白色选项。）

10. 在单元格 A3 中输入"计划类型（Plan Type）"，在单元格 A4 中输入"产品项目（Item）"，在单元格 B4 中输入"类别（Category）"，然后加粗并居中。

11. 在单元格 C3 中，输入"周日（Sunday）"，选择单元格区域 C3：D3，点击"开始（Home）"标签页"对齐方式（Alignment）"菜单组中的"合并后居中（Merge and Center）"按钮。

12. 在单元格 E3 中，输入"周一（Monday）"，选择单元格区域 E3：F3，点击"开始（Home）"标签页"对齐方式（Alignment）"菜单组中的"合并后居中（Merge and Center）"按钮。

13. 在单元格 G3 中，输入"周二（Tuesday）"，选择单元格区域 G3：H3，点击"开始（Home）"标签页"对齐方式（Alignment）"菜单组中的"合并后居中（Merge and Center）"按钮。

14. 在单元格 I3 中，输入"周三（Wednesday）"，选择单元格区域 I3：J3，点击"开始（Home）"标签页"对齐方式（Alignment）"菜单组中的"合并后居中（Merge and Center）"按钮。

15. 在单元格 K3 中，输入"周四（Thursday）"，选择单元格区域 K3：L3，点击"开始（Home）"标签页"对齐方式（Alignment）"菜单组中的"合并后居中（Merge and Center）"按钮。

16. 在单元格 M3 中，输入"周五（Friday）"，选择单元格区域 M3：N3，点击"开始（Home）"标签页"对齐方式（Alignment）"菜单组中的"合并后居中（Merge and Center）"按钮。

17. 在单元格 O3 中，输入"周六（Saturday）"，选择单元格区域 O3：P3，点击"开始（Home）"标签页"对齐方式（Alignment）"菜单组中的"合并后居中（Merge and Center）"按钮。

18. 在单元格 Q3 中，输入"本周销售总额（Total Weekly Sales）"，选择单元格区域 Q3：R3，点击"开始（Home）"标签页"对齐方式（Alignment）"菜单组中的"合并后居中（Merge and Center）"按钮。

19. 选择单元格区域 C3：R3，点击"开始（Home）"标签页"字体（Font）"菜单组中的"加粗（Bold）"按钮。

20. 在单元格 C4 中，输入"周日销售数量（Sun Units）"。在单元格 D4 中，输入"周日销售额（Sun Sales）"。

21. 在单元格 E4 中，输入"周一销售数量（Mon Units）"。在单元格 F4 中，输入"周一销售额（Mon Sales）"。

22. 在单元格 G4 中，输入"周二销售数量（Tue Units）"。在单元格 H4 中，输入"周二销售额（Tue Sales）"。

23. 在单元格 I4 中，输入"周三销售数量（Wed Units）"。在单元格 J4 中，输入"周三销售额（Tue sales）"。

24. 在单元格 K4 中，输入"周四销售数量（Thu Units）"。在单元格 L4 中，输入"周四销售额（Thu Sales）"。

25. 在单元格 M4 中，输入"周五销售数量（Fri Units）"。在单元格 N4 中，输入"周五销售额（Fri Sales）"。

26. 在单元格 O4 中，输入"周六销售数量（Sat Units）"。在单元格 P4 中，输入"周六销售额（Sat Sales）"。

27. 在单元格 Q4 中，输入"总销售数量（Total Units）"。在单元格 R4 中，输入"总销售额（Total Sales）"。

28. 选择单元格区域 C4：R4，点击"开始（Home）"标签页"对齐方式（Alignment）"菜单组中的"居中（Center）"按钮，点击"字体（Font）"菜单组中的"加粗（Bold）"按钮。

29. 将单元格区域 A4：R23 的字体大小设置为 8。

30. 向每周工作表中的单元格 A5：B22 输入图 14 中的销售数据。（由于该数据使用了 VLOOKUP 函数，你应当确保没有输入错误。）

计划类型	
产品项目	类别
1 次	SE
5 次	SE
10 次	SE
15 次	SE
20 次	SE
每月无限次	SP
每月精选	SP
忠实客户	SP
转接客户	SP
年度客户	SP
古铜色 12 盎司乳液	PR
金色 12 盎司乳液	PR
古铜色 12 盎司精油	PR
金色 12 盎司精油	PR
蒂米卡美黑提升 12 盎司乳液	PR
蒂米卡美黑提升 16 盎司乳液	PR
半年健身会员	FC
全年健身会员	FC

图 14 单元格 A5：B22 的数据

31. 选择单元格区域为 A5：A22，点击"开始（Home）"标签页"字体（Font）"菜单组中的"加粗（Bold）"按钮。

32. 选择单元格区域为 B5：B22，点击"开始（Home）"标签页"对齐方式（Alignment）"菜单组中的"居中（Center）"按钮，点击"字体（Font）"菜单组中的"加粗（Bold）"按钮。

33. 保存你的工作。

任务 3：向周工作表输入数据

你可以通过如下操作向周工作表输入数据：

1. 取消工作表组合。你可以通过以下操作取消工作表组合：

A. 右键单击第一周工作表标签。

B. 选择快捷菜单中的"取消工作表组合（Ungroup Sheets）"选项。

2. 如果第一周工作表标签没有被选中，点击第一周工作表标签。

3. 为第一周工作表输入销售量数据。图 15 给出了第一周工作表数据。

第一周销售量							
	周日	周一	周二	周三	周四	周五	周六
产品项目	销售数量	销售数量	销售数量	销售数量	销售数量	销售数量	销售数量
1 次	25	25	6	30	10	10	3
5 次	10	10	5	10	9	2	2
10 次	5	5	4	12	4	7	8
15 次	5	5	13	5	5	9	10
20 次	1	1	7	4	6	4	12
每月无限次	25	25	10	10	5	4	6
每月精选	10	10	9	15	10	12	4
忠实客户	15	15	6	2	9	2	2
转接客户	12	12	14	12	8	5	2
年度客户	10	10	22	6	2	1	4
古铜色 12 盎司乳液	22	22	12	4	4	4	2
金色 12 盎司乳液	10	10	4	3	5	3	5
古铜色 12 盎司精油	19	19	2	2	9	2	1
金色 12 盎司精油	18	18	2	1	8	7	8
蒂米卡美黑提升 12 盎司乳液	14	14	4	5	7	1	9
蒂米卡美黑提升 16 盎司乳液	2	2	0	5	12	1	0
半年健身会员	12	12	1	0	2	5	2
全年健身会员	19	19	2	0	10	2	1

图 15　第一周销售量

4. 点击第二周工作表标签。

5. 为第二周工作表输入销售量数据。图 16 给出了第二周工作表数据。

第二周销售量							
	周日	周一	周二	周三	周四	周五	周六
产品项目	销售数量	销售数量	销售数量	销售数量	销售数量	销售数量	销售数量
1 次	12	1	1	1	5	8	10
5 次	4	5	6	7	8	10	1
10 次	5	1	2	3	4	7	8
15 次	9	1	2	3	1	3	3
20 次	5	1	2	4	7	8	10
每月无限次	1	10	2	2	2	9	10
每月精选	4	7	1	10	15	1	12
忠实客户	5	2	3	1	0	4	1
转接客户	1	5	4	9	1	0	5
年度客户	1	2	3	8	0	1	2
古铜色 12 盎司乳液	5	7	1	1	2	10	12
金色 12 盎司乳液	5	4	5	6	8	10	1
古铜色 12 盎司精油	3	8	9	10	1	1	8
金色 12 盎司精油	0	4	5	5	5	6	7
蒂米卡美黑提升 12 盎司乳液	0	5	6	8	7	9	10
蒂米卡美黑提升 16 盎司乳液	5	0	5	6	7	8	10
半年健身会员	8	4	5	6	6	1	2
全年健身会员	2	3	1	5	2	0	1

图 16 第二周销售量

6. 点击第三周工作表标签。

7. 为第三周工作表输入销售量数据。图 17 给出了第三周工作表数据。

第三周销售量							
	周日	周一	周二	周三	周四	周五	周六
产品项目	销售数量	销售数量	销售数量	销售数量	销售数量	销售数量	销售数量
1 次	1	1	2	6	10	7	4
5 次	3	2	0	7	2	5	4
10 次	4	2	0	8	1	2	4
15 次	7	2	0	2	2	2	6
20 次	2	2	3	2	8	1	2
每月无限次	2	5	3	1	0	5	5
每月精选	0	4	2	0	0	8	2
忠实客户	0	3	8	0	9	9	10
转接客户	0	1	2	4	1	6	4
年度客户	0	3	2	5	2	2	2
古铜色 12 盎司乳液	1	8	2	6	3	2	3
金色 12 盎司乳液	1	5	4	1	4	2	8
古铜色 12 盎司精油	1	2	8	2	2	5	2
金色 12 盎司精油	0	2	6	6	9	5	7

蒂米卡美黑提升 12 盎司乳液	0	0	7	4	2	1	2
蒂米卡美黑提升 16 盎司乳液	5	1	2	2	1	1	2
半年健身会员	1	2	2	8	1	5	2
全年健身会员	1	2	1	1	1	4	2

图 17　第三周销售量

8. 点击第四周工作表标签。

9. 为第四周工作表输入销售量数据。图 18 给出了第四周工作表数据。

第四周销售量							
	周日	周一	周二	周三	周四	周五	周六
产品项目	销售数量	销售数量	销售数量	销售数量	销售数量	销售数量	销售数量
1 次	2	4	2	7	7	1	0
5 次	1	2	2	6	2	2	0
10 次	1	5	2	5	2	1	0
15 次	0	5	5	2	1	2	2
20 次	1	6	2	6	3	1	2
每月无限次	5	3	2	4	1	1	2
每月精选	2	1	2	1	1	1	2
忠实客户	2	1	1	1	4	1	1
转接客户	2	1	2	1	2	1	1
年度客户	1	1	12	1	1	3	1
古铜色 12 盎司乳液	3	1	3	2	1	3	1
金色 12 盎司乳液	3	2	2	3	1	3	4
古铜色 12 盎司精油	3	5	3	5	1	1	4
金色 12 盎司精油	4	6	2	4	1	2	4
蒂米卡美黑提升 12 盎司乳液	0	0	1	1	1	1	4
蒂米卡美黑提升 16 盎司乳液	0	0	2	1	1	1	6
半年健身会员	2	3	2	2	1	2	3
全年健身会员	2	2	3	3	1	0	4

图 18　第四周销售量

任务 4：为周工作表编写公式

你可以通过如下操作为周工作表编写公式：

1. 将第一周、第二周、第三周、第四周工作表分为一组。

2. 在单元格 D5 中，插入如下公式：＝VLOOKUP（＄A5，价目工作表，2，False）＊C5。（在该公式中，注意单元格引用 ＄A5 是一个混合单元格引用。对单元格 D5 来说，微软 Excel 将使用单元格 A5 的值查询该产品项目的价格，价格建立在查找表的第二列中。然后 Excel 将用查询的返回值乘以单元格 C5 中的值。）

3. 在单元格区域 D6：D22，F5：F22，H5：H22，J5：J22，L5：L22，N5：N22 以及 P5：P22 内复制 D5 中的公式。

4. 如果需要的话，将包含美元值的单元格设置为货币格式，并保留两位小数。如果有必要，调整列宽便于金额的显示。

5. 在单元格 Q5 中，插入如下公式：＝C5＋E5＋G5＋15＋K5＋M5＋O5。

6. 在单元格区域 Q6：Q22 内复制 Q5 中的公式。

7. 在单元格 R5 中，插入如下公式：＝D5＋F5＋H5＋J5＋L5＋N5＋P5。

8. 在单元格区域 R6：R22 内复制 R5 中的公式。

9. 如果需要的话，在单元格区域 R5：R22 内应用货币格式，并保留两位小数。

10. 将单元格 A23 作为当前活动单元格，点击"字体（Font）"菜单组中的"加粗（Bold）"按钮。在单元格 A23 中，输入"每日销售总额（Total Daily Sales）"。

11. 插入一个能够计算每个产品项目销售总额的公式。你可以通过如下操作来计算每个产品项目的销售总额：

A. 将 D23 作为当前活动单元格。

B. 点击"开始（Home）"标签页"编辑（Editing）"菜单组中的"自动求和（AutoSum）"按钮。详见图 19。

C. 确保单元格区域正确。如果正确的话，键入回车。如果不正确的话，重新编辑单元格区域。

D. 在单元格 F23，H23，J23，L23，N23 和 P23 中重复上述操作。

图 19　"自动求和"按钮

12. 在单元格 R23 中，包含一个总计值。你可以通过如下操作计算每个产品项目的总计销售额。

A. 将 R23 作为当前活动单元格。

B. 点击"开始（Home）"标签页"编辑（Editing）"菜单组中的"自动求和（AutoSum）"按钮。

C. 确保单元格区域正确。如果正确的话，键入回车。如果不正确的话，重新编辑单元格区域。

D. 如果需要的话，在单元格 D23 中应用货币格式，并保留两位小数。

13. 如果需要的话，用不含小数点的数字格式显示所有的销售量。

14. 选择单元格区域 B23：R23，点击"字体（Font）"菜单组中的"加粗（Bold）"按钮。（你希望将 23 行中的内容加粗显示。）

15. 选择单元格区域 A22：R22，点击"字体（Font）"菜单组中"边框（Borders）"按钮旁边的箭头，选择"双底框线（Bottom Border）"命令。

16. 选择单元格区域 A1：R23。

17. 点击"字体（Font）"菜单组中"边框（Borders）"按钮旁边的箭头，选择"外侧框线（Outside Borders）"命令。

18. 选择单元格区域 A3：R3，点击"字体（Font）"菜单组中"边框（Borders）"按钮旁边的箭头，选择"双底框线（Bottom Border）"命令。

19. 选择单元格区域 A4：R4，点击"字体（Font）"菜单组中"边框（Borders）"按钮旁边的箭头，选择"双底框线（Bottom Border）"命令。

20. 取消工作表组合。

21. 保存你的工作。

活动 4：汇总工作表准备

汇总工作表合并了包含在四个周工作表中的数据。汇总工作表的准备工作包括格式化和设计汇总工作表，并编写指向周工作表的单元格引用公式。

任务 1：格式化和设计汇总工作表

为了格式化和设计汇总工作表，完成以下步骤：

1. 点击汇总工作表标签。

2. 将第一行的高度设置为 30，第二行的高度设置为 20.25，第三行的高度设置为 26。

3. 将列 A 的宽度设置为 38，将列 L 的宽度设置为 16。

4. 在单元格 A1 中，输入"蒂米卡美黑沙龙（Timeka's Tanning Salon）"。

5. 选择单元格区域 A1：L1，点击"开始（Home）"标签页"对齐方式（Alignment）"菜单组中的"合并后居中（Merge and Center）"按钮。将字体大小设置为 26 并加粗。

6. 在单元格 A2 中，输入"每月销售汇总"。（在月份前输入当前具体月份。如果你愿意的话，可以设置为 10 月。）将字体大小设置为 16，点击"加粗（Bold）"按钮。

7. 选择单元格区域 A2：L2，点击"开始（Home）"标签页"对齐方式（Alignment）"菜单组中的"合并后居中（Merge and Center）"按钮。

8. 选择单元格区域 A1：L3。

9. 点击"字体（Font）"菜单组中的"填充颜色（Fill Color）"按钮，然后点击"字体颜色（Font Color）"按钮。（填充颜色为深蓝色，字体颜色为白色。）

10. 在单元格 A3 中输入"计划类型（Plan Type）"，在单元格 A4 中输入"产品项目（Item）"，在单元格 B4 中输入"类别（Category）"，然后加粗并居中。

11. 在单元格 A3 中，输入"第一周（Week 1）"。选择单元格区域 C3：D3，然后点击"合并后居中（Merge and Center）"按钮。

12. 在单元格 E3 中，输入"第二周（Week 2）"。选择单元格区域 E3：F3，然后点击"合并后居中（Merge and Center）"按钮。

13. 在单元格 G3 中，输入"第三周（Week 3）"。选择单元格区域 G3：H3，然后点击"合并后居中（Merge and Center）"按钮。

14. 在单元格 I3 中，输入"第四周（Week 4）"。选择单元格区域 I3：J3，然后点击"合并后居中（Merge and Center）"按钮。

15. 在单元格 K3 中，输入"每周销售总额（Total Weekly Product Sales）"。

选择单元格区域 K3：L3，然后点击"合并后居中（Merge and Center）"按钮。

16. 选择单元格区域 C3：L3，点击"加粗（Bold）"按钮。

17. 在单元格 C4 中，输入"第一周销售数量（W1 Units）"。

18. 在单元格 D4 中，输入"第一周销售额（W1 Sales）"。

19. 在单元格 E4 中，输入"第二周销售数量（W2 Units）"。

20. 在单元格 F4 中，输入"第二周销售额（W2 Sales）"。

21. 在单元格 G4 中，输入"第三周销售数量（W3 Units）"。

22. 在单元格 H4 中，输入"第三周销售额（W3 Sales）"。

23. 在单元格 I4 中，输入"第四周销售数量（W4 Units）"。

24. 在单元格 J4 中，输入"第四周销售额（W4 Sales）"。

25. 在单元格 K4 中，输入"总销售数量（Total Units）"。

26. 在单元格 L4 中，输入"总销售额（Total Sales）"。

27. 将单元格区域 A4：L4 的字体大小设置为 8。

28. 点击第一周工作表标签；复制单元格区域 A5：B22。

29. 点击汇总工作表标签；点击单元格 A5。点击"开始（Home）"标签页"剪贴板（Clipboard）"菜单组中的"粘贴（Paste）"按钮。

30. 如果需要的话，选择单元格区域 A5：L22，将字体大小设置为 8。

任务 2：编写汇总工作表的公式

为了编写汇总工作表的公式，完成以下步骤：

1. 在单元格 C5 中，输入公式"＝第一周！Q5"。在单元格区域 C6：C22 复制该公式。

2. 在单元格 D5 中，输入公式"＝第一周！R5"。在单元格区域 D6：D22 复制该公式。

3. 在单元格 E5 中，输入公式"＝第二周！Q5"。在单元格区域 E6：E22 复制该公式。

4. 在单元格 F5 中，输入公式"＝第二周！R5"。在单元格区域 F6：F22 复制该公式。

5. 在单元格 G5 中，输入公式"＝第三周！Q5"。在单元格区域 G6：G22 复制该公式。

6. 在单元格 H5 中，输入公式"＝第三周！R5"。在单元格区域 H6：H22 复制该公式。

7. 在单元格 I5 中，输入公式"＝第四周！Q5"。在单元格区域 I6：I22 复制该公式。

8. 在单元格 J5 中，输入公式"＝第四周！R5"。在单元格区域 J6：J22 复制该公式。

9. 在单元格 K5 中，输入公式"＝C5＋E5＋G5＋I5"。在单元格区域 K6：K22 复制该公式。（如果需要的话，将单元格 K5：K22 设置为一般数字格式。）

10. 在单元格 L5 中，输入公式"＝D5＋F5＋H5＋J5"。在单元格区域 L6：L22 复制该公式。

11. 将单元格区域 L5：L22 设置为货币格式，并保留两位小数。

12. 将单元格区域 L5：L22 字体加粗。

13. 在单元格区域 D5：D22，F5：F22，H5：H22 以及 J5：J22 内应用货币格式。

14. 选择单元格区域 A1：L22，点击"开始（Home）"标签页"字体（Font）"菜单组中"边框（Borders）"按钮旁边的箭头，选择"外侧框线（Outside Borders）"选项。

15. 选择单元格区域 A3：L3，点击"开始（Home）"标签页"字体（Font）"菜单组中"边框（Borders）"按钮旁边的箭头，选择"双底框线（Bottom Border）"选项。

16. 选择单元格区域 A4：L4，点击"开始（Home）"标签页"字体（Font）"菜单组中"边框（Borders）"按钮旁边的箭头，选择"双底框线（Bottom Border）"选项，然后点击"加粗（Bold）"按钮。

17. 选择单元格区域 A4：L22，点击"插入（Insert）"标签页"表格（Tables）"菜单组中"表格（Table）"按钮。详见图 20。

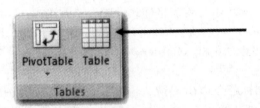

图 20　"表格"按钮

18. 在"创建表（Create Table）"对话框中，确保单元格区域是正确的，并勾选"表包含标题（My table has headers）"选项。点击"确定（OK）"按钮。详见图 21。

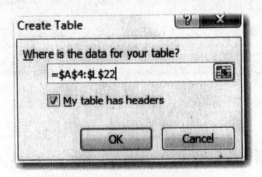

图 21　"创建表"对话框

19. 点击"设计（Design）"标签页"表格样式选项（Table Style Options）"菜单组中的"汇总行（Total Row）"选项。详见图 22。

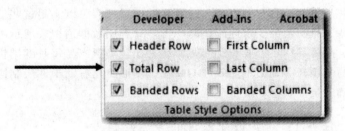

图 22　"汇总行"选项

20. 选择单元格区域 C23：L23，点击"开始（Home）"标签页"编辑（Editing）"菜单组中的"自动求和（AutoSum）"按钮。详见图 23。

图 23 "自动求和"按钮

21. 如果需要的话，重新选择单元格区域 C23：L23，点击"开始（Home）"标签页"字体（Font）"菜单组中的"加粗（Bold）"按钮，将字体大小设置为 8。

22. 选择单元格区域 A4：L23，点击"设计（Design）"标签页"表格样式（Table Style）"菜单组，将表格样式设置为"无样式（None）"。

23. 选择单元格区域 A22：L22，点击"开始（Home）"标签页"字体（Font）"菜单组中"边框（Borders）"按钮旁边的箭头，选择"双底框线（Bottom Border）"选项。

24. 如果列标题旁边出现箭头，你需要关闭过滤工具。点击"数据（Data）"标签页"排序和过滤（Sort&Filter）"菜单组中的"过滤（Filter）"按钮。详见图 24。

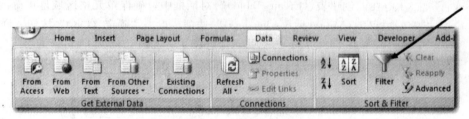

图 24 "过滤"按钮

信息需求准备

在本书的每个工作表案例中，你都要使用你新创建的工作簿为案例中的主人公提供相关业务信息。在本案例中，你要使用沙龙工作簿确定最受欢迎的美黑疗程以及各类别产品的总销售额。过滤和数据透视表可以满足这些信息需求。你可以利用过滤工具确定最受欢迎的美黑疗程，并利用数据透视表展示不同产品类别的总销售额。此外，你还需要绘制一张饼图来比较美黑产品每月的销售额，确定该沙龙最畅销的两项产品和最不受欢迎的产品。图形工具有助于你绘制饼图，过滤工具有助于你确定最受欢迎和最不受欢迎的产品项目。

任务 1：确定最受欢迎的美黑疗程

你可以通过如下操作确定最受欢迎的美黑疗程：

1. 点击汇总工作表标签。

2. 点击"设计（Design）"标签页"表格样式选项（Table Style Options）"菜单组中的"汇总行（Total Row）"选项（工作表中不显示总行数）。

3. 点击"类别（Category）"字段旁边的箭头。（如果没有显示该箭头，你需要点击"数据（Data）"标签页"排序和过滤（Sort & Filter）"菜单组中的"过滤（Filter）"按钮。）详见图 25。

	Plan Type		Category	Week 1		Week 2		Week 3		Week 4		Total Weekly Product Sales	
	Item			W1 Unit	W1 Sale	W2 Unit	W2 Sale	W3 Unit	W3 Sale	W4 Unit	W4 Sale	Total Unit	Total Dollar Sales
5	1 Session		SE	109	$545.00	38	$190.00	31	$155.00	23	$115.00	201	$1,005.00
6	5 Sessions		SE	48	$1,200.00	41	$1,025.00	23	$575.00	15	$375.00	127	$3,175.00
7	10 Sessions		SE	45	$2,250.00	30	$1,500.00	21	$1,050.00	16	$800.00	112	$5,600.00
8	15 Sessions		SE	52	$3,900.00	22	$1,650.00	21	$1,575.00	17	$1,275.00	112	$8,400.00
9	20 Sessions		SE	35	$3,500.00	37	$3,700.00	20	$2,000.00	21	$2,100.00	113	$11,300.00
10	One Month Unlimited		SP	85	$2,975.00	36	$1,260.00	21	$735.00	18	$630.00	160	$5,600.00
11	Monthly Special		SP	70	$2,100.00	50	$1,500.00	16	$480.00	10	$300.00	146	$4,380.00
12	Loyal Customer		SP	51	$1,529.49	16	$479.84	39	$1,169.61	11	$329.89	117	$3,508.83
13	Referral		SP	65	$1,949.35	25	$749.75	18	$539.82	10	$299.90	118	$3,538.82
14	Yearly Enrollment		SP	55	$19,250.00	17	$5,950.00	16	$5,600.00	20	$7,000.00	108	$37,800.00
15	Bronze 12 oz Lotion		PR	70	$1,749.30	38	$949.62	25	$624.75	14	$349.86	147	$3,673.53
16	Golden 12 oz Lotion		PR	40	$1,119.60	39	$1,091.61	25	$699.75	18	$503.82	122	$3,414.78
17	Bronze 12 oz Oil		PR	54	$1,079.46	40	$799.60	22	$439.78	22	$439.78	138	$2,758.62
18	Golden 12 oz Oil		PR	62	$1,363.38	32	$703.68	35	$769.65	23	$505.77	152	$3,342.48
19	Timeka's Tan Enhancer 12 oz Lotion		PR	54	$1,511.46	45	$1,259.55	16	$447.84	10	$279.90	125	$3,498.75
20	Timeka's Tan Enhancer 16 oz Lotion		PR	22	$769.78	41	$1,434.59	14	$489.86	11	$384.89	88	$3,079.12
21	6-Month Fitness Membership		FC	34	$6,153.66	32	$5,791.68	21	$3,800.79	15	$2,714.85	102	$18,460.98
22	Yearly Fitness Membership		FC	53	$14,892.47	14	$3,933.86	12	$3,371.88	15	$4,214.85	94	$26,413.06

图 25　过滤样例

4. 由于劳伦斯想要查看最受欢迎的美黑疗程，点击"全选（Select All）"选项，并点击类别列表中的"SE"选项，然后点击"确定（OK）"。这样，该表就基于 SE 选项进行了过滤。图 26 显示了过滤结果。

5. 点击"过滤（Filter）"按钮。（本步骤用于关闭过滤。）

	Plan Type		Category	Week 1		Week 2		Week 3		Week 4		Total Weekly Product Sales	
	Item			W1 Unit	W1 Sale	W2 Unit	W2 Sale	W3 Unit	W3 Sale	W4 Unit	W4 Sale	Total Unit	Total Dollar Sales
5	1 Session		SE	109	$545.00	38	$190.00	31	$155.00	23	$115.00	201	$1,005.00
6	5 Sessions		SE	48	$1,200.00	41	$1,025.00	23	$575.00	15	$375.00	127	$3,175.00
7	10 Sessions		SE	45	$2,250.00	30	$1,500.00	21	$1,050.00	16	$800.00	112	$5,600.00
8	15 Sessions		SE	52	$3,900.00	22	$1,650.00	21	$1,575.00	17	$1,275.00	112	$8,400.00
9	20 Sessions		SE	35	$3,500.00	37	$3,700.00	20	$2,000.00	21	$2,100.00	113	$11,300.00

图 26　过滤的结果

任务 2：按产品类别显示销售总额

为了查看不同产品类别的每月销售总额，你可以使用数据透视表工具。你可以通过如下操作，准备数据透视表：

1. 在汇总工作表中，选择单元格区域 A4：L22。

2. 点击"插入（Insert）"标签页"表格（Tables）"菜单组中的"数据透视表（PivotTable）"按钮。详见图 27。

图 27　"数据透视表"按钮

3. 在"创建数据透视表（Create PivotTable）"对话框中，将你的数据指定在一个表或是一个区域中，然后将数据透视表放置在新工作表中。详见图 28。然后点击"确定（OK）"按钮。

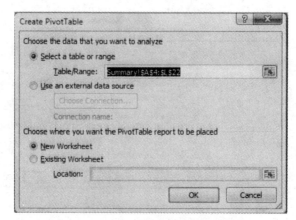

图 28　"创建数据透视表"对话框

4. 指定数据透视表的布局。图 29 显示了数据透视表的界面显示布局。

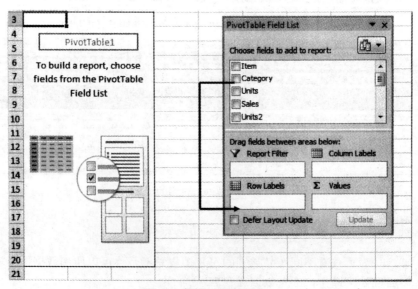

图 29　数据透视表布局

5. 在"数据透视表字段列表（PivotTable Field List）"对话框中，将"类别（Category）"字段名拖动到"行标签（Row Labels）"框。然后，将"总销售额（Total Dollar Sales）"字段拖动到"值（Values）"框。（你需要向下滚动才能找到"总销售额（Total Dollar Sales）"字段名。）详见图30。

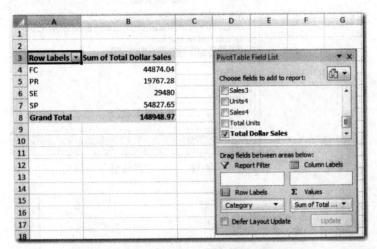

图30 数据透视表和数据透视表字段列表

6. 在数据透视表中，右键单击"销售额总计（Sum Of Total Dollar Sales）"字段，就会出现一个快捷菜单。详见图31，选择"值字段设置（Value Field Settings）"命令。

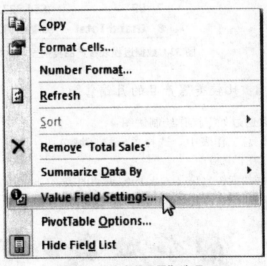

图31 "值字段设置"选项

7. 在"值字段设置（Value Field Settings）"对话框中，输入"销售总额（Total Sales）"作为名称。详见图32。

8. 点击"数字格式（Number Format）"按钮，选择"货币（Currency）"格式，然后点击"确定（OK）"按钮。你的数据透视表现在应该类似于图33。

9. 右键单击工作表标签，将该工作表重命名为"数据透视表"。

10. 保存你的工作。

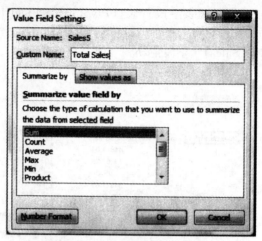

图 32 "值字段设置"对话框

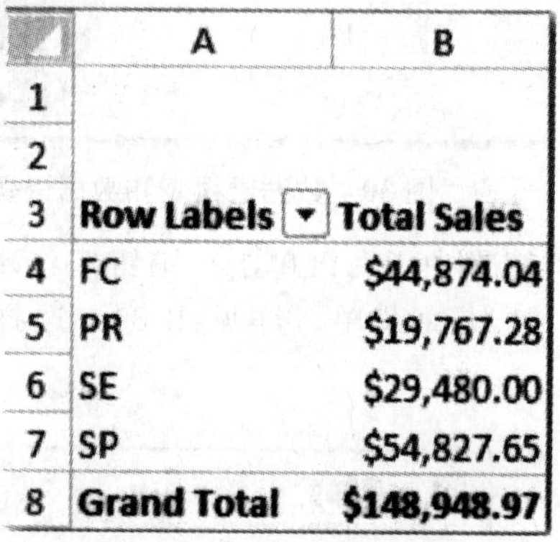

	A	B
1		
2		
3	**Row Labels** ▾	**Total Sales**
4	FC	$44,874.04
5	PR	$19,767.28
6	SE	$29,480.00
7	SP	$54,827.65
8	**Grand Total**	**$148,948.97**

图 33 数据透视表按产品类别显示总销售额

任务 3：比较美黑产品的月销售额

你可以通过如下操作绘制饼图：

1. 在汇总工作表中，选择单元格区域 A15：A20；同时按住 Ctrl 键，选择单元格区域 L15：L20。

2. 点击"插入（Insert）"标签页"图表（Charts）"菜单组中的"饼图（Pie）"按钮。详见图 34。

图 34 "图表"菜单组

3. 点击"饼图（Pie）"按钮（第一行第一列）。详见图 35。该图将会被放置在汇总工作表中。

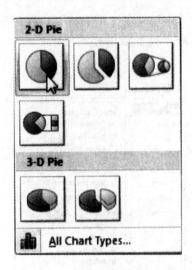

图 35　饼图的类型

4. 点击该图。点击"设计（Design）"标签页"位置（Location）"菜单组中的"移动图表（Move Chart）"按钮。详见图 36。

图 36　"移动图表"位置按钮

5. 在"移动图表（Move Chart）"对话框中，选择"新工作表（New Sheet）"选项，然后在新工作表对话框中输入"饼图（Pie）"，点击"确定（OK）"按钮。详见图 37。

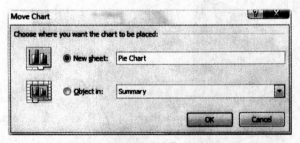

图 37　"移动图表"对话框

6. 点击"设计（Design）"标签页"图表布局（Chart Layouts）"菜单组中的"布局 6（Layout 6）"按钮。详见图 38。

图 38　"图表布局"菜单组

7. 右键单击饼图。在快捷菜单中选择"设置数据标签格式（Format Data Labels）"命令，就会出现"设置数据标签格式（Format Data Labels）"对话框。详见图 39。

图 39　"设置数据标签格式"对话框

8. 选择"外侧（Outside End）"作为标签位置，然后点击"关闭（Close）"按钮。

9. 双击图表名称。选择图表名称，输入"月产品销售图"。图 40 显示了月产品销售图。

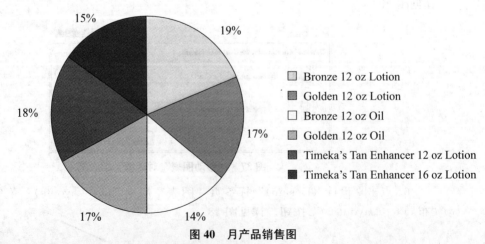

图 40　月产品销售图

任务 4：确定最畅销的两项产品

为了确定该沙龙最畅销的两项产品，你可以使用过滤工具。可以通过如下操作满足该信息需求：

1. 点击汇总工作表标签。

2. 如果箭头旁没有显示列名，点击"数据（Data）"标签页"排序和过滤（Sort & Filter）"菜单组中的"过滤（Filter）"按钮。

3. 在单元格 L4 中，点击"销售总额（Total Dollar Sales）"旁边的箭头。选择"数字过滤（Number Filters）"命令，然后选择"前 10 位（Top 10）"选项。详见图 41。就会出现前 10 位"自动过滤（AutoFilter）"对话框。详见图 42。在中间的框中插入数字 2，然后点击"确定（OK）"按钮。如图 43 所示，根据销售总额，年度客户和全年健身会员是最畅销的两项产品。

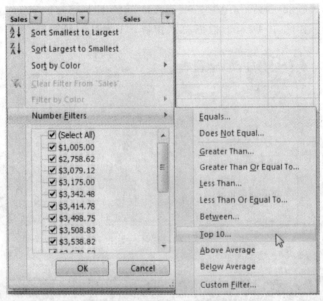

图 41　"前 10 位"过滤命令

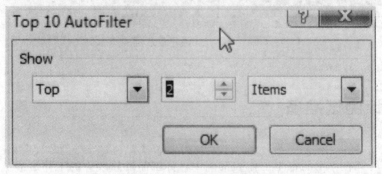

图 42　"前 10 位"对话框

图 43　最畅销的两项产品

4. 在你获得了结果后，再次点击箭头，然后选择"全选（Select All）"选项，点击"确定（OK）"按钮。这时应显示整个列表。

任务 5：确定最不受欢迎的产品

你可以通过以下操作，确定最不受欢迎的产品：

1. 确保汇总工作表中的过滤开启。

2. 在单元格 L4 中，点击"销售总额（Total Dollar Sales）"旁边的箭头。选择"数字过滤（Number Filters）"命令，然后选择"前 10 位（Top 10）"选项。就会出现"前 10 位（Top 10）"过滤对话框。详见图 44。点击"Top"旁的箭头，选择"底部（Bottom）"选项。在中间的框中插入数字 1，然后点击"确定（OK）"按钮。如图 45 所示，根据总销售额，1 次美黑疗程是最不受欢迎的产品。

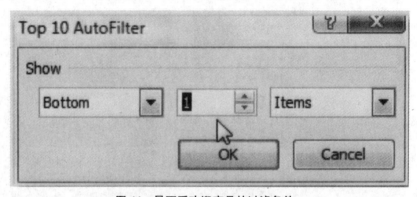

图 44 最不受欢迎产品的过滤条件

图 45 最不受欢迎的产品

设计测试准备

在本书的每个工作表案例中，你都需要修改你的工作表或工作簿。在修改了工作簿或工作表后，你需要为案例中的主人公提供有关业务的额外信息。

如案例所述，该沙龙现在提供两个新的健身套餐。图 3 给出了新的健身套餐数据。为了包含新的健身套餐信息，你需要在价目工作表、汇总工作表、第一周工作表、第二周工作表、第三周工作表和第四周工作表中各插入两行。由于你应该对插入行和修改公式非常熟悉，因此插入两个新行的操作将作为留给你的练习。在价目工作表中，需要考虑在第 18 行和第 19 行中间插入两行。在汇总工作表、第一周工作表、第二周工作表、第三周工作表和第四周工作表中，需要考虑在第 20 行和第

21 行中间插入两行。

　　设计测试部分需要你准备一份数据透视表。该数据透视表比较了第四周每项产品的销售总额。由于你现在应该对数据透视表非常熟悉，因此有关设计测试部分的数据透视表操作将作为留给你的练习。

案例作业

　　对本书中的每个工作表案例，你均需要完成一些作业。你的指导教师将指定你需要完成哪些作业。

　　设计测试部分往往要求你修改工作簿或增加新数据。这些需求鼓励你准备一份能够适应不断变化的业务需求的灵活的工作簿。图 46 展示了第一周工作表，图 47 展示了汇总工作表，这两个表中均未增加新的健身套餐。

Timeka's Tanning Salon

Weekly Sales

Plan Type		Sunday		Monday		Tuesday		Wednesday		Thursday		Friday		Saturday		Total Weekly Sales	
Item	Category	Units	Sales	Units	Sales	Units	Sales	Units	Sales	Units	Sales	Units	Sales	Units	Sales	Total Units	Total Dollar Sales
1 Session	SE	25	$125.00	25	$125.00	6	$30.00	30	$150.00	10	$50.00	10	$50.00	3	$15.00	109	$545.00
5 Sessions	SE	10	$250.00	10	$250.00	5	$125.00	10	$250.00	9	$225.00	2	$50.00	2	$50.00	48	$1,200.00
10 Sessions	SE	5	$250.00	5	$250.00	4	$200.00	12	$600.00	4	$200.00	7	$350.00	8	$400.00	45	$2,250.00
15 Sessions	SE	5	$375.00	5	$375.00	13	$975.00	5	$375.00	5	$375.00	9	$675.00	10	$750.00	52	$3,900.00
20 Sessions	SE	1	$100.00	1	$100.00	7	$700.00	4	$400.00	6	$600.00	4	$400.00	12	$1,200.00	35	$3,500.00
One Month Unlimited	SP	25	$875.00	25	$875.00	10	$350.00	10	$350.00	5	$175.00	4	$140.00	6	$210.00	85	$2,975.00
Monthly Special	SP	10	$300.00	10	$300.00	9	$270.00	15	$450.00	10	$300.00	12	$360.00	4	$120.00	70	$2,100.00
Loyal Customer	SP	15	$449.85	15	$449.85	6	$179.94	2	$59.98	9	$269.91	2	$59.98	2	$59.98	51	$1,529.49
Referral	SP	12	$359.88	12	$359.88	14	$419.86	12	$359.88	8	$239.92	5	$149.95	2	$59.98	65	$1,949.35
Yearly Enrollment	SP	10	$3,500.00	10	$3,500.00	22	$7,700.00	6	$2,100.00	2	$700.00	1	$350.00	4	$1,400.00	55	$19,250.00
Bronze 12 oz Lotion	PR	22	$549.78	22	$549.78	12	$299.88	4	$99.96	4	$99.96	4	$99.96	2	$49.98	70	$1,749.30
Golden 12 oz Lotion	PR	10	$279.90	10	$279.90	4	$111.96	3	$83.97	5	$139.95	3	$83.97	5	$139.95	40	$1,119.60
Bronze 12 oz Oil	PR	19	$379.81	19	$379.81	2	$39.98	2	$39.98	9	$179.91	9	$179.91	1	$19.99	54	$1,079.46
Golden 12 oz Oil	PR	18	$395.82	18	$395.82	4	$43.98	1	$21.99	8	$175.92	7	$153.93	8	$175.92	62	$1,363.38
Timeka's Tan Enhancer 12 oz Lotion	PR	14	$391.86	14	$391.86	4	$111.96	5	$139.95	7	$195.93	1	$27.99	9	$251.91	54	$1,511.46
Timeka's Tan Enhancer 16 oz Lotion	PR	2	$69.98	2	$69.98	0	$0.00	5	$174.95	12	$419.88	1	$34.99	0	$0.00	22	$769.78
6-Month Fitness Membership	FC	12	$2,171.88	12	$2,171.88	1	$180.99	0	$0.00	12	$419.88	1	$34.99	0	$0.00	34	$6,153.66
Yearly Fitness Membership	FC	19	$5,338.81	19	$5,338.81	2	$561.98	0	$0.00	10	$2,809.90	5	$904.95	2	$361.98	53	$14,892.47
Total Daily Sales			$16,162.57		$16,162.57		$12,300.53		$5,655.66		$7,518.26		$4,492.68		$5,545.68		$67,837.95

图46 第一周工作表

Timeka's Tanning Salon
October Monthly Sales Summary

Plan Type Item	Category	Week 1 W1 Units	W1 Sales	Week 2 W2 Units	W2 Sales	Week 3 W3 Units	W3 Sales	Week 4 W4 Units	W4 Sales	Total Weekly Product Sales Total Units	Total Dollar Sales
1 Session	SE	109	$545.00	38	$190.00	31	$155.00	23	$115.00	201	$1,005.00
5 Sessions	SE	48	$1,200.00	41	$1,025.00	23	$575.00	15	$375.00	127	$3,175.00
10 Sessions	SE	45	$2,250.00	30	$1,500.00	21	$1,050.00	16	$800.00	112	$5,600.00
15 Sessions	SE	52	$3,900.00	22	$1,650.00	21	$1,575.00	17	$1,275.00	112	$8,400.00
20 Sessions	SE	35	$3,500.00	37	$3,700.00	20	$2,000.00	21	$2,100.00	113	$11,300.00
One Month Unlimited	SP	85	$2,975.00	36	$1,260.00	21	$735.00	18	$630.00	160	$5,600.00
Monthly Special	SP	70	$2,100.00	50	$1,500.00	16	$480.00	10	$300.00	146	$4,380.00
Loyal Customer	SP	51	$1,529.49	16	$479.84	39	$1,169.61	11	$329.89	117	$3,508.83
Referral	SP	65	$1,949.35	25	$749.75	18	$539.82	10	$299.90	118	$3,538.82
Yearly Enrollment	SP	55	$19,250.00	17	$5,950.00	16	$5,600.00	20	$7,000.00	108	$37,800.00
Bronze 12 oz Lotion	PR	70	$1,749.30	38	$949.62	25	$624.75	14	$349.86	147	$3,673.53
Golden 12 oz Lotion	PR	40	$1,119.60	39	$1,091.61	25	$699.75	18	$503.82	122	$3,414.78
Bronze 12 oz Oil	PR	54	$1,079.46	40	$799.60	22	$439.78	22	$439.78	138	$2,758.62
Golden 12 oz Oil	PR	62	$1,363.38	32	$703.68	35	$769.65	23	$505.77	152	$3,342.48
Timeka's Tan Enhancer 12 oz Lotion	PR	54	$1,511.46	45	$1,259.55	16	$447.84	10	$279.90	125	$3,498.75
Timeka's Tan Enhancer 16 oz Lotion	PR	22	$769.78	41	$1,434.59	14	$489.86	11	$384.89	88	$3,079.12
6-Month Fitness Membership	FC	34	$6,153.66	32	$5,791.68	21	$3,800.79	15	$2,714.85	102	$18,460.98
Yearly Fitness Membership	FC	53	$14,892.47	14	$3,933.86	12	$3,371.88	15	$4,214.85	94	$26,413.06
Total		1004	$67,837.95	593	$33,968.78	396	$24,523.73	289	$22,618.51	2282	$148,943.97

图47 汇总工作表

数据库教程

蒂米卡美黑沙龙

■ 案例简介_____

蒂米卡美黑沙龙是专为本书设计的案例。本书利用该案例作为一个复习数据库开发的工具，并假定你已经具备有关数据库、数据库术语和微软 Access 2007 的基础知识。

该教程分为两部分。第一部分包含了案例背景、案例描述、存储需求、输入需求、信息需求、设计测试以及案例作业等。第二部分将指导你按步骤完成案例。由于第一部分介绍了案例的主要特点，并为数据库的设计工作做好了准备，因此在开始第二部分之前，你应当仔细阅读第一部分。在第二部分，你要设计并创建满足案例信息需求的数据库。

第一部分　场景设置

■ 案例背景_____

蒂米卡·洛伦左拥有并运营位于加利福尼亚州旧金山市的蒂米卡美黑沙龙。该美黑沙龙已经营业多年，一直保持着客户数量的增长。该美黑沙龙为客户提供最新的美黑床、美黑项目以及健身中心。

由于该沙龙中的活动采用手工记录，因此洛伦左每周需要花费大量的时间来整理销售活动记录。她已经意识到将基于纸张的记录转换为电子形式记录的必要性。她聘请你设计一个数据库来记录沙龙的数据信息。首先，数据库中要记录客户信息、项目信息（如会员计划）和客户注册信息。接着，将沙龙的美黑项目加入数据库中。为了完成这个案例，你需要设计三张数据库表、三张表单、三个查询以及一个报表。

案例描述

　　四年前，蒂米卡·洛伦左在旧金山市开设了蒂米卡美黑沙龙。尽管沙龙一直运营良好，但也遇到越来越多的问题。因为客户的记录经常放错地方、遗失或出错，客户的抱怨越来越多。此外，洛伦左缺乏一个有效的方法鉴别哪种计划最吸引客户。她认为是时候解决沙龙的问题了，于是请求你的帮助。

　　客户在沙龙注册为会员后，沙龙会生成会员卡。会员卡包含客户的姓名、地址、电话号码、项目类型、注册日期和访问次数。图 1 展示了目前的客户会员卡。当客户购买了新业务、特别计划或卡片填满之后，会将新卡片装订在老卡片的前面。

　　目前，所有客户的新老卡片都保存在塑料盒中，放置在前台。当客户来到沙龙时，其到访信息被记录在卡片中，然后卡片被放回到塑料盒中。这一手工过程通常会导致放错卡片或在卡片中记错信息。

蒂米卡美黑沙龙客户注册		
客户姓名：		
客户地址：		
电话号码：		
计划类型：		
注册日期：		
到访		

图 1　客户会员卡

　　洛伦左需要一个数据库来记录沙龙的客户信息。具体来说，她希望数据库能记录客户信息、项目信息和注册信息。（本教程不需要记录客户的到访。）为了按洛伦左的需求建立数据库，你需要设计客户表、项目表和注册表，客户表单、项目表单和注册表单，单次查询、不活跃查询和新注册查询，以及一个客户清单报表。

存储需求

　　在与洛伦左的次谈话后，你意识到沙龙数据库需要客户（Customer）表、项目（Item）表和注册（Enrollment）表。客户表存储了客户编号、姓名、电话号码、街道地址、城市、州和邮编。客户编号作为主键。表 1 展示了客户表的结构。

项目表存储了沙龙的各种项目信息、特殊要求和适用会员的有关信息。项目表存储了每个项目的编号、描述和价格。项目编号作为主键。表 2 展示了项目表的结构。在表 2 中，项目编号字段用于项目的唯一识别。洛伦左要求你使用这一字段。

表 1　　　　　　　　　　　　　　客户表结构

字段名称	数据类型	字段描述	字段长度	备注
客户编号（CID）	自动编号	作为主键	长整型	必备
姓（LastName）	文本		50	
名（FirstName）	文本		25	
电话号码（PhoneNumber）	文本		15	使用输入标记
街道地址（SAddress）	文本		30	
城市（City）	文本		30	默认值为旧金山（San Francisco）
州（State）	文本		2	默认值为 "CA"
邮编（ZipCode）	文本		5	

表 2　　　　　　　　　　　　　　项目表结构

字段名称	数据类型	字段描述	字段长度	备注
项目编号（IType）	文本	作为主键	5	必备
描述（Description）	文本		50	
价格（Price）	货币			精确到小数点后两位

　　注册表存储了每个客户当前的注册信息。每笔注册记录存储了注册编号、客户编号、项目编号和注册日期。尽管客户编号和项目编号可以作为联合主键，但是你意识到这样的某些组合不是唯一的，所以你决定使用注册编号作为主键。因为客户编号存储在客户表中，你需要使用查阅向导来创建客户编号字段。同理，项目编号存储在项目表中，你需要使用查阅向导来创建项目编号字段。表 3 展示了注册表的结构。

表 3　　　　　　　　　　　　　　注册表结构

字段名称	数据类型	字段描述	字段长度	备注
注册编号（ENID）	字段编号	作为主键	长整型	必备
客户编号（CID）	数值		长整型	必备，使用查阅向导
项目编号（IType）	文本		5	必备，使用查阅向导
注册日期（EDate）	时间			使用精简格式

　　在研究这三个表的结构时，你意识到有两个联系是必须建立的。一个是客户表和注册表间的联系，另一个是项目表和注册表间的联系。客户表和注册表间的联系会增强参照完整性，允许同时更新和同时删除。项目表和注册表之间的联系也会增强参照完整性，并允许同时更新。

□ 输入需求

　　洛伦左请你创建客户表单、项目表单和注册表单。洛伦左使用客户表单来注册新客户和维护现有客户的数据。如图 2 所示，客户表单允许她记录客户的姓名、地址和电话号码。洛伦左希望系统自动生成客户编号。

洛伦左使用项目表单来维护沙龙的项目数据。稍后她会将沙龙的美黑项目加入表中。如图 3 所示，项目表单将记录项目编号、描述和价格。

当客户购买了一种项目或健身计划时，洛伦左要使用注册表来记录注册的详细数据。这些数据包括注册编号、客户编号、项目编号和注册日期。注册编号由系统自动生成。图 4 展示了注册表的草图。

为了快速创建表单，你决定使用表单向导来建立初始的表单。然后在设计窗口中对其进行修改。你需要按洛伦左的要求修改这些表单。

蒂米卡美黑沙龙		
客户表单		
客户编号：	街道地址：	
姓：	城市：	
名：	州：　　　邮编：	
电话号码：		

图 2　客户表单草图

蒂米卡美黑沙龙		
项目表单		
项目编号：　　　描述：　　　价格：		

图 3　项目表单草图

蒂米卡美黑沙龙	
注册表单	
注册编号：	项目编号：
客户编号：	注册日期：

图 4　注册表单草图

☐ 信息需求

为了更好地了解客户，洛伦左请你准备一个客户清单报表。该报表提供客户的姓名、地址和电话。她将使用这些信息对客户进行电话访问，并向他们提供老客户的特别折扣。

除了客户清单报表，洛伦左还希望你为她提供以下信息：

1. 有多少客户购买了单一美黑项目？
2. 哪些客户最近没有来？
3. 哪些客户是在 2007 年 8 月 1 日以后注册的？

设计测试

在创建了沙龙数据库后，你应该对你的设计进行测试。完成以下步骤：

1. 现在洛伦左希望把几种新的健身套餐加入项目表中。

项目编号	描述	价格
FC001	1 个月健身会员	$ 35.99
FC002	3 个月健身会员	$ 66.99
FC003	半年健身会员	$ 180.99
FC004	全年健身会员	$ 280.99

2. 将你和你的两位朋友的数据输入客户表中。并且将下列注册信息输入注册表中。

客户编号	项目编号	注册日期
你的编号	FC004	8/1/2007
朋友 1 编号	FC003	8/1/2007
朋友 2 编号	FC001	8/1/2007

案例作业

为了令人满意地完成这个案例，你需要按照案例描述中的内容创建数据库，并准备书面和口头的报告。除非另有规定，否则要向你的教授提交以下内容：

1. 一份书面的报告，列出你对该案例所做的全部假设，以及该案例的关键因素。另外，你是否增加了哪些内容以使得工作表具有更多的功能？用户友好性如何？（请注意，这些假设不能与上述提出的任何需求有冲突，并且必须获得教授的认可。）

2. 每张表单的打印版。

3. 每个报表的打印版。

4. 能够符合案例描述和需求部分所提到的条件的数据库电子版。

5. 每个查询的结果。（还应该包括对这些结果的说明。）

6. 如前所述，你应该准备一份口头报告。你可以使用报告软件并说明你所设计的数据库的主要特性。同时，还要说明这个工作簿能够为洛伦左带来什么样的帮助。数据库中还应该存储哪些信息？

第二部分　数据库创建

存储准备

如果你还没有做好设计准备，请阅读本教程的第一部分。

为了满足洛伦左的设计要求，你需要创建一个数据库，包含客户表、项目表和注册表；客户表单、项目表单和注册表单；单次查询、不活跃查询和新注册查询；以及一个客户清单报表。另外，你需要建立客户表和注册表之间的联系，以及注册表与项目表之间的联系。

沙龙数据库的创建可以分为四个主要活动，分别是：创建数据库和表、创建表单、创建查询及创建报表。每个活动的描述如下。

活动 1：创建数据库和表

创建数据库和表设计包含了五项主要任务：创建沙龙数据库、创建客户表、创建项目表、创建注册表及创建必要的联系。

任务 1：创建沙龙数据库

为了创建数据库，完成以下步骤：

1. 启动微软 Access。

2. 在微软 Access 2007 欢迎页面中单击"空白数据库（Blank Database）"选项。

3. 在空白数据库名字一栏键入"沙龙（Salon）"，接着点击"新建（Create）"按钮。新创建好的数据库将被打开，如图 5 所示。

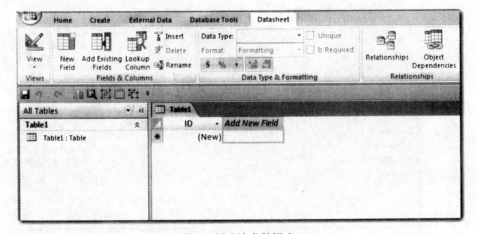

图 5　新建沙龙数据库

任务2：创建客户表

为了创建客户表，完成以下步骤：

1. 在"视图（Views）"选项中，单击视图按钮上的向下箭头。
2. 选择"设计视图（Design View）"选项，如图 6 所示。

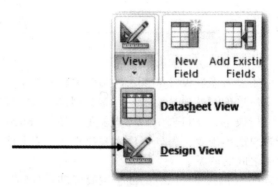

图6　设计视图命令

3. 在"另存为（Save As）"对话框中键入"客户表（tablCustomer）"，然后点击"确定（OK）"按钮，如图 7 所示。客户表在设计视图中打开，如图 8 所示。

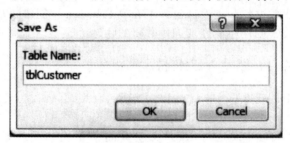

图7　"另存为"对话框

4. 在第一行的字段名称一栏中，输入"客户编号（CID）"作为新字段名，按下空格键两次。

5. 在说明一栏，输入"作为主键（Serve as primany key）"，见图 8。

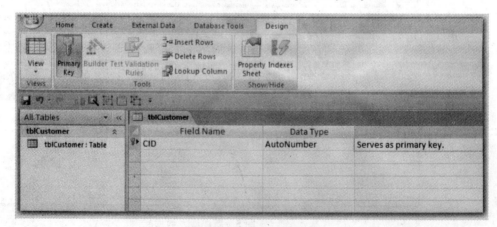

图8　客户表设计视图

6. 在字段名称一栏，点击客户编号的下一行。输入"姓（LastName）"作为新字段名。

7. 按下 F6 键，在字段大小属性框中，输入"50"。

8. 在字段名称一栏，点击姓的下一行。输入"名（FirstName）"作为新字段名。

9. 按下 F6 键，在字段大小属性框中，输入"25"。

10. 在字段名称一栏，点击名的下一行。输入"电话号码（PhoneNumber）"作为新字段名。按下 F6 键。

11. 在字段大小属性框中，输入"15"。

12. 在输入掩码一栏，点击"新建（Build）"按钮。当提示时，保存客户表。输入掩码向导（Input Mask Wizard）打开，如图 9 所示。

图 9　"输入掩码向导"选择对话框

13. 选择电话号码输入掩码，单击"下一步（Next）"按钮。

14. 不要更改输入掩码，点击"下一步（Next）"按钮，见图 10。

15. 当提示选择保存数据的方式时，点击"下一步（Next）"按钮，见图 11。

16. 单击"完成（Finish）"按钮，输入向导就完成了。

17. 到新的字段名称一栏，输入"客户地址（SAddress）"作为字段名，按下 F6 键。在字段大小属性框中，输入"30"。

18. 到新的字段名称一栏，输入"城市（City）"作为字段名，按下 F6 键。在字段大小属性框中，输入"30"。

19. 移动到默认值一栏，输入"旧金山（San Francisco）"。

20. 到新的字段名称一栏，输入"州（State）"作为字段名，按下 F6 键。在字段大小属性框中，输入"2"。

21. 移动到默认值一栏，输入"加利福尼亚州（CA）"。

22. 到新的字段名称一栏，输入"邮编（ZipCode）"作为字段名，按下 F6 键。在字段大小属性框中，输入"5"。

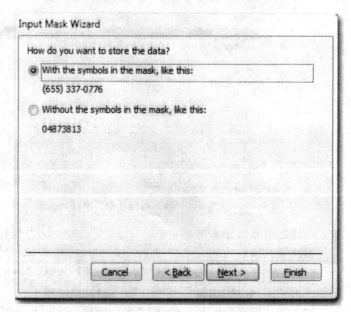

图10 "输入掩码向导"更改对话框

图11 "输入掩码向导"存储对话框

23. 在输入掩码一栏，输入"00000;; _"。（不包括引号和句号。）

24. 在 Access 快捷工具栏点击"保存（Save）"按钮。（如果没有显示快捷工具栏，使用系统在线帮助来学习如何显示 Access 快捷工具栏。）

25. 关闭设计视图窗口。

任务3：创建项目表

1. 在"创建（Create）"选项卡一栏中找到"表格（Tables）"选项组，点击"表（Table）"按钮，如图12所示。

图 12　"表"按钮

2. 在"视图（Views）"选项中，单击视图按钮上的向下箭头。

3. 选择"设计视图（Design View）"选项。

4. 在"另存为（Save AS）"对话框中键入"项目表（tblItem）"，然后点击"确定（OK）"按钮。

5. 在第一行的字段名称一栏中，输入"项目编号（IType）"作为新字段名，按下空格键。

6. 在"数据类型（Date Type）"框中，点击向下箭头，选择文本，见图 13，按下空格键。

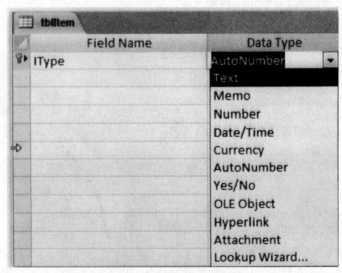

图 13　"数据类型"选项

7. 在说明一栏，输入"作为主键（Serve as Primary key）"。

8. 按下 F6 键，在字段大小属性框中，输入"5"。

9. 在快捷工具栏中点击"保存（Save）"按钮。

10. 在字段名称一栏，点击项目编号的下一行。输入"描述（Description）"作为新字段名。

11. 按下 F6 键，在字段大小属性框中，输入"50"。

12. 到新的字段名称一栏，输入"价格（Price）"作为字段名，按下 F6 键。在数据类型一栏中，点击向下箭头，选择"货币（Currency）"。

13. 按下 F6 键，在小数位数中输入"2"。

14. 点击快捷工具栏中的"保存（Save）"按钮。

15. 关闭设计视图窗口。

任务 4：创建注册表

1. 在"创建（Create）"选项卡一栏中找到"表（Tables）"选项组，点击"表（Table）"按钮。

2. 在"视图（Views）"选项中，单击视图按钮上的向下箭头。

3. 选择"设计视图（Design View）"选项。

4. 在"另存为（Save AS）"对话框中键入"注册表（tblEnrollment）"，然后点击"确定（OK）"按钮。

5. 在第一行的字段名称一栏中，输入"注册编号（ENID）"作为新字段名，按下空格键两次。

6. 在说明一栏，输入"作为主键（Serve as Primany key）"。

7. 到新的字段名称一栏，输入"客户编号（CID）"作为字段名，按下空格键。

8. 在数据类型一栏中，点击向下箭头，选择查阅向导。弹出"查阅向导（Lookup Wizard）"对话框。选择"使用查阅字段获取其他表或查询中的值（I want the lookup column to lookup the values in a table or query）"一栏，点击"下一步（Next）"按钮，见图 14。

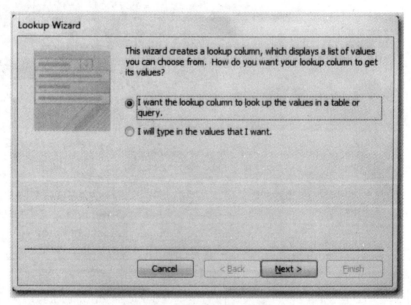

图 14　"查阅向导"对话框

9. 当提示选择为查阅字段提供的表或查询时，点击"客户表（tblCustomer）"作为查阅的对象，点击"下一步（Next）"按钮，见图 15。

10. 当提示选择客户表中的字段时，选择"客户编号（CID）"、"姓（Last-Name）"、"名（FirstName）"字段作为你的查阅值。点击"下一步（Next）"按钮，见图 16。

11. 确定字段使用的排序次序，见图 17，点击"下一步（Next）"按钮。

12. 调整查阅字段中列的宽度。如有必要，确保隐藏关键列选项被选中。点击"下一步（Next）"按钮，见图 18。

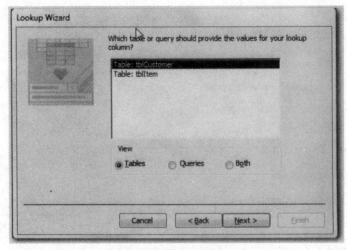

图 15　选择为查阅字段提供数值的表对话框

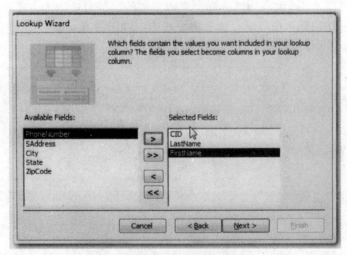

图 16　选择表中的字段对话框

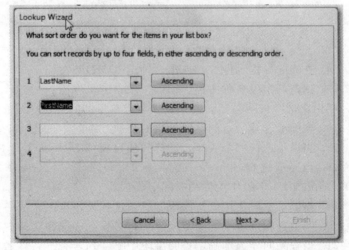

图 17　为表中字段排序对话框

true

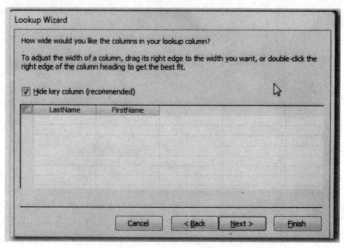

图 18　调整查阅字段中列宽对话框

13. 当查阅向导请你制定查阅字段的标签时，输入"客户编号（CID）"。（客户编号作为默认值展示在标签名一栏中，如果没有，将名字改为客户编号。）如图 19 所示，点击"完成（Finish）"按钮。

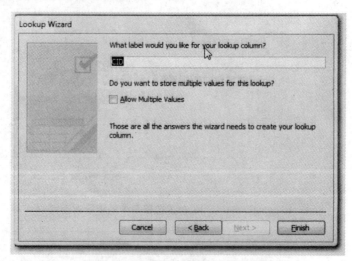

图 19　为查阅字段指定标签对话框

14. 查阅向导提示保存，点击"确定（OK）"按钮。

15. 到新的字段名称一栏，输入"项目编号（ITpye）"作为字段名，在数据类型一栏中，选择查阅向导。遵循上述客户编号的同样步骤设置。

16. 当提示选择为查阅字段提供的表或查询时，选择一个表作为查阅的对象。

17. 当提示选择哪个表时，选择"项目表（tblItem）"作为查阅的对象。

18. 当提示选择项目表中的字段时，选择"项目编号（IType）"和"描述（IDescription）"字段作为你的查阅字段。

19. 当提示字段使用的排序次序时，选择无，点击"下一步（Next）"按钮。

20. 调整查阅字段中列的宽度。如有必要，确保隐藏关键列选项没有被选中。

21. 当查阅向导提示确定查阅字段中哪一列含有准备在数据库中存储或使用的数值时，选择"项目编号（IType）"。

22. 当提示制定查阅字段的标签时，输入"项目编号（IType）"，点击"完成（Finish）"按钮。

23. 当查阅向导提示保存时，点击"保存（Save）"按钮。

24. 到新的字段名称一栏，输入"注册日期（EDate）"作为字段名，选择数据类型为"日期/时间（Date/Time）"。

25. 按下 F6 键，在格式一栏中，点击向下箭头，选择"短日期（Short Date）"格式。

26. 保存注册表。

27. 关闭设计视图窗口。

任务 5：创建联系

1. 在"数据库（Database Tools）"选项一栏中找到"显示/隐藏（Show/Hide）"组，点击"联系（Relationships）"按钮，见图 20。"联系（Relationships）"窗口将显示出来，如图 21 所示。

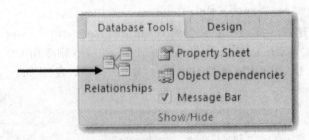

图 20 "联系"按钮

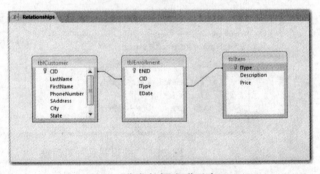

图 21 沙龙数据库联系窗口

2. 如果表没有显示出来，点击"联系（Relationships）"组中的"显示表（Show Table）"按钮，如图 22 所示。（联系组在"设计（Design）"选项卡中。）双击"显示表（show Table）"对话框中的表名，如图 23 所示，点击"关闭（Close）"按钮。

图 22 "显示表"按钮

图 23　"显示表"对话框

3. 双击"客户表（tblCustomer）"和"注册表（tblEnrollment）"之间的连线，出现"编辑联系（Edit Relationships）"对话框。

4. 选择"实施参照完整性（Enforce Referential Integrity）"、"级联更新相关字段（Cascade Update Related Fields）"、"级联删除相关级联选项（Cascade Delete Related Records）"，点击"确定（OK）"按钮，见图 24。

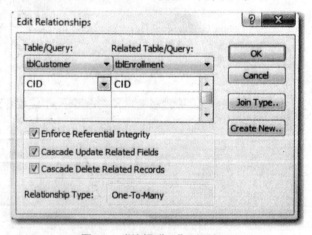

图 24　"编辑联系"对话框

5. 双击注册表和项目表之间的连线，出现编辑联系对话框。

6. 选择"实施参照完整性"、"级联更新相关字段"选项，点击"确定（OK）"按钮。

7. 点击快捷工具栏中的"保存（Save）"按钮。

8. 关闭联系窗口。

活动 2：创建表单和输入测试数据

活动 2 要求你设计客户（Customer）表单、项目（Item）表单和注册（Enrollment）表单，并使用这些表单输入测试数据。设计表单时，你可以参照图 36、图 39 和图 42。表单创建完成后，你可以使用表单输入测试数据，如图 43、图 44

和图 45 所示。

任务1：设计客户表单

为了创建客户表单，你应当：

1. 在"创建（Create）"选项卡中的"窗体（Forms）"组中，点击"更多窗体（More Forms）"按钮。

2. 点击向下菜单，选择"窗体向导（Form Wizard）"，如图 25 所示，点击"下一步（Next）"按钮。

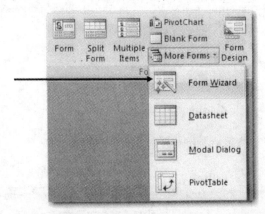

图25　"窗体向导"命令

3. 点击向下箭头，选择"客户表（tblCustomer）"。增加客户表的所有字段到表单中，如图 26 所示，点击"下一步（Next）"按钮。

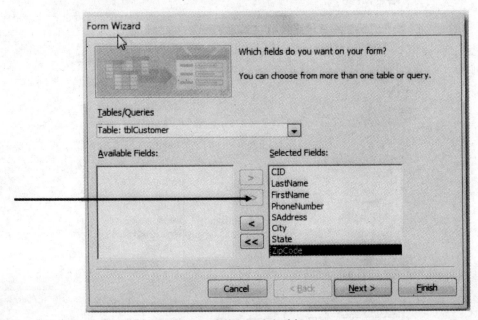

图26　窗体向导字段选择

4. 选择窗体使用的布局为"纵横表（Columar）"，见图 27，点击"下一步（Next）"按钮。

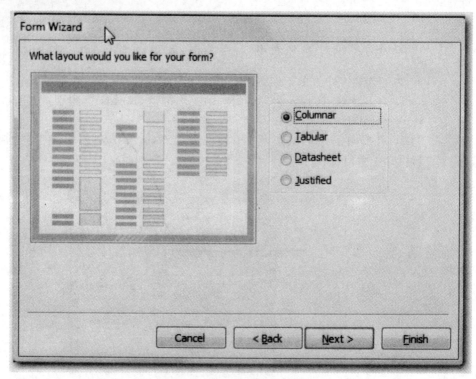

图 27   窗体向导布局对话框

5. 选择 Access2007 风格，见图 28，点击"下一步（Next）"按钮。

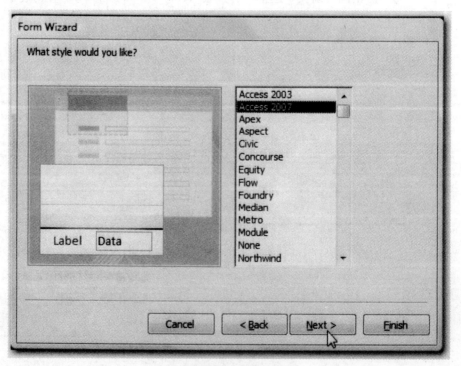

图 28   窗体向导风格对话框

6. 制定窗体标题为"客户窗体（frmCustomer）"，见图 29，点击"完成

（Finish）"按钮，显示初始的客户表单，如图 30 所示。

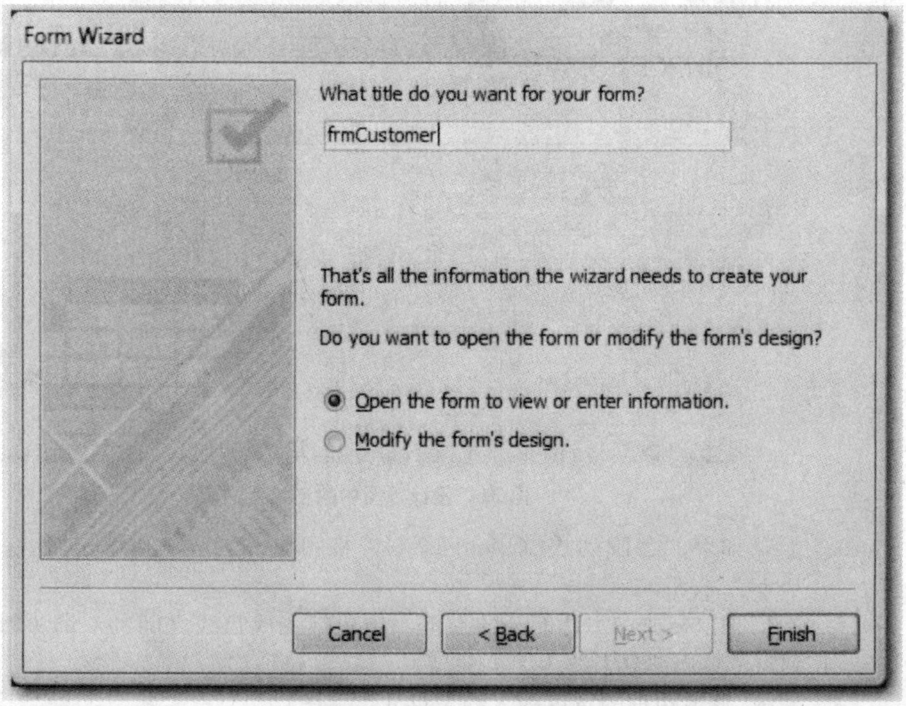

图 29　窗体向导命名对话框

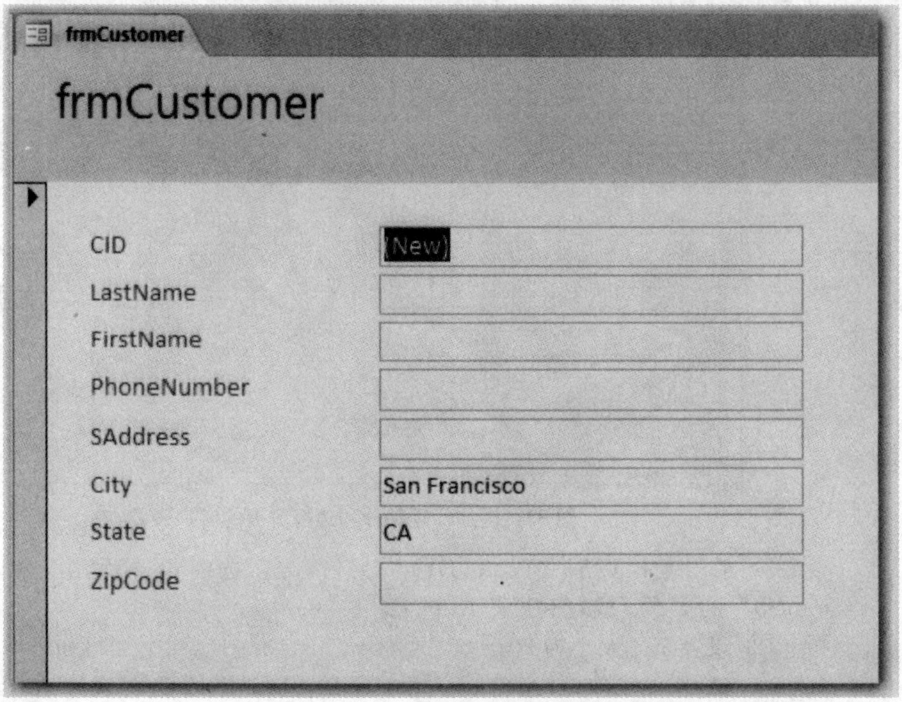

图 30　初始客户表单

7. 在"视图（Views）"组，点击视图按钮上的向下箭头，选择"设计视图（Select Design）"。图 31 展示了初始客户表单的设计视图。

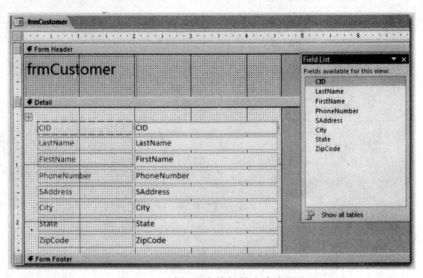

图31 设计视图中的初始客户表单

8. 如果"字段列表（Field List）"框打开了，点击字段列表框上的"关闭（Close）"按钮。

9. 把鼠标放在主体部分的顶部，当鼠标变成粗线之间的双箭头时，向下拖拽直到窗体页眉部分大约为1英寸。

10. 修改边框的宽度为大约7英寸，见图32。

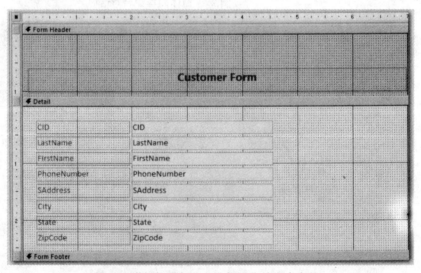

图32 增加标题部分和边框宽度的客户表单

11. 在"窗体页眉（Form Header）"部分，选中包含"客户窗体（frmCustomer）"的文本、放置和更改大小，如图32所示。

12. 设置字体大小为20；"客户（frmCustomer）"文本加粗和居中，见图32。

13. 选中"客户（frmCustomer）"几个字，修改为"客户表单（Customer Form）"。

14. 在"设计（Design）"选项卡中的"控件（Controls）"组中，工具箱中（Customer Form）选择的"标签（Label）"按钮，见图33。

图 33　控件组

15. 将鼠标放在窗体页眉部分；拖动改变标签控件大小，见图 34。

图 34　客户表单设计视图

16. 将文本"蒂米卡美黑沙龙（Timeka's Tanning Salon）"输入标签中，设置字号为 26，字体颜色为 Access 主题 10。（Access 主题 10 在"颜色（Color）"组，第 2 排，第 10 个。）

17. 将文本加粗和居中。

18. 定位文本显示在表单的中央。

19. 移动到主体部分，选择字段控制，点右键。

20. 在快捷菜单中，选择"布局（Layout）"，再选择"移除（Remove）"命令。

21. 使用图 34 作为指导，重置字段控制和它们的标签。

22. 双击"客户编号（CID）"标签，会显示"属性表（Property Sheet）"窗口，点击"格式（Format）"选项卡，在说明一栏中，键入"客户编号（CID）"，如图 35 所示。

23. 关闭属性表窗口。

24. 将客户编号标签字体加粗，右对齐。

25. 双击"姓（LastName）"标签，会显示"属性表（Property Sheet）"窗口，点击"格式（Format）"选项卡，在说明一栏中，键入"姓（Last Name）"，关闭属性表窗口。

26. 将姓标签字体加粗，右对齐。

27. 双击"名（FirstName）"标签，会显示"属性表（Property Sheet）"窗口，点击"格式（Format）"选项卡，在说明一栏中，键入"名（First Name）"，关闭属性表窗口。

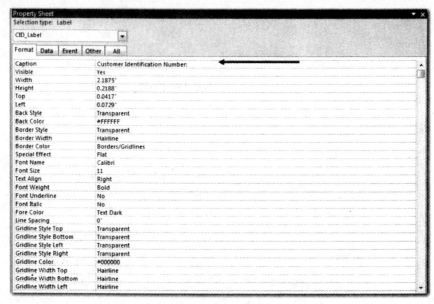

图 35　"属性表"窗口

28. 将姓标签字体加粗，右对齐。

29. 双击"电话号码（PhoneNumber）"标签，会显示"属性表（Property Sheet）"窗口，点击"格式（Format）"选项卡，在说明一栏中，键入"电话号码（Phone Number）"，关闭属性表窗口。

30. 将电话号码标签字体加粗，右对齐。

31. 双击"街道地址（SAddress）"标签，会显示"属性表（Property Sheet）"窗口，点击"格式（Formant）"选项卡，在说明一栏中，键入"街道地址（Street Address）"，关闭属性表窗口。

32. 将街道地址标签字体加粗，右对齐。

33. 双击"城市（City）"标签，会显示"属性表（Property Sheet）"窗口，点击"格式（Format）"选项卡，在说明一栏中，键入"城市（City）"，关闭属性表窗口。

34. 将城市标签字体加粗，右对齐。

35. 双击"州（State）"标签，会显示"属性表（Property Sheet）"窗口，点击"格式（Format）"选项卡，在说明一栏中，键入"州（State）"，关闭属性表窗口。

36. 将州标签字体加粗，右对齐。

37. 双击"邮编（ZipCode）"标签，会显示"属性表（Property sheet）"窗口，点击"格式（Format）"选项卡，在说明一栏中，键入"邮编（Zip Code）"，关闭属性表窗口。

38. 将邮编标签字体加粗，右对齐。

39. 按住 Shift 键，同时点击主体部分的所有标签（客户编号、姓、名、电话号码、街道地址、城市、州和邮编。）

40. 点击字体颜色旁边的向下箭头，从 Access 颜色主题中，选择主题 9（第 2 排，第 9 个）。

41. 做出其他你认为有必要的调整来改进客户表单的外观，见图 36。

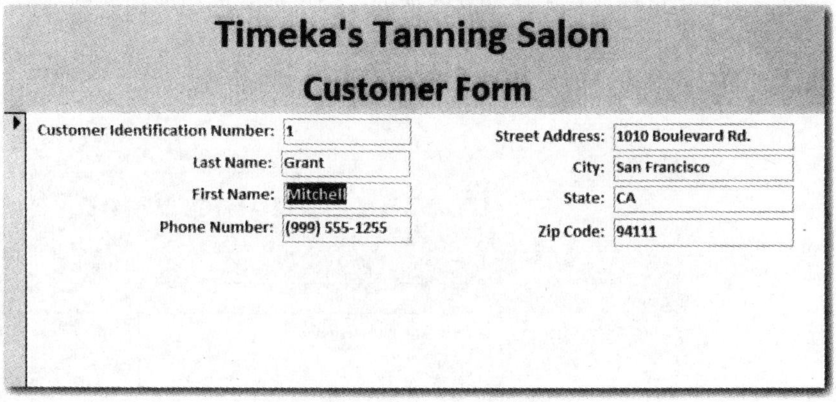

图 36　客户表单的窗体视图

42. 保存表单。

任务 2：创建项目表单

为了创建项目表单，你应当：

1. 在"创建（Create）"选项卡的"窗体（Forms）"组中，点击"更多窗体（More Forms）"按钮。

2. 点击向下菜单，选择"窗体向导（Form Wizard）"，点击"下一步（Next）"按钮。

3. 点击向下箭头，选择"项目表（tblItem）"，点击"下一步（Next）"按钮。

4. 增加项目表的所有字段到表单中。

5. 选择窗体使用的布局为"纵横表（Columnar）"，点击"下一步（Next）"按钮。

6. 选择 Access 2007 风格，点击"下一步（Next）"按钮。

7. 制定窗体标题为"项目窗体（frmItem）"，点击"完成（Finish）"按钮，显示初始的项目表单。

8. 在"视图（Views）"组，点击视图按钮上的向下箭头，选择"设计视图（Desgn View）"，见图 37。

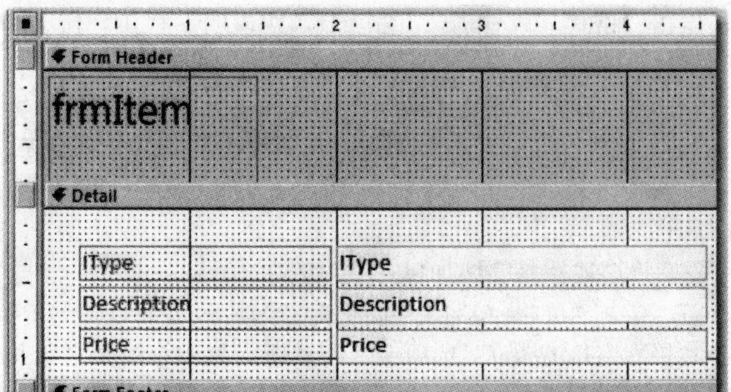

图 37　初始项目表单

9. 如有必要，关闭"字段列表（Field List）"框。

10. 把鼠标放在主体部分的顶部，当鼠标变成粗线之间的双箭头时，向下拖拽直到窗体页眉部分大约为1英寸。

11. 修改边框的宽度为大约7英寸，见图38。

图38　初始项目表单设计视图

12. 在窗体页眉部分，选中包含"项目窗体（frmItem）"的文本、更改布局和大小，如图38所示。

13. 继续设置字体大小为20；"项目窗体（frmItem）"文本加粗和居中。

14. 选中"项目窗体（frmItem）"几个字，修改为"项目表单（Item Form）"。

15. 在"设计（Design）"选项卡中的"控件（Controls）"组中，在工具箱中选择"标签（Label）"按钮，参见图33。

16. 将鼠标放在窗体页眉部分；拖动改变标签控件大小，参见图38。

17. 将文本"蒂米卡美黑沙龙（Timeka's Tanning Salon）"输入标签中，设置字号为26，字体颜色为Access主题10。（Access主题10在"颜色组（Colors）"，第2排，第10个。）

18. 将文本加粗和居中。

19. 取消选中，使得文本显示在表单的中央。

20. 移动到主体部分，点击字段控制，然后点右键。

21. 在快捷菜单中，选择"布局（Layout）"，再选择"移除（Remove）"命令。

22. 使用图38作为指导，重置字段控制和它们的标签。

23. 双击"项目编号（IType）"标签，会显示"属性表（Property sheet）"窗口，点击"格式（Format）"选项卡，在说明一栏中，键入"项目编号（IType）"，关闭属性表窗口。

24. 将项目编号标签字体加粗，右对齐。

25. 双击"描述（Description）"标签，会显示"属性表（Property Sheet）"窗口，点击"格式（Fomat）"选项卡，在说明一栏中，键入"描述（Description）"，关闭属性表窗口。

26. 将描述标签字体加粗，右对齐。

27. 双击"价格（Price）"标签，会显示"属性表（Property Sheet）"窗口，点击"格式（Format）"选项卡，在说明一栏中，键入"价格（Price）"，关闭价格表窗口。

28. 将价格标签字体加粗，右对齐。

29. 按住 Shift 键，同时点击主体部分的所有标签（项目编号、描述和价格）。

30. 点击字体颜色旁边的向下箭头，从 Access 颜色主题中，选择主题 9（第 2 排，第 9 个）。

31. 做出其他你认为有必要的调整来改进客户表单的外观，见图 39。

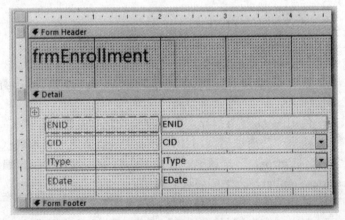

图 39 项目表单的窗体视图

32. 保存表单。

任务 3：创建注册表单

为了创建注册表单，你应当：

1. 在"创建（Create）"选项卡中的"窗体（Forms）"组中，点击"更多窗体（More Forms）"按钮。

2. 点击向下菜单，选择"窗体向导（Form Wizard）"，点击"下一步（Next）"按钮。

3. 点击向下箭头，选择"注册表（tblEnrollment）"，点击"下一步（Next）"按钮。

4. 增加注册表的所有字段到表单中，

5. 选择窗体使用的布局为纵横表（Columnar），点击"下一步（Next）"按钮。

6. 选择 Access 2007 风格，点击"下一步（Next）"按钮。

7. 命名窗体标题为"注册窗体"，点击"完成（Finish）"按钮，显示初始的注册表单，见图 40。

图 40 初始注册表单

8. 在"视图（Views）"组，点击"视图（View）"按钮上的向下箭头，选择"设计视图（Design View）"。

9. 如有必要，关闭"字段列表（Field List）"框。

10. 把鼠标放在主体部分的顶部，当鼠标变成粗线之间的双箭头时，向下拖拽直到窗体页眉部分大约为 1 英寸。

11. 修改边框的宽度为大约 7 英寸。

12. 在窗体页眉部分，选中包含"注册窗体（frmEnrollment）"的文本，放置和更改大小，如图 41 所示。

13. 继续选中，设置字体大小为 20；"项目表"文本加粗和居中，如图 41 所示。

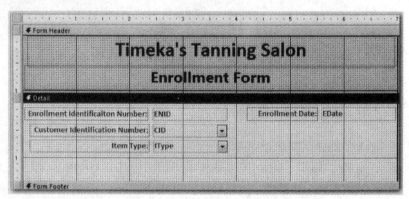

图 41　初始注册表单设计视图

14. 选中"注册窗体（frmEnrollment）"几个字，修改为"注册表单（Enrollment Form）"。

15. 在"设计（Design）"选项卡中的"控件（Control）"组中，在工具箱中选择"标签（Label）"按钮，见图 33。

16. 将鼠标放在窗体页眉部分；拖动改变标签控件大小，见图 41。

17. 将文本"蒂米卡美黑沙龙（Timeka's Tanning Salon）"输入标签中，设置字号为 26，字体颜色为 Access 主题 10。（Access 主题 10 在颜色组，第 2 排，第 10 个。）

18. 将文本加粗和居中。

19. 取消选中，使得文本显示在表单的中央。

20. 移动到主体部分，点击字段控制，然后点右键。

21. 在快捷菜单中，选择"布局（Lay out）"，再选择"移除（Remove）"命令。

22. 使用图 41 作为指导，重置字段控制和它们的标签。

23. 双击"注册编号（ENID）"标签，会显示"属性表（Property sheet）"，点击"格式（Format）"选项卡，在说明一栏中，键入"注册编号（Enrollment Identification Number）"，关闭属性表窗口。

24. 将注册编号标签字体加粗，右对齐。

25. 双击"客户编号（CID）"标签，会显示"属性表（Property sheet）"，点击"格式（Format）"选项卡，在说明一栏中，键入"客户编号（Customer Identification Number）"，关闭属性表窗口。

26. 将客户编号标签字体加粗，右对齐。

27. 双击"项目编号（IType）"标签，会显示"属性表（Property Sheet）"窗口，点击"格式（Format）"选项卡，在说明一栏中，键入"项目编号（Item Type）"，关闭属性表窗口。

28. 将项目编号标签字体加粗，右对齐。

29. 双击"注册日期（EDate）"标签，会显示"属性表（Property Sheet）"窗口，点击"格式（Format）"选项卡，在说明一栏中，键入"注册日期（Enrollment Date）"，关闭属性表窗口。

30. 将注册日期标签字体加粗，右对齐。

31. 按住 Shift 键，同时点击主体部分的所有标签（注册编号，客户编号，项目编号、注册日期）。

32. 点击字体颜色旁边的向下箭头，从 Access 颜色主题中，选择主题 9（第 2排，第 9 个）。

33. 做出其他你认为有必要的调整来改进客户表单的外观，图 42 展示了注册表单的最终外观。

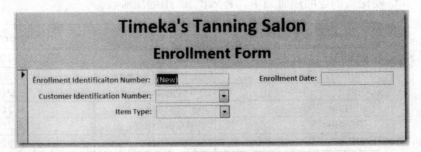

图 42　注册表单的窗体视图

34. 保存表单。

任务 4：输入客户、项目、注册数据

1. 使用新创建的客户表单，输入图 43 中的客户数据。

Customer Identification Number	Last Name	First Name	Phone Number	Street Address	City	State	Zip Code
1	Grant	Mitchell	(999)555-1255	1010 Boulevard Rd.	San Francisco	CA	94111
2	Sasser	Lexina	(999)555-6456	210 Rushing Meadows	San Francisco	CA	94112
3	Rother	Elwood	(999)555-6577	3001 Ripple Creek	San Francisco	CA	94113
4	Chen	Shibo	(999)555-4789	15712 Tanglewood Road	San Francisco	CA	94113
5	Elotmani	Damir	(999)555-3812	2121 Hyde Parke	San Francisco	CA	94115
6	Schoenhals	Eliah	(999)555-6058	1920 Pine Drive	San Francisco	CA	94111
7	Erbst	Troy	(999)555-1300	1780 Glacier Drive	San Francisco	CA	94112
8	Ottinger	Clarissa	(999)555-9351	11908 Coltrane	San Francisco	CA	94112
9	Blochowiak	Edith	(999)555-0202	1223 Ridgewood	San Francisco	CA	94115
10	Harley	Sasha	(999)555-5931	10625 Brighton	San Francisco	CA	94115

图 43　客户数据

2. 使用新创建的项目表单，输入图 44 中的项目数据。

Item Type	Description	Item Price
SE001	One Session	$5.00
SE002	5 Sessions	$25.00
SE003	10 Sessions	$50.00
SE004	15 Sessions	$75.00
SE005	20 Sessions	$100.00
SP001	One Month Unlimited	$35.00
SP002	Monthly Special	$30.00
SP003	Loyal Customer	$29.99
SP004	Referral	$29.99
SP005	Yearly Enrollment	$350.00

图 44　项目数据

3. 使用新创建的注册表单，输入图 45 中的注册数据。

Customer Last Name	Description	Enrollment Date
Sasser	5 Sessions	1/17/2007
Rother	One Month Unlimited	1/18/2007
Chen	10 Sessions	1/15/2007
Elotmani	One Session	1/18/2007
Schoenhals	Loyal Customer	1/18/2007
Erbst	15 Sessions	1/18/2007
Ottinger	One Month Unlimited	8/15/2007
Blochowiak	10 Sessions	8/15/2007
Harley	5 Sessions	8/20/2007

图 45　注册数据

活动 3：创建查询

活动 3 创建三个查询。第一个查询是单次查询（qrySigleSession），找出多少客户购买了单次美黑疗程。第二个查询是不活跃查询（qryInactive），找出沙龙的哪些客户最近没有进行注册。第三个查询是新注册查询（qry New Enrollment），找出在 2007 年 8 月 1 日以后注册的客户。

任务 1：创建单次查询

1. 在"创建（Create）"选项卡中找到"其他（Other）"组，点击"查询设计（Query Design）"按钮，见图 46。

图 46　"查询设计"按钮

2. "查询设计（Query Design）"窗口和"显示表（Show Tabe）"对话框打开。（如果"显示表（Show Tabe）"对话框没有出现，点击"设置查询（Query Design）"组的"显示表（Show Table）"按钮。）

3. 在出现的对话框中，双击"注册表（tblEnrollment）"和"项目表（tblItem）"。两个表的字段列表将会被加入"查询设计（Query Design）"窗口上部的仪表盘中，点击"关闭（Close）"按钮。

4. 在查询字段中添加项目表中的描述字段，以及注册表中的项目编号字段。（你可以双击该字段进行添加。）

5. 在"显示/隐藏（Show/Hide）"组点击"汇总（Totals）"按钮，如图47所示。

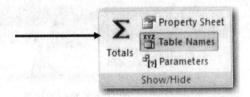

图47　"汇总"按钮

6. 在项目编号字段的总计一栏中，点击向下箭头选择合计。（如果向下箭头没有出现，直接点击文字"Group By"，向下箭头就会出现。）

7. 在描述字段的排序一栏中，点击向下箭头，选择升序。

8. 在描述字段的条件一栏，输入"1次（One Session）"。

9. 点击快捷工具栏中的"保存（Save）"按钮。当提示时，输入"单次查询（qrySingleSession）"，图48展示了这个查询的设计视图。

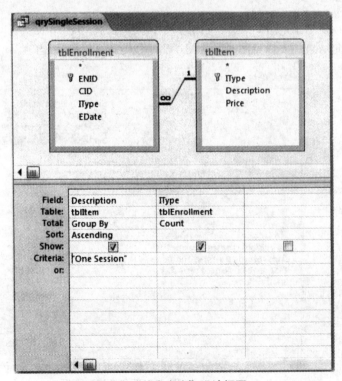

图48　"单次查询"设计视图

10. 点击"结果 (Results)"组中的运行按钮，图 49 展示了"运行 (Run)"按钮，图 50 展示了查询的结果。

图49 "运行"按钮

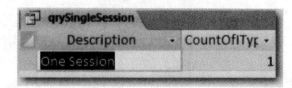

图50 单次查询结果

任务2：创建不活跃客户查询

1. 在"创建 (Create)"选项卡中找到"其他 (Other)"组，点击"查询向导 (Query Wizard)"按钮，见图46。

2. 在出现的"新建查询 (New Query)"对话框中，选择"查找不匹配项查询向导 (Find Unmatched Query Wizard)"，如图51所示，点击"确定 (OK)"按钮。

3. 在查找不匹配项查询对话框中，选择"客户表 (tblCustomer)"作为包含查询结果的表，见图52，点击"下一步 (Next)"按钮。

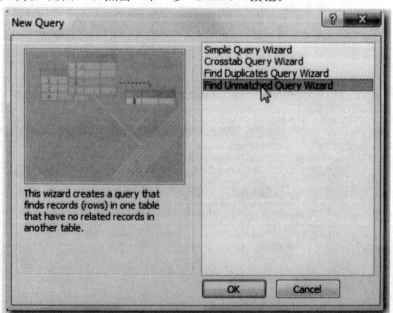

图51 新建查询对话框

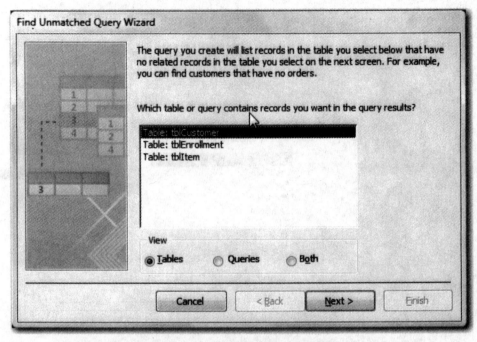

图 52　查找不匹配项查询向导对话框

4. 当提示选择包含相关记录的表时，选择"注册表（tblEnroumet）"，如图 53 所示，点击"下一步（Next）"按钮。

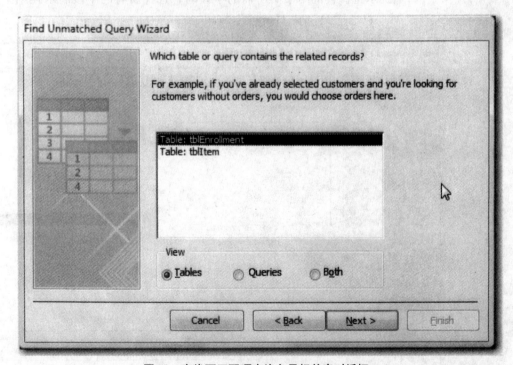

图 53　查找不匹配项查询向导相关表对话框

5. 当提示确定在两张表中都有的信息时，选择"客户编号（CID）"作为匹配字段，见图 54，点击"下一步（Next）"按钮。

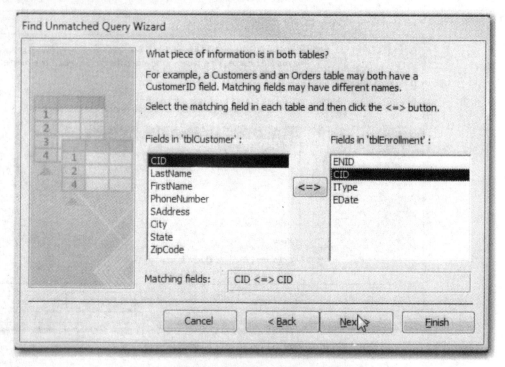

图 54 查找不匹配项查询向导匹配字段对话框

6. 当提示选择查询结果中所需的字段时，选择所有的字段展示在结果中，如图 55 所示，点击"下一步（Next）"按钮。

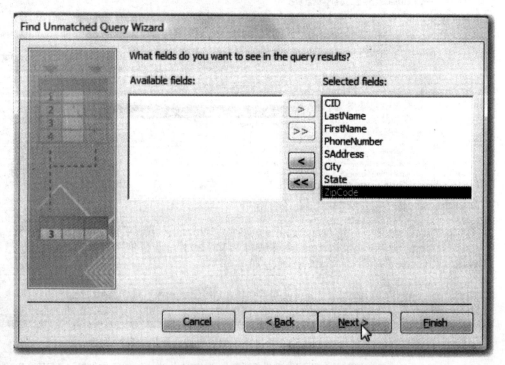

图 55 查找不匹配项查询向导结果展示字段对话框

7. 命名查询的名称时，输入"不活跃客户查询（qryInactive）"，如图56所示，点击"完成（Finish）"按钮。图57表明米歇尔·格兰特（Mitchell Grant）是一个不活跃客户。

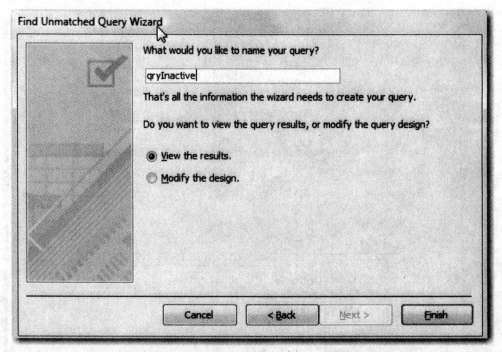

图56 查找不匹配项查询向导制定查询名称对话框

CID	LastName	FirstName	PhoneNumber	SAddress	City	State	ZipCode
	Grant	Mitchell	555-1255	1010 Boulevard Rd.	San Francisco	CA	94111
*	(New)						

图57 不活跃客户查询结果

任务3：创建新注册客户查询

1. 在"创建（Create）"选项卡中找到"其他（Other）"组，点击"查询设计（Query Design）"按钮，见图46。

2. "查询设计（Query Design）"窗口和"显示表（Show Table）"对话框打开。（如果"显示表（Show Table）"对话框没有出现，点击"设置查询（Queny Setup）"组的"显示表（Show Table）"按钮。）

3. 在出现的对话框中，双击"注册表（talEnrollment）"和"客户表（tblCustomer）"。两个表的字段列表将会被加入"查询设计（Query Design）"窗口上部的仪表盘中，点击"关闭（Close）"按钮。

4. 在查询字段中添加客户表中的"姓（Last Name）"、"名（First Name）"字段，以及注册表中的"注册日期（EDate）"字段。（你可以双击该字段进行添加。）

5. 在描述字段的排序一栏中，点击向下箭头，选择升序。

6. 在描述字段的条件一栏，输入">8/01/2007"。

7. 点击快捷工具栏中的"保存（Save）"按钮。当提示时，输入"新注册查询

（qryNewEnrollment）"，点击"确定（OK）"按钮。

8. 点击"结果（Results）"组中的"运行（Run）"按钮，图 58 展示了"设计视图（Design View）"中的查询，图 59 展示了查询的结果。

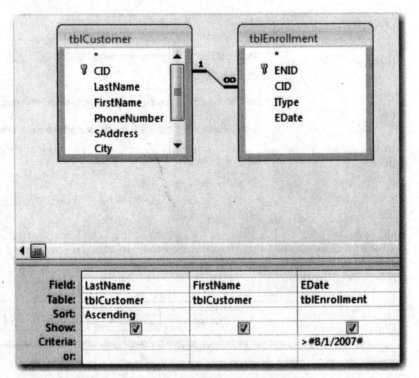

图 58 设计视图中的新注册查询

LastName	FirstName	EDate
Blochowiak	Edith	8/15/2007
Harley	Sasha	8/20/2007
Ottinger	Clarissa	8/15/2007
*		

图 59 新注册查询结果

活动 4：准备客户清单报表

活动 4 根据蒂米卡的要求创建客户清单报表。因为可以使用报表向导，所以该项活动很容易实施。

任务 1：创建客户清单报表

1. 在"创建（Create）"选项卡中找到"报表（Reports）"组，点击"报表向导（Report Wizard）"按钮，"报表向导（Report Wizard）"对话框将会出现。

2. 在对话框中，选择"客户表（tblCustomer）"作为数据源。

3. 添加客户表中的所有字段，除了客户编号字段，点击"下一步（Next）"按钮，见图 60。

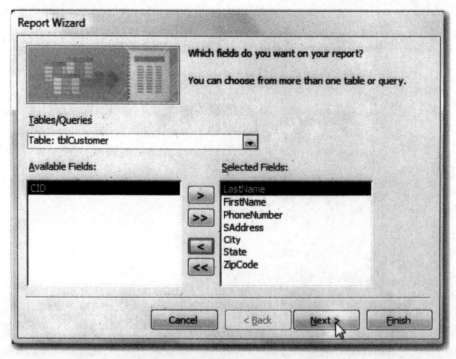

图 60　报表向导表和字段选择对话框

4. 不要添加分组级别；点击"下一步（Next）"按钮，见图 61。

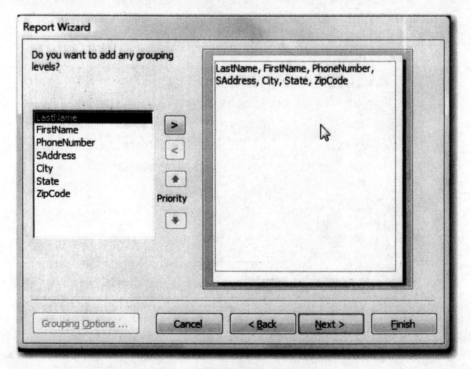

图 61　报表向导分组级别对话框

5. 当报表向导提示时，在"姓（Last Name）"字段选择升序排序，点击"下一步（Next）"按钮，见图 62。

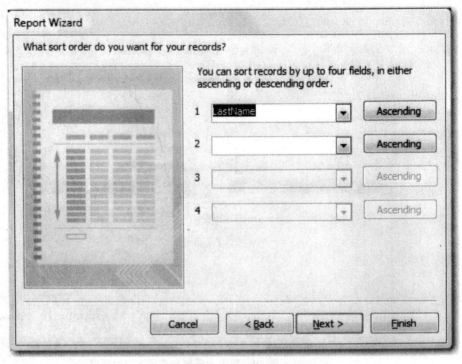

图 62　报表向导分类排序对话框

6. 当报表向导提示时，为报表选择"表格布局（Tabular）"，点击"下一步（Next）"按钮，见图 63。

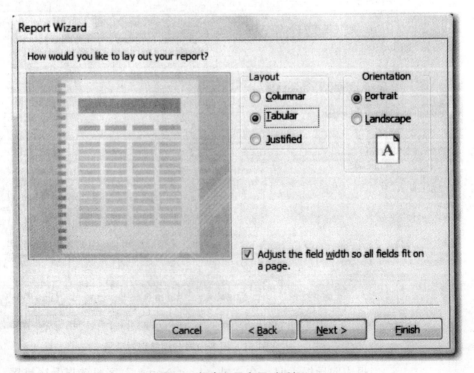

图 63　报表向导布局对话框

7. 当报表向导提示时，为报表选择 Access 2007 风格，点击"下一步（Next）"按钮，见图 64。

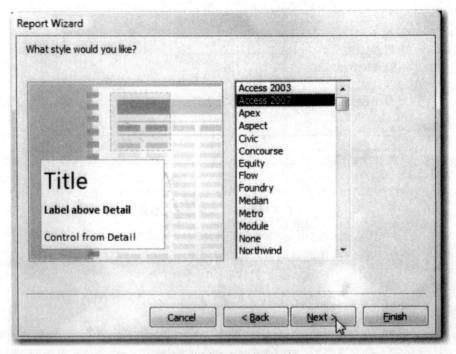

图 64　报表向导风格对话框

　　8. 当报表向导提示时，将报表命名为"客户清单报表（Customer List Report）"，不要勾选报表预览，点击"完成（Finish）"按钮，见图 65，

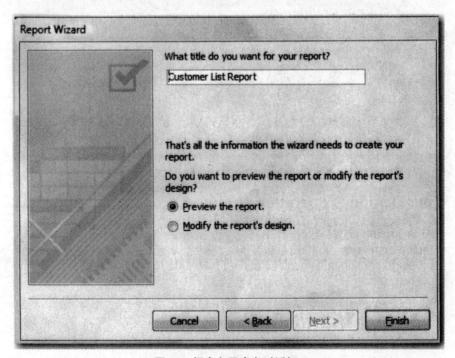

图 65　报表向导命名对话框

9. 将报表页眉中的"客户清单报表（Customer List Report）"文字加粗和居中。

10. 在页面页眉部分，按图 66 所示修改标签位置和大小。

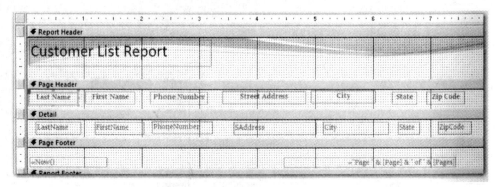

图 66　客户清单报表设计视图

11. 在主体部分，按图 66 所示修改标签的位置。

12. 选择主体部分的所有标签。

13. 在"设计（Design）"选项卡中的"字体（Font）"组，点击"字体颜色（Font Color）"的向下箭头，选择深蓝 4（在标准颜色组中，该颜色在第 5 行，第 4 列）。

14. 选择页面页脚中的标签。

15. 在"设计（Design）"选项卡中的"字体（Font）"组，点击"字体颜色（Font Color）"的向下箭头，选择深蓝 4（在标准颜色组中，该颜色在第 5 行，第 4 列）。

16. 保存报表，图 67 展示了客户清单报表的预览图。

Customer List Report

Last Name	First Name	Phone Number	Street Address	City	State	Zip Code
Blochowiak	Edith	(999) 555-0202	1223 Ridgewood	San Francisco	CA	94115
Chen	Shibo	(999) 555-4789	15712 Tanglewood Road	San Francisco	CA	94113
Elotmani	Damir	(999) 555-3812	2121 Hyde Parke	San Francisco	CA	94115
Erbst	Troy	(999) 555-1300	1780 Glacier Drive	San Francisco	CA	94112
Grant	Mitchell	(999) 555-1255	1010 Boulevard Rd.	San Francisco	CA	94111
Harley	Sasha	(999) 555-5931	10625 Brighton	San Francisco	CA	94115
Ottinger	Clarissa	(999) 555-9351	11908 Coltrane	San Francisco	CA	94112
Rother	Elwood	(999) 555-6377	3001 Ripple Creek	San Francisco	CA	94113
Sasser	Lexina	(999) 555-6456	210 Rushing Meadows	San Francisco	CA	94112
Schoenhals	Eliah	(999) 555-6058	1920 Pine Drive	San Francisco	CA	94111

Sunday, July 22, 2007 　　　　　　　　　　　　　　　　　Page 1 of 1

图 67　客户清单报表预览

☐ 设计测试

如案例所述，洛伦左需要你输入合适的会员计划到数据库中，并增加一些新客户的注册。因为教程中设计测试的部分只涉及数据的输入，所以没有提供指导步骤。

案例作业

对本书中的每个数据库案例，你均需要完成一些作业。你的指导教师将指定你需要完成哪些作业。

设计测试部分往往要求你修改数据库或增加新数据。这鼓励你准备一份灵活的数据库，以能够适应不断变化的业务需求。

网页教程

蒂米卡美黑沙龙

▌案例简介_____

　　蒂米卡美黑沙龙是专为本书设计的案例。本书利用该案例作为一个复习数据库开发的工具，并假定你已经具备网页的基础知识。完成本教程，你需要用到微软Word 2007。

　　本教程分为两部分。第一部分包含了案例背景、描述、设计规范、设计测试以及作业等。第二部分将指导你按步骤完成案例。由于第一部分介绍了案例的主要特点，并为网页的设计工作做好了准备，因此在开始第二部分之前，你应当仔细阅读第一部分。在第二部分，你要设计并创建满足案例信息需求的网页。

第一部分　场景设置

▌案例背景_____

　　蒂米卡·洛伦左拥有并运营位于加利福尼亚州旧金山市的蒂米卡美黑沙龙。该美黑沙龙已经营业多年，并且一直保持着客户数量的增长。自开业以来，美黑沙龙已经从拥有 4 张美黑床发展到拥有 25 张美黑床和一个健身中心。

　　洛伦左已经意识到网络的力量，她想通过网络向沙龙的顾客提供沙龙健身中心信息和美黑产品信息。洛伦左请你为她设计一个沙龙的网页。

案例描述

四年前，蒂米卡·洛伦左在旧金山市开设了蒂米卡美黑沙龙。今天美黑沙龙已经发展到拥有 25 张美黑床、一个健身中心和大量的美黑产品。沙龙的营业时间为早上 6：00 至晚上 10：00。尽管可以现场注册，但沙龙和健身中心一般通过电话（505）555-5758 进行预约。

洛伦左希望沙龙提供更高质量和更专业的服务，为了实现这一目标，蒂米卡美黑沙龙加入了国际智能美黑网络。

沙龙最近新增加了一个健身中心。健身中心有慢跑小道、自由负重锻炼、台阶机、跑步机、健身自行车。在不远的将来，洛伦左将为她的顾客提供一个室内恒温游泳池和有氧课程。顾客加入健身中心后，要填写一份健身评估。评估完成后，由一名健身代表根据评估为他准备一个健身计划。

图 1 展示了沙龙当前的价格清单。客户可以使用现金、支票或信用卡付款，信用卡付款只接受超过 50 美元的款项。

Timeka's Tanning Salon	
Price List	
1 Session	$5.00
5 Sessions	$25.00
10 Sessions	$50.00
15 Sessions	$75.00
20 Sessions	$100.00
One Month Unlimited	$35.00
Monthly Special	$30.00
Loyal Customer	$29.99
Referral	$29.99
Yearly Enrollment	$350.00
Bronze 12 oz Lotion	$24.99
Golden 12 oz Lotion	$27.99
Bronze 12 oz Oil	$19.99
Golden 12 oz Oil	$21.99
Timeka's Tan Enhancer 12 oz Lotion	$27.99
Timeka's Tan Enhancer for 16 oz Lotion	$34.99
6-Month Fitness Membership	$180.99
Yearly Fitness Membership	$280.99

图 1 当前价格清单

设计规范

洛伦左希望为沙龙建立一个信息丰富且看起来很专业的网页。网页需要提供沙龙的基本信息，并且外观看起来要热情阳光。基本信息包括沙龙的营业时间、可用的美黑产品、沙龙和健身中心的相关信息。洛伦左希望网页能为访客提供方便的导航。图 2 和图 3 展示了沙龙网页的草图。

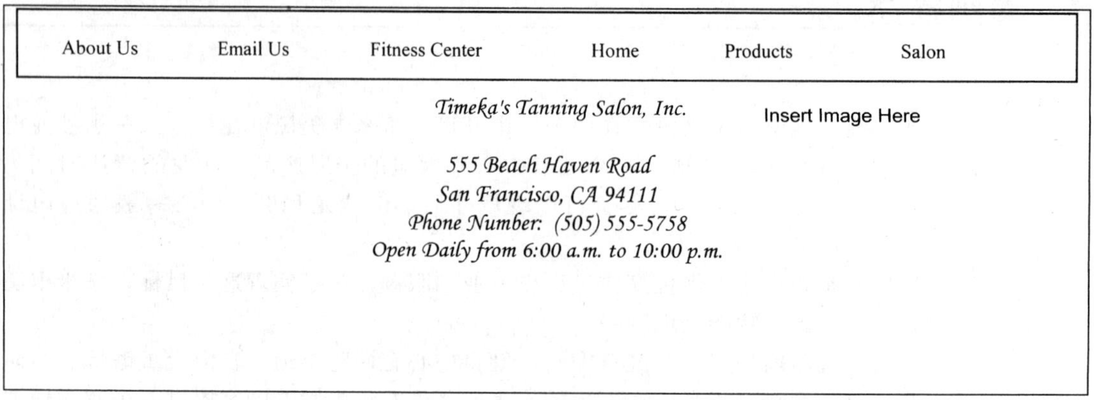

About Us	Email Us	Fitness Center	Home	Products	Salon

Timeka's Tanning Salon, Inc.　　　　Insert Image Here

555 Beach Haven Road
San Francisco, CA 94111
Phone Number: (505) 555-5758
Open Daily from 6:00 a.m. to 10:00 p.m.

图 2　主页草图

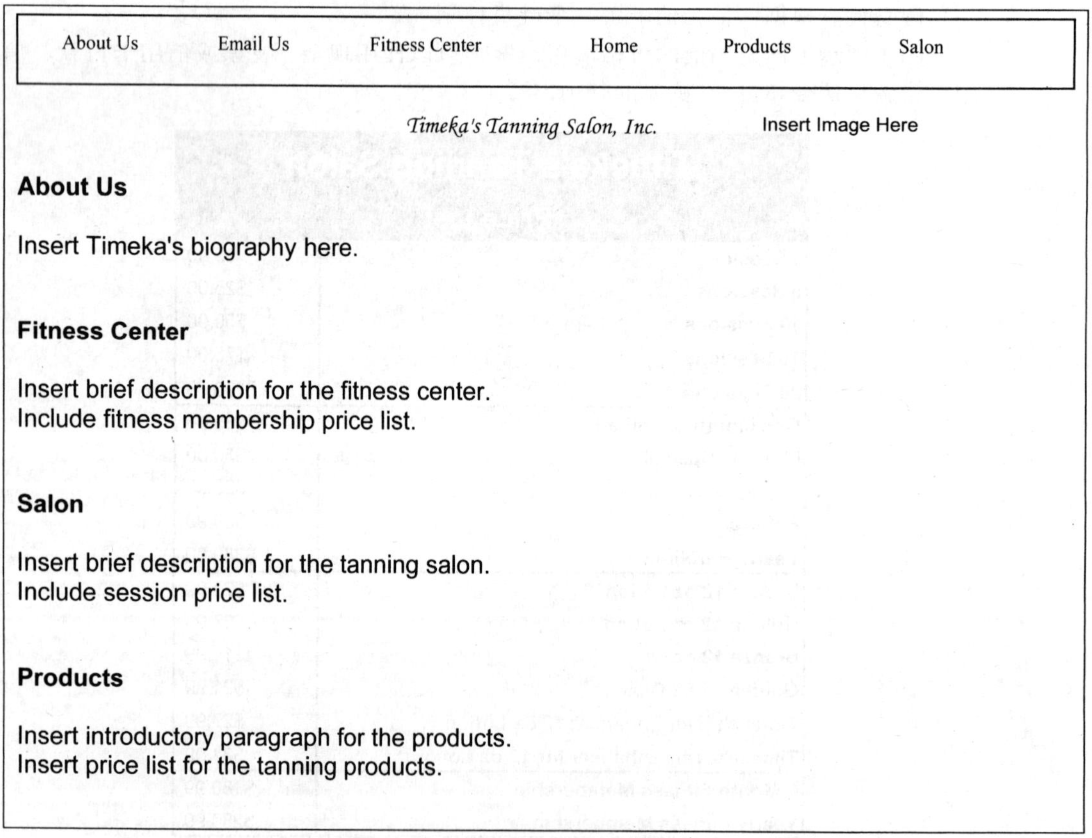

About Us	Email Us	Fitness Center	Home	Products	Salon

Timeka's Tanning Salon, Inc.　　　　Insert Image Here

About Us

Insert Timeka's biography here.

Fitness Center

Insert brief description for the fitness center.
Include fitness membership price list.

Salon

Insert brief description for the tanning salon.
Include session price list.

Products

Insert introductory paragraph for the products.
Insert price list for the tanning products.

图 3　网站内页面草图

☐ 设计测试

在创建了沙龙网页后，你应该对你的设计进行测试。完成以下步骤：

1. 洛伦左希望将有氧课程表展示在网站上。顾客需要提前打电话预约。（你应该提供一个有氧课程表。)

2. 蒂米卡美黑沙龙为顾客提供特殊美黑次数表，如每月无限次、每月精选、忠诚客户、转接客户和年度客户。增加每月精选到沙龙网站。（除了图1展示的每月精选，增加一些额外的每月精选到这一部分。）

3. 蒂米卡美黑沙龙现在提供1个月会员和3个月会员计划。1个月会员计划价格为 35.99 美元，3个月会员计划价格为 99.99 美元。增加这一信息到沙龙网页上。

案例作业

为了令人满意地完成这个案例，你需要按照案例描述中的内容创建网页，并准备书面和口头的报告。除非另有规定，否则要向你的教授提交以下内容，并且按以下步骤测试你的设计：

1. 一份书面的报告，列出你对该教程所做的全部假设，以及该教程的关键因素。另外，你是否增加了哪些内容以使得网页具有更多的功能？用户友好性如何？（请注意，这些假设不能与上述提出的任何需求有冲突，并且必须获得教授的认可。）

2. 网页页面的打印版。（如有增加的网页，一同提交。）

3. 能够符合案例描述和需求部分所提到的条件的网页电子版。

如前所述，你应该准备一份口头报告。（你的指导教师会确定你个人报告的时间。）你可以使用报告软件并说明你所设计网页的主要特性。同时，还要说明这个网页能够为洛伦左带来什么样的帮助。网页中还应该存储哪些信息？

第二部分 网页创建

设计准备

如果你还没有做好设计准备，请阅读本教程的第一部分。

为了满足洛伦左的设计要求，你需要为沙龙创建两个网页。第一个网页为主页，主页是访问者看到的第一个页面。第二个网页是内部页面，提供关于沙龙的具体信息。

沙龙网页的准备工作分为3个主要活动。这些活动包括创建主页，创建内部页面，测试网页。主页需要保存为"蒂米卡主页（TimekasHomePage）"，内部页面需要保存为"蒂米卡细节页面（TimekasDetailsPage）"。各个活动描述如下。图32和图33分别展示了两个网站页面的截图，可以作为参照。

活动1：主页设计

创建沙龙主页包含的主要任务包括：新建微软 Word 文档，插入表，创建导航栏，输入文本，插入图片。每项任务描述如下。

任务1：创建并保存主页

为了创建沙龙主页，要完成以下步骤：

1. 创建一个文件夹，命名为"蒂米卡（Timeka）"。（所有页面和相关文件都应该放在这个文件夹中。）

2. 打开微软 Word，新建一个文档。

3. 在"布局（Page Layout）"标签页中选择"主题（Themes）"组，点击"主题（Themes）"按钮，选择"基本（Solistic）"主题，如图4所示。

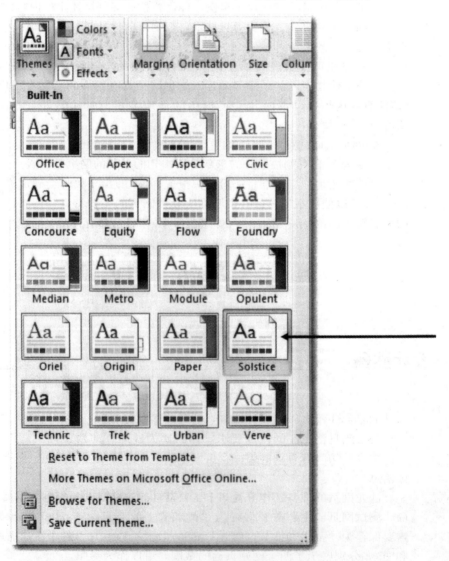

图4 "主题"选项

4. 点击 "Office" 按钮，选择 "另存为（Save As）" 命令。在 "另存为" 对话框中，输入 "蒂米卡主页（TimekasHomePage）" 作为文件名，文件类型选择 "网页（WebPage）"。点击 "更改标题（Change Title）" 按钮，在弹出的对话框中，输入 "蒂米卡美黑沙龙（Timeka's Tanning Salon）" 作为页面的标题。点击 "确定（OK）" 按钮。点击 "保存（Save）" 按钮。

任务 2：创建顾客表

为了插入表格，要完成以下步骤：

1. 在插入标签页中选择 "表格（Tables）" 组，点击 "表格（Table）" 按钮，从下拉框中选择 "插入表格（Insert Table）" 命令，如图 5 所示，"插入表格（Insert Table）" 对话框展示出来。

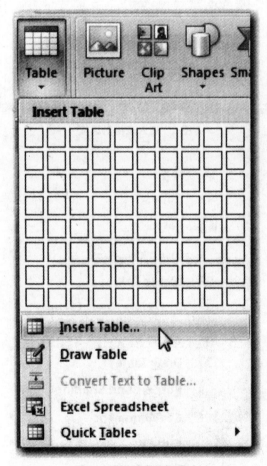

图 5　"插入表格" 命令

2. 在对话框中，选择 1 行 2 列，选择根据窗口调整表格，见图 6，点击 "确定（OK）" 按钮。

3. 选中表格，点右键，"表格属性" 对话框展示出来，见图 7。

4. 选择表格属性命令，表格属性对话框展示出来。

图6　插入表格对话框

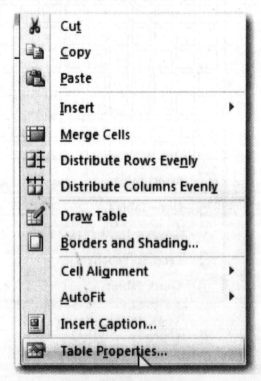

图7　表格属性快捷菜单

　　5. 在表格属性对话框中，选择行标签页，指定每行高度最小值为 1 英寸，如图 8 所示，点击"确定（OK）"。

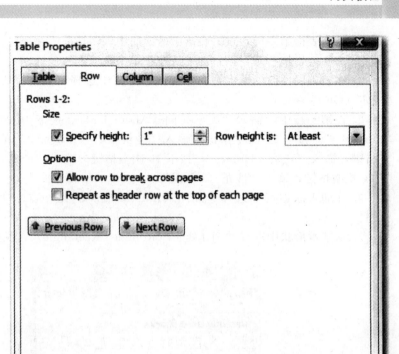

图 8　表格属性对话框

任务3：创建导航栏

为了创建导航栏，要完成以下步骤：

1. 选中表格，在"开始（Home）"标签页中选择"字体（Font）"组，设置字体为"Trebuchet MS"，设置字体大小为"11"，设置字体颜色为金黄色40％明度（Gold Accent 2 Lighter 40％）（第4行第5列）。点击"粗体（Bold）"按钮，如图9所示。

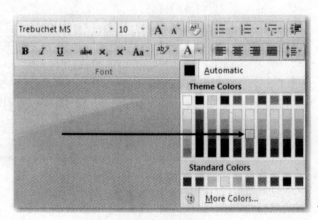

图 9　字体颜色

2. 点击表格第一行，点击段落中的"居中（Center）"按钮，

3. 选中表格第一行，点右键在快捷菜单中选择表格属性。

4. 在表格属性对话框中，在单元格标签页中选择垂直对齐方式为居中，点击"确定（OK）"。

5. 在第一行中，输入"关于我们（About Us）"。按下 10 次空格键，再输入"Email Us"。按下 10 次空格键，输入"健身中心（Fitness Center）"。按下 10 次空格键，输入"开始（Home）"。按下 10 次空格键。输入"产品（Products）"。按下 10 次空格键，输入"沙龙（Salon）"。

6. 在插入标签页中选择"插图（Illustrations）"组，点击"形状（Shapes）"按钮。

7. 从基本形状中选择"圆角矩形（Rounded Rectangle）"，见图 10。

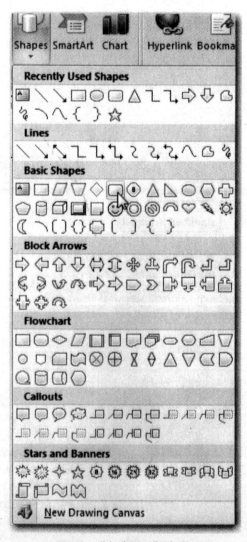

图 10 "自选图形"选项

8. 拖动鼠标使得圆角矩形覆盖住你之前输入的文字。（提示：之前你输入的记录被圆角矩形盖住了，你需要选择无填充颜色，才能看见之前的文字。）

9. 在圆角矩形上点右键，在快捷菜单中选择设置"自选图形格式（Format Auto Shape）"命令。"自选图形格式（Format Auto Shape）"对话框展示出来，见图 11。

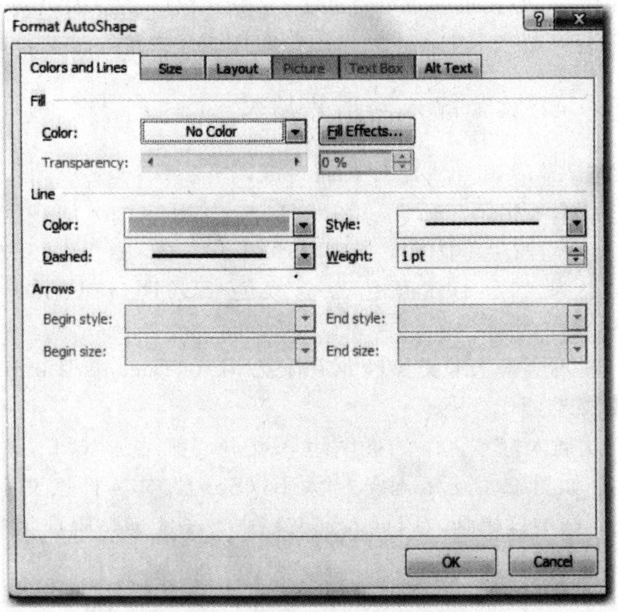

图 11　自选图形格式对话框

10. 点击"线条颜色（Colors and Lines）"标签页，在填充一栏，在颜色选项中，选择无颜色选项。在线条标签页中，点击颜色选项，选择金黄色 40％明度（第 4 行第 6 列）。设置线条宽度为 1 磅。

11. 点击布局标签页，选择"居中（Center）"按钮，如图 12 所示。点击"确定（OK）"。

图 12　自选图形格式

12. 在快捷工具栏中点击"保存（Save）"按钮。

13. 用 Internet 浏览器打开"蒂米卡主页（Timekas Home Page）"。确保导航栏在主页的中间，圆角矩形围绕着文字。如果没有，请关闭 Internet 浏览器，然后在微软 Word 中打开蒂米卡主页，并做出任何你认为必要的调整，保存蒂米卡主页。

任务 4：文本输入和图片插入

要输入文字和插入图片，需完成以下步骤：

1. 点击表格第二行。

2. 选择段落组中的"居中（Center）"按钮。设置字体为 Monotype Corsiva，字体大小为 26，字体颜色为金黄色 40％明度（第 4 行第 6 列）。点击回车"Enter"键。

3. 输入"蒂米卡美黑沙龙有限公司（Timeka's Tanning Salon，Inc.）"，不要按下回车键。

4. 从插入标签页中的插图组，点击"剪贴画（Clip Art）"按钮，弹出剪贴画提示框，如图 13 所示。输入"太阳（Sun）"作为搜索文字，然后找到一幅合适的剪贴画。选中这幅画，以插入到文档中。关闭剪贴画提示框。

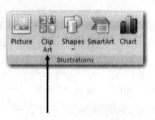

图 13　"剪贴画"按钮

5. 在插入的剪贴画上点击右键，在快捷菜单中选择"大小（Size）"。"大小（Size）"对话框将会出现，见图 14，如有必要，调整剪贴画的宽度和高度，点击"关闭（Close）"按钮。

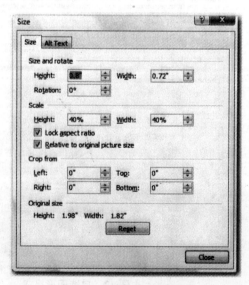

图 14　"大小"对话框

6. 取消选中，在蒂米卡美黑沙龙和剪贴画的下一行，输入 "555 Beach Haven Road"，按下回车键。

7. 输入 "San Francisco，CA94111"，按下回车键。

8. 输入 "（505）555-5758"，按下回车键。

9. 输入 "Open Daily From 6：00 a. m. to 10：00 p. m. "，按下回车键。

10. 选中表格，在开始标签页中的 "段落（Paragraph）" 组，点击下框线按钮旁边的向下箭头，选择 "无边框（No Border）"，如图 15 所示。

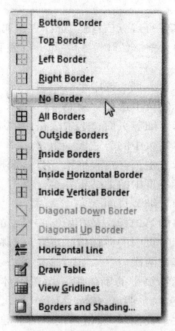

图 15 "无边框" 选项

11. 点击快捷工具栏中的 "保存（Save）" 按钮。

任务 2：创建内部页面

创建内部页面包括创建一个微软 Word 文档，插入图片，插入表格、书签和超链接。

活动 1：创建蒂米卡细节页面

创建蒂米卡细节页面，要完成以下步骤：

1. 打开微软 Word，新建一个文档。

2. 在布局标签页中选择主题组，点击 "主题（Themes）" 按钮，选择基本主题。

3. 点击 "Office" 按钮，选择 "另存为（Save As）" 命令。在另存为对话框中，输入 "蒂米卡细节页面（TimekasDetailsPage）" 作为文件名，文件类型选择网页。点击 "更改标题（Change Tittle）" 按钮，在弹出的对话框中，输入 "蒂米卡细节页面（Timeka's Details Page）" 作为页面的标题。点击 "确定（OK）"。点击 "保存（Save）" 按钮。

4. 在插入标签页中选择表格组，点击"表格（Table）"按钮，从下拉框中选择"插入表格（Insert Table）"命令，插入表格对话框展示出来。

5. 在对话框中，选择 1 行 2 列，选择根据窗口调整表格，点击"确定（OK）"。

6. 选中表格，点右键，快捷菜单展示出来。

7. 选择表格属性命令，表格属性对话框展示出来。

8. 在表格属性对话框中，选择行标签页，指定每行最小高度为 1 英寸，点击"确定（OK）"。

9. 选择表格第一行，点右键，选择表格属性。

10. 点击"单元格（Cell）"标签页，在垂直对齐一栏中选择居中，点击"确定（OK）"。

11. 回到蒂米卡主页，选中第一行。

12. 在开始标签页中选择"复制（Copy）"按钮。

13. 回到蒂米卡细节页面；选中表格中的第一行。

14. 在开始标签页中的剪贴板一组，选择"粘贴（Paste）"按钮。

15. 回到蒂米卡主页，在表格第二行，选择蒂米卡美黑沙龙和剪贴画。

16. 在开始标签页中的剪贴板一组，点击"复制（Copy）"按钮。

17. 回到蒂米卡细节页面。

18. 点击表格的第二行，在开始标签页中的段落组选择居中按钮。

19. 在开始标签页中的剪贴板一组，点击粘贴按钮。

20. 按下回车键两次。

21. 在开始标签页中的字体组，设置字体大小为 12，字体为 Trebuchet MS，字体颜色为金黄色 40％明度（第 4 行第 6 列）。点击段落组中的文本左对齐。

22. 输入"关于我们"，加粗，按下回车键两次。

23. 输入以下文字。

　　　　蒂米卡在阳光充足的加州长大，一直喜欢户外运动，尤其是水上项目。1994 年从大学获得会计学位后，蒂米卡在马文玛莎制造厂工作。这项工作需要经常出差，蒂米卡很快失去了自己的小麦肤色。蒂米卡在芝加哥宾馆房间面对镜子中的自己反思自己的过去时，终于知道自己应该做什么。她辞去了工作，从外公那儿借了一笔钱成立了蒂米卡美黑沙龙公司。现在，蒂米卡拥有一身漂亮的小麦色，你也可以。

　　　　为了提供高质量和专业的服务，蒂米卡美黑沙龙加入了全球智能美黑网络。（回到顶部）

24. 按下回车键两次。

25. 输入"健身中心"，按下回车键两次。

26. 输入以下文字。

　　　　健身中心提供慢跑道，自由重量训练，跑步机和健身自行车。在不远的将来，将会加入一个室内恒温游泳池和有氧课程。可以根据要求进行健身评估。健身会员计划见下表。（回到顶部）

27. 完成后，按下回车键两次。

28. 输入"沙龙"，按下回车键两次。

29. 输入以下文字。

　　　　美黑沙龙拥有 25 张美黑床，为了改善您的美黑体验，提供收音机和护目镜。每次美黑疗程后，美黑床会进行消毒。有各种美黑次数计划可选，计划和相关价格见下表。（回到顶部）

30. 完成后，按下回车键两次。

31. 输入"产品"，按下回车键两次。

32. 输入以下文字。

　　　　为了获得一个不断加深的深棕色，蒂米卡美黑沙龙还提供各种提升产品。产品和相关价格见下表。（回到顶部）

33. 按下回车键两次。

34. 对所有"（回到顶部）"进行加粗。

35. 将"国际智能美黑网络"加粗。

36. 保证每个介绍段落没有被加粗。（只有标题（见步骤 34 与 35），以及导航栏中的内容需要加粗。）

任务 2：插入健身中心表格

1. 将鼠标放在健身中心介绍段的右半圆括号后，按下回车键两次。

2. 在插入标签页中选择表格组，点击表格按钮，从下拉框中选择"插入表格（Insert Table）"命令，插入表格对话框展示出来。

3. 在对话框中，选择 4 行 2 列，选择根据窗口调整表格，点击"确定（OK）"。

4. 选中表格，点右键，快捷菜单展示出来。

5. 选择表格属性命令，表格属性对话框展示出来。

6. 在表格属性对话框中，选择行标签页，指定每行高度确定值为 0.3 英寸，如图 16 所示。

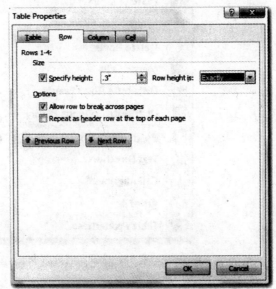

图 16　健身中心表格属性行高度设置

7. 在表格属性对话框中选择表格标签页，点击垂直对齐中的"居中（Center）"按钮，点击"确定（OK）"，如图 17 所示。

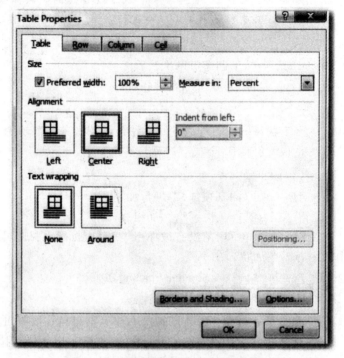

图 17 表格属性对话框中的表格标签页

8. 选择表格第一行，点右键，选择边框和底纹命令，如图 18 所示。

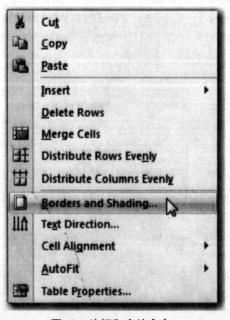

图 18 边框和底纹命令

9. 点击底纹标签页，在填充一栏，选择金黄色 80%明度（第 2 行第 6 列）。点击"确定（OK）"，如图 19 所示。

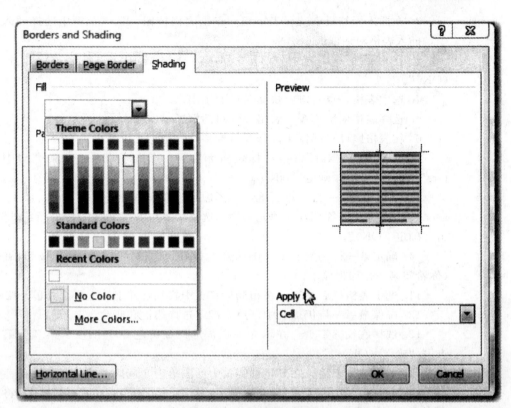

图 19　边框和底纹对话框

10. 确定第一行仍然选中，确认开始标签页中的字体组，加粗按钮始终选中。（你希望第一行加粗显示。）

11. 选中表格最后一行，在布局标签页中找到合并组，选择合并单元格按钮。

12. 确保最后一行仍被选中，点右键，选择边框和底纹。

13. 选择底纹标签页，在填充一栏，选择金黄色 80％明度（第 2 行第 6 列）。点击"确定（OK）"。

14. 选中整个表格，在开始标签页中的段落组，选择"居中（Center）"按钮。

15. 如有必要，选中表格的第 2 行和第 3 行，点击字体组中的加粗按钮，将这些文字变为没有加粗。（第 2 行与第 3 行中的内容不应该加粗。）

16. 输入图 20 中展示的内容到表格中。（当你输入数据时，表格会自动扩展。）

Fitness Membership List	Fitness Membership Prices
Six-Month Fitness Membership	$180.99
Yearly Fitness Membership	$280.99
Cash and checks are welcome. **Credit cards can be used on purchases greater than $50.**	

图 20　健身中心会员数据

任务 3：插入沙龙表格

1. 将鼠标放在沙龙介绍段的右半圆括号后，按下回车键两次。

2. 在插入标签页中选择表格组，点击表格按钮，从下拉框中选择插入表格命令，插入表格对话框展示出来。

3. 在对话框中，选择 7 行 2 列，选择根据窗口调整表格，点击"确定（OK）"。

4. 选中表格，点右键，快捷菜单展示出来。

5. 选择表格属性命令，表格属性对话框展示出来。

6. 在表格属性对话框中，选择行标签页，指定每行高度确定值为 0.3 英寸。

7. 在表格属性对话框中选择表格标签页，点击垂直对齐中的"居中（Center）"按钮，点击"确定（OK）"。

8. 选择表格第一行，点右键，选择边框和底纹命令。

9. 点击底纹标签页，在填充一栏，选择金黄色 80％明度（第 2 行第 6 列）。点击"确定（OK）"。

10. 确定第一行仍然选中，确认开始标签页中的字体组，加粗按钮始终选中。（你希望第一行加粗显示。）

11. 选中表格最后一行，在布局标签页中找到合并组，选择合并单元格按钮。

12. 确保最后一行仍被选中，点右键，选择边框和底纹。

13. 选择底纹标签页，在填充一栏，选择金黄色 80％明度（第 2 行第 6 列）。点击"确定（OK）"。

14. 选中整个表格，在开始标签页中的段落组，选择"居中（Center）"按钮。

15. 如有必要，选中表格的第 2～6 行，点击字体组中的加粗按钮，将这些文字变为没有加粗。（第 2～6 行中的内容不应该加粗。）

16. 输入图 21 中展示的内容到表格中。（当你输入数据时，表格会自动扩展。）

Session List	Session Prices
1 Session	$5.00
5 Sessions	$25.00
10 Sessions	$50.00
15 Sessions	$75.00
20 Sessions	$100.00
Cash and checks are welcome. **Credit cards can be used on purchases greater than $50.**	

图 21　沙龙价格

任务 4：插入产品表格

1. 将鼠标放在沙龙介绍段的右半圆括号后，按下回车键两次。

2. 在插入标签页中选择表格组，点击表格按钮，从下拉框中选择"插入表格（Insert Table）"命令，插入表格对话框展示出来。

3. 在对话框中，选择 8 行 2 列，选择根据窗口调整表格，点击"确定（OK）"。

4. 选中表格，点右键，快捷菜单展示出来。

5. 选择表格属性命令，表格属性对话框展示出来。

6. 在表格属性对话框中,选择行标签页,指定每行高度确定值为 0.3 英寸。

7. 在表格属性对话框中选择表格标签页,点击垂直对齐中的居中按钮,点击"确定(OK)"。

8. 选择表格第一行,点右键,选择边框和底纹命令。

9. 点击底纹标签页,在填充一栏,选择金黄色 80% 明度(第 2 行第 6 列)。点击"确定(OK)"。

10. 确定第一行仍然选中,确认开始标签页中的字体组,加粗按钮始终选中。(你希望第一行加粗显示。)

11. 选中表格最后一行,在布局标签页中找到合并组,选择合并单元格按钮。

12. 确保最后一行仍被选中,点右键,选择边框和底纹命令。

13. 选择底纹标签页,在填充一栏,选择金黄色 80% 明度(第 2 行第 6 列)。点击"确定(OK)"。

14. 选中整个表格,在开始标签页中的段落组,选择"居中(Center)"按钮。

15. 如有必要,选中表格的第 2～7 行,点击字体组中的加粗按钮,将这些文字变为没有加粗。(第 2～67 行中的内容不应该加粗。)

16. 输入图 22 中展示的内容到表格中。(当你输入数据时,表格会自动扩展。)

Product List	Product Prices
Bronze 12 oz Lotion	$24.99
Golden 12 oz Lotion	$27.99
Bronze 12 oz Oil	$19.99
Golden 12 oz Oil	$21.99
Timeka's Tan Enhancer 12 oz Lotion	$27.99
Timeka's Tan Enhancer 16 oz Lotion	$34.99

Cash and checks are welcome.
Credit cards can be used on purchases greater than $50.

图 22 沙龙价格

任务 5:插入书签

1. 鼠标放置在"关于我们(About Us)"段落的标题左边。

2. 在插入标签页中的链接组,选择"书签(Bookmark)"按钮,如图 23 所示。

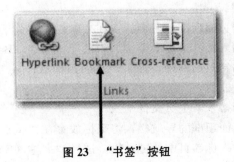

图 23 "书签"按钮

3. 在书签对话框中，输入"关于我们（About Us）"作为书签名，点击"添加（Add）"按钮，如图 24 所示。

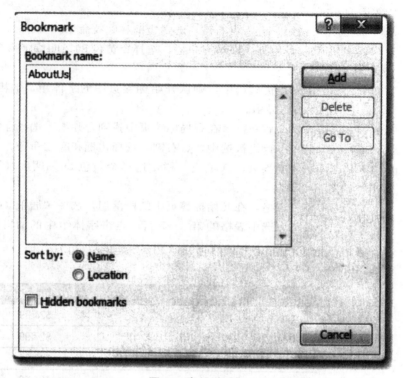

图 24　书签对话框

4. 鼠标放置在"健身中心（Fitness Center）"段落的标题左边。

5. 在插入标签页中的链接组，选择"书签（Bookmark）"按钮。

6. 在书签对话框中，输入"健身中心（Fitness Center）"作为书签名，点击"添加（Add）"按钮。

7. 鼠标放置在"沙龙（Salon）"段落的标题左边。

8. 在插入标签页中的链接组，选择"书签（Bookmark）"按钮。

9. 在书签对话框中，输入"美黑沙龙（Tanning Salon）"作为书签名，点击"添加（Add）"按钮。

10. 鼠标放置在"产品（Products）"段落的标题左边。

11. 在插入标签页中的链接组，选择"书签（Bookmark）"按钮。

12. 在书签对话框中，输入"产品（Products）"作为书签名，点击"添加（Add）"按钮。

13. 回到页面顶部，鼠标放置在导航栏中"关于我们（About Us）"的左边。

14. 在插入标签页中的链接组，选择"书签（Bookmark）"按钮。

15. 在书签对话框中，输入"页面顶部（Page Top）"作为书签名，点击"添加（Add）"按钮。

16. 回到蒂米卡主页文件中。

17. 在页面顶部的导航栏，将鼠标放置在"关于我们（About Us）"的左边。

18. 在插入标签页中的链接组，选择"书签（Bookmark）"按钮。

19. 在书签对话框中，输入"开始（Home）"作为书签名，点击"添加（Add）"按钮。

任务 6：在蒂米卡细节页面中插入超链接

1. 回到蒂米卡细节页面文档中，选中导航栏里"关于我们（About Us）"，如图 25 所示。

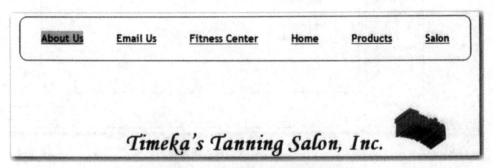

图 25　"关于我们"超链接

2. 在选中的文本中点右键，在快捷菜单中选择"超链接（Hyperlink）"命令，如图 26 所示，插入超链接对话框出现。

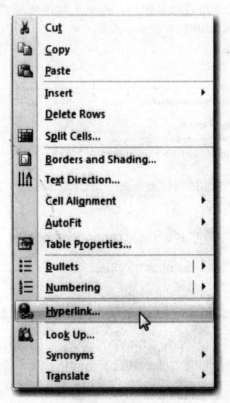

图 26　超链接命令

3. 点击本文档中的"位置（Place）"按钮，选择"关于我们（About Us）"书签，如图 27 所示，点击"确定（OK）"。

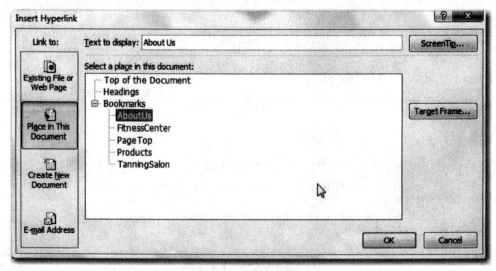

图 27 插入超链接对话框

4. 选中导航栏里"联系我们（Email Us）"。

5. 在选中的文本中点右键，在快捷菜单中选择"超链接（Hyperlink）"命令，插入超链接对话框出现。

6. 点击电子邮件地址按钮，在电子邮件地址栏中输入 timeka@timekatastanningsalon. xxx，如图 28 所示，点击"确定（OK）"。（提示：微软 Word 自动添加 mailto：。）

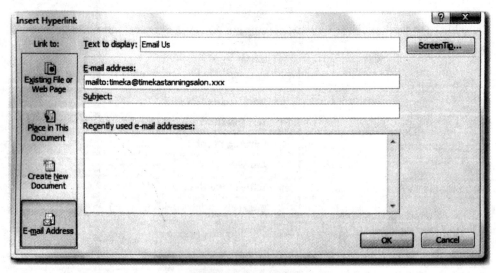

图 28 电子邮件地址

7. 选中导航栏里"健身中心（Fitness Center）"。

8. 在选中的文本中点右键，在快捷菜单中选择超链接命令，插入超链接对话框出现。

9. 点击本文档中的"位置（Place）"按钮，选择"健身中心（Fitness Center）"书签，点击"确定（OK）"。

10. 选中导航栏里"开始（Home）"。

11. 在选中的文本中点右键，在快捷菜单中选择"超链接（Hyperlink）"命令，插入超链接对话框出现。

12. 点击现有文件或网页按钮，点击"当前文件夹（Current Folder）"按钮，选择蒂米卡主页，再点击"书签（Bookmark）"按钮，选择"开始（Home）"书签，点击"确定（OK）"，见图29。

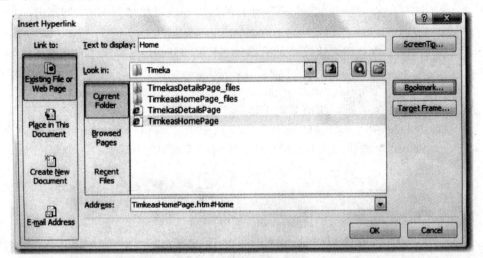

图 29　链接到现有文件

13. 选中导航栏里"产品（Products）"。

14. 在选中的文本中点右键，在快捷菜单中选择"超链接（Hyperlink）"命令，插入超链接对话框出现。

15. 点击本文档中的"位置（Place）"按钮，选择"产品（Products）"书签，点击"确定（OK）"。

16. 选中导航栏里的"沙龙（Salon）"。

17. 在选中的文本中点右键，在快捷菜单中选择"超链接（Hyperlink）"命令，插入超链接对话框出现。

18. 点击本文档中的"位置（Place）"按钮，选择"沙龙（Salon）"书签，点击"确定（OK）"。

19. 在"关于我们（About Us）"部分的第3段，选择文本"国际智能美黑网络（International Smart Tan Network）"。

20. 在选中的文本上点右键，从快捷菜单中选择"超链接（Hyperlink）"命令，插入超链接对话框出现。

21. 点击"现有文件或网页（Existing File or Web Page）"按钮，点击"当前文件夹（Current Folder）"按钮，在地址栏中输入"http：//www.smarttan.com"，点击"确定（OK）"。

22. 在"关于我们（About Us）"部分的第3段，选择文本"（回到顶部）（Return to top of page）"。

23. 在选中的文本上点右键，从快捷菜单中选择"超链接（Hyperlink）"命令，插入超链接对话框出现。

24. 点击本文档中的"位置（Place）"按钮，选择"页面顶部（Page Top）"书签，点击"确定（OK）"。

25. 选择"(回到顶部)(Return to top of page)"这一超链接，点右键，在快捷菜单中选择"复制超链接（Copy Hyperlink)"。

26. 在"健身中心（Fitness Center)"部分的最后一段，选择文本"（回到顶部）(Return to top of page)"。

27. 点右键，快捷菜单中选择"粘贴（Paste)"超链接命令。

28. 在"沙龙（Salon)"部分的最后一段，选择文本"（回到顶部）(Return to top of page)"。

29. 点右键，快捷菜单中选择"粘贴（Paste)"超链接命令。

30. 在"产品（Product)"部分的最后一段，选择文本"（回到顶部）(Return to top of page)"。

31. 点右键，快捷菜单中选择"粘贴（Paste)"命令。

32. 在"开始（Home)"标签页中的"编辑（Editing)"一组，点击"选择（Select)"按钮。从下拉菜单中，选择"全选（Select All)"命令，如图 30 所示。

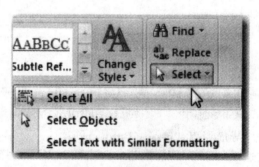

图 30　"全选"命令

33. 从"开始（Home)"标签页中的"段落（Paragraph)"组，点击下框线旁的向下箭头，在菜单中选择"无框线（No Border)"选项。（表格中的网格线将被去掉。）

任务 7：在蒂米卡主页中插入超链接

1. 回到蒂米卡主页的顶部，选中导航栏里"关于我们（About Us)"。

2. 在选中的文本中点右键，在快捷菜单中选择"超链接（Hyperlink)"命令，插入超链接对话框出现。

3. 点击"现有文件或网页（Existing File or Web Page)"按钮，点击"当前文件夹（Current Folder)"按钮，选择蒂米卡细节页面，再点击"书签（Bookmark)"按钮。将会出现在文档中选择位置对话框，选择"关于我们（About Us)"书签，点击"确定（OK)"。再点击"确定（OK)"，如图 31 所示。

4. 选中导航栏里"联系我们（Email Us)"。

5. 在选中的文本中点右键，在快捷菜单中选择"超链接（Hyperlink)"命令，插入超链接对话框出现。

6. 点击电子邮件地址按钮，在电子邮件地址栏中点击最近使用的电子邮件地址 timeka@timekatastanningsalon.xxx。（如果电子邮件地址没有出现，就再输入一次。）点击"确定（OK)"。

图 31　在文档中选择位置对话框

7. 选中导航栏里"健身中心（Fitness Center）"。

8. 在选中的文本中点右键，在快捷菜单中选择"超链接（Hyperlink）"命令，插入超链接对话框出现。

9. 点击"现有文件或网页（Existing File or Web Page）"按钮，点击"当前文件夹（Current Folder）"按钮，选择蒂米卡细节页面，再点击"书签（Bookmark）"按钮。将会出现在文档中选择位置对话框，选择"健身中心（Fitness Center）"书签，点击"确定（OK）"。再点击"确定（OK）"。

10. 选中导航栏里"开始（Home）"。

11. 在选中的文本中点右键，在快捷菜单中选择超链接命令，插入超链接对话框出现。

12. 点击本文档中的"位置（Place）"按钮，选择"开始（Home）"书签，点击"确定（OK）"。

13. 选中导航栏里"产品（Products）"。

14. 在选中的文本中点右键，在快捷菜单中选择"超链接（Hyperlink）"命令，插入超链接对话框出现。

15. 点击"现有文件或网页（Existing File or Web Page）"按钮，点击"当前文件夹（Current Folder）"按钮，选择蒂米卡细节页面，再点击"书签（Bookmark）"按钮。将会出现在文档中选择位置对话框，选择"产品（Products）"书签，点击"确定（OK）"。再点击"确定（OK）"。

16. 选中导航栏里"沙龙（Salon）"。

17. 在选中的文本中点右键，在快捷菜单中选择"超链接（Hyperlink）"命令，插入超链接对话框出现。

18. 点击"现有文件或网页（Existing File or Web Page）"按钮，点击"当前文件夹（Current Folder）"按钮，选择蒂米卡细节页面，再点击"书签（Bookmark）"按钮。将会出现在文档中选择位置对话框，选择"美黑沙龙（Tanning Salon）"书签，点击"确定（OK）"。再点击"确定（OK）"。

19. 点击快捷工具栏中的"保存（Save）"按钮。

活动 3：保存、查看和测试网页

活动 3 包括通过网页来查看设计好的文档，测试超链接。

任务 1：查看网页和测试超链接

1. 打开微软 Internet 浏览器。
2. 在工具栏菜单中找到文件菜单，选择"打开（Open）"命令。
3. 在弹出的对话框中，点击"浏览（Browse）"按钮，找到蒂米卡主页。图 32 展示了完整的主页。

| About Us | Email Us | Fitness Center | Home | Products | Salon |

Timeka's Tanning Salon, Inc.
555 Beach Haven Road
San Francisco, CA 94111
Phone Number: (505) 555-5748
Open Daily From 6:00 a.m. to 10:00 p.m.

图 32　沙龙主页

4. 确保每个超链接都能正常工作。点击每个超链接。（如果这个链接不正确，在文件菜单中选择在微软 Word 中编辑。文件在微软 Word 中打开后，做出修改并保存。）
5. 检查完蒂米卡主页的链接之后，在微软 Internet 浏览器中打开蒂米卡细节页面，检查其中的超链接。图 33 展示了沙龙的内部网页。

设计测试准备

测试你的设计部分要求你增加有氧课程时间表、特别次数和新增健身中心会员计划到沙龙的网站中。本教程没有提供如何插入这部分信息的步骤指导。你需要将它当做一个练习来完成。

案例作业

设计测试部分通常涉及网页的修改。这鼓励你设计一个更灵活的网页来适应不断变化的商业需求。

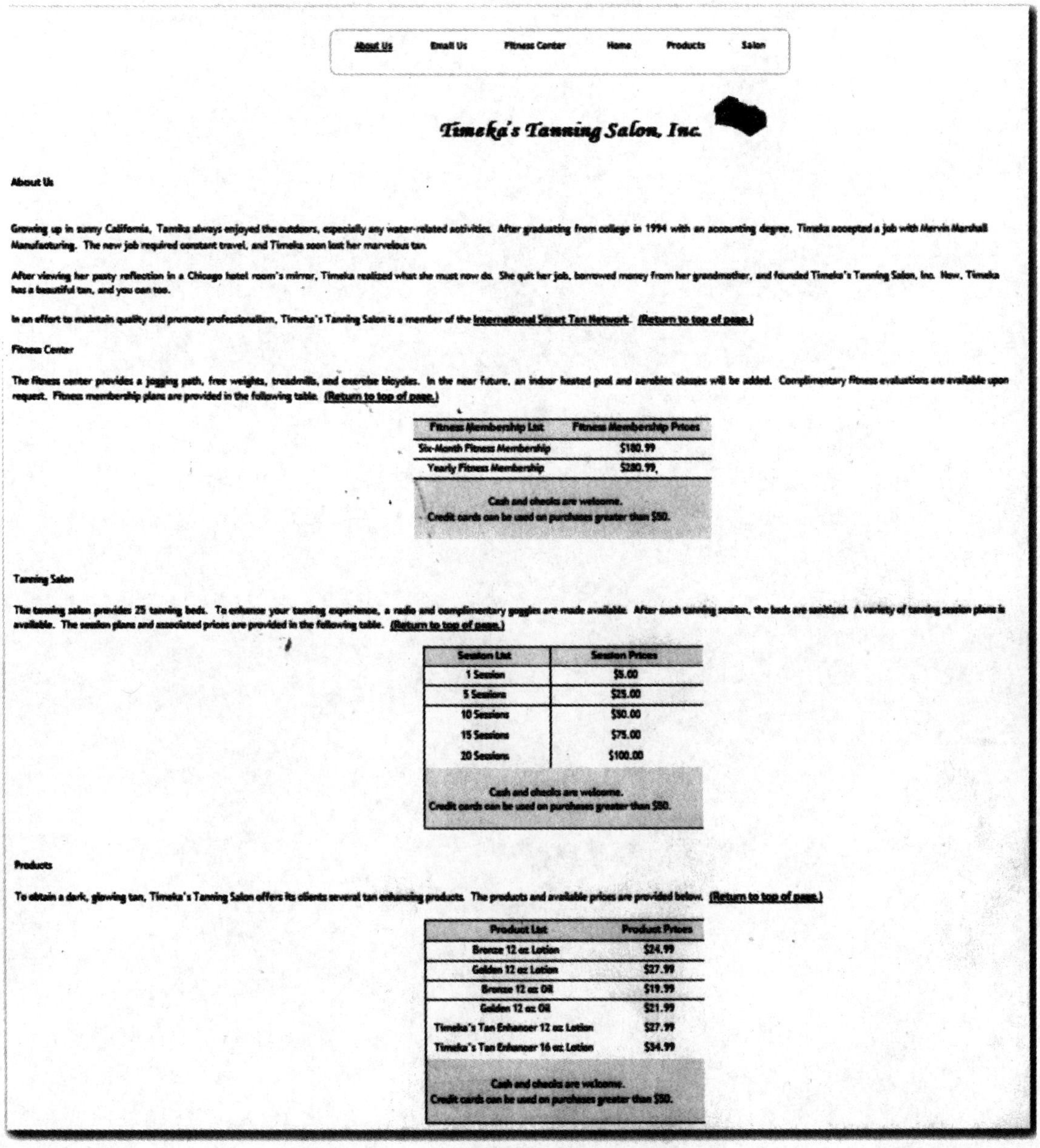

图 33　沙龙内部网页

第 V 篇

术 语

■ 工作表术语
■ 数据库术语
■ 网页术语

工作表术语

　　本书涉及很多工作表术语。在完成本书中的工作表案例时，也需要一些工作表技能。案例中的技能检定功能指出了完成该案例需要的主要技能。在着手开始完成案例前，你应该使用技能检定功能帮助自己确定是否需要复习某项技能。

　　工作表术语部分给出了本书中所用到的许多技能的简要解释和回顾。该术语是为微软 Excel 2007 的用户设计的，并没有给出相关技能的详细解释。如果需要详细了解如何使用某项技能，你可以使用系统的在线帮助功能获得该技能的更多信息。系统在线帮助功能是一个了解技能，以及获得如何在工作表应用程序中使用该技能详细说明的很好方式。

工作表技能

绝对单元格引用（Absolute Cell Reference）：当你向多个单元格复制公式时，微软 Excel 会修改公式的单元格引用，以反映公式的最新位置。如果你不希望修改单元格引用信息，应该使用绝对单元格引用。如果一个单元格使用的是绝对引用方式，就在引用的列和行前放置一个 $ 符号。例如，如果表示单元格 A4 的绝对引用，你应当输入 $A$4。

高级过滤（Advanced Filter）：高级过滤命令显示的是 Excel 表中满足特定条件的记录。从该角度看，不满足条件的记录被暂时隐藏了。高级过滤命令与过滤命令除了选择条件外，其余地方非常类似。高级过滤命令为你提供了更好的定制选择条件能力。在使用高级过滤命令之前，你必须创建一个条件区域。图 1 显示了一张工作表，其中第 3 行到第 6 行设置了条件区域。第 3 行中包含了字段名称。第 4，

	A	B	C	D	E	F	G	H	I	J	K
1	**College of Business Administration**										
2	**Faculty Information**										
3	**Last Name**	**First Name**	**Gender**	**Degree**	**Department**	**Hire Date**	**Salary**	**Rank**	←		
4										Criteria Range	
5											
6									←		
7											
8	**Last Name**	**First Name**	**Gender**	**Degree**	**Department**	**Hire Date**	**Salary**	**Rank**			
9	Abdul	Mohammed	Male	M.Ed.	General Business	8/1/1999	$ 72,000.00	Assistant			
10	Barnes	Fred	Male	MS	Information Systems	8/1/2002	$ 42,000.00	Instructor			
11	Chen	Geo	Male	Ed.D.	Information Systems	8/1/1999	$ 62,500.00	Assistant			
12	Chiaf	Sally	Female	Ph.D.	Economics	8/1/1994	$ 75,000.00	Associate			
13	Friel	Essie	Female	Ph.D.	Economics	8/1/1993	$ 72,000.00	Professor			
14	Hulva	Tracy	Male	Ed.D.	Finance	8/1/1992	$ 78,000.00	Associate			
15	Jones	Mary	Female	Ph.D.	Marketing	8/1/1992	$ 100,000.00	Professor			
16	Lancaster	Zoribel	Male	J.D.	General Business	8/1/1990	$ 51,500.00	Associate			
17	Malcom	John	Male	MBA	General Business	8/1/1996	$ 42,000.00	Instructor			
18	Mencor	David	Male	J.D.	Finance	8/1/1990	$ 52,000.00	Associate			
19	Namiesnoiwoski	Elaine	Female	Ph.D.	Finance	8/1/1994	$ 75,000.00	Associate			
20	Nguyen	Stewart	Male	Ph.D.	Marketing	8/1/1996	$ 89,000.00	Associate			
21	Peterson	Mike	Male	J.D.	General Business	8/1/1999	$ 55,000.00	Assistant			
22	Plagg	Nathan	Male	Ph.D.	Management	8/1/1997	$ 72,000.00	Assistant			
23	Porter	Larry	Male	Ph.D.	Information Systems	8/1/1988	$ 125,000.00	Professor			
24	Reese	LouAnn	Female	MBA	Accounting	8/1/1998	$ 72,000.00	Assistant			
25	Ritzhaupht	Courtney	Female	MBA	Management	8/1/1982	$ 50,000.00	Instructor			
26	Uhlenhopp	Kevan	Male	Ed.D.	Management	8/1/1997	$ 72,000.00	Assistant			
27	Weiss	Clare	Female	Ph.D.	Accounting	8/1/2001	$ 72,000.00	Assistant			
28	Whaley	Dari	Female	Ed.D.	Accounting	8/1/1996	$ 70,000.00	Associate			

图 1　带有条件区域的高级过滤

5，6 行可以输入条件。建议你将条件区域设置为三行，并且使用一个空白行将条件区域与你的数据分隔开。在高级过滤示例中，只有第 3 行和第 4 行在高级过滤对话框中被指定为条件区域。这是由于第 3 行中含有列标题，第 4 行中含有条件。而第 5，6 行中并没有包含条件。你同样可以使用系统的在线帮助功能了解有关高级过滤命令的更多信息。（详见 Excel 表格。）

你可以通过如下操作使用高级过滤命令：

1. 确保你已经创建了 Excel 表格。

2. 创建了条件区域。

3. 在条件区域中插入你的条件。

4. 点击功能区中的"数据（Data）"标签页，单击"排序和过滤（Sort&Filter）"菜单组中的"高级（Advanced）"按钮，就会出现"高级过滤（Advanced Filter）"对话框。图 2 展示了"高级过滤（Advanced Filter）"对话框。注意，该对话框询问了表格的位置（列表范围）以及条件区域位置。如图 1 所示的条件区域包含了第 3 行和第 4 行，该条件区域的设定为＄A＄3：＄H＄4。

图 2　"高级过滤"对话框

高级过滤示例（Advanced Filter Example）：假设你想了解哪些信息系统教职人员每年能获得超过 80 000 美元的收入。图 3 展示了该条件和高级过滤结果，结果表明只有拉里·波特（Larry Porter）满足该条件。

	A	B	C	D	E	F	G	H	I	J	K
1	**College of Business Administration**										
2	**Faculty Information**										
3	**Last Name**	**First Name**	**Gender**	**Degree**	**Department**	**Hire Date**	**Salary**	**Rank**	←	**Criteria Range**	
4					Information Systems		>80000				
5											
6									←		
7											
8	**Last Name**	**First Name**	**Gender**	**Degree**	**Department**	**Hire Date**	**Salary**	**Rank**			
23	Porter	Larry	Male	Ph.D.	Information Systems	8/1/1988	$ 125,000.00	Professor			

图 3　高级过滤示例

AVERAGE 函数（AVERAGE Function）：AVERAGE 函数返回一个指定单元格区域的平均值。例如，假设你想要计算图 4 中所示的 CSM 学生的平均成绩。学生宝莲·杰弗里（Pauline Jeffery）的考试成绩包含在单元格 E4，F4，G4 和 H4 中，如果希望在单元格 I4 中保存成绩的平均值，你需要在 I4 中输入：**＝AVERAGE（E4：H4）**。

I4	▼		fx	=AVERAGE(E4:H4)				
	A	B	C	D	E	F	G	H	I
1	**Computing Systems For Management**								
2	**Fall 2007**								
3	First Name	Last Name	Days Absent		Exam I	Exam II	Exam III	Final	Average
4	Pauline	Jeffery	0		100	82	78	95	88.75
5	Margaret	Brady	1		87	89	77	92	86.25
6	Larry	Martin	3		65	78	89	94	81.50
7	Ti	Yee	5		43	81	96	97	79.25
8	Lester	LaMonte	0		94	92	56	98	85.00
9	Fred	Reed	6		78	97	98	100	93.25
10	Lawanda	Smith	1		75	56	85	100	79.00
11	Peter	Sands	9		62	75	88	89	78.50
12	Jewel	Rochat	2		90	94	88	89	90.25
13	Aubrey	Strunk	1		70	75	85	88	79.50

图 4   AVERAGE 函数

自动过滤（AutoFilter）：在微软 Excel 2007 中，该命令称为过滤。（详见过滤。）

按钮（Button）：一个按钮是添加到工作表中小（或大）的对象。一个按钮可以被指定一个宏，并在点击该按钮时执行宏。微软 Excel 使你具有向工作表添加不同类型按钮的能力。例如，你可以添加旋转、命令、切换和选项按钮。下面给出了一个命令按钮的示例。

你可以通过如下操作来添加按钮：

1. 点击功能区中的"开发工具（Developer）"标签页。（如果"设计（Design）"标签页当前不可用，你需要将它添加到功能区中。使用你的系统在线帮助了解更多向功能区添加命令的信息。）

2. 点击"控制（Controls）"菜单组中的"插入（Insert）"命令，然后点击表单控制中的"按钮（Button）"命令。详见图 5。

图 5   "按钮"命令

3. 将按钮拖动到工作表中。当你拖动按钮后，就会出现"指定宏（Assign Macro）"对话框。此时，你可以为该按钮指定一个宏。

单元格格式（Cell Formatting）：当你格式化一个单元格时，你可以改善单元格的外观及其内容的可读性。你可以在"开始（Home）"标签页中设置字体、对齐方式、数字以及样式。图6给出了"开始（Home）"标签页中的格式化选项。

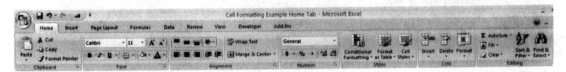

图6 **"开始"标签页中的"单元格格式"选项**

你可以通过如下操作应用数字格式：

1. 选中你想要格式化的单元格。

2. 在"开始（Home）"标签页中的"数字（Number）"菜单组中，点击下拉框选择你想要的数字格式。

或者：

1. 选中你想要格式化的单元格。

2. 点击"数字（Number）"菜单组中的"设置单元格格式（Dialog Box Launcher）"对话框。详见图7。

3. 选择你想要的格式。

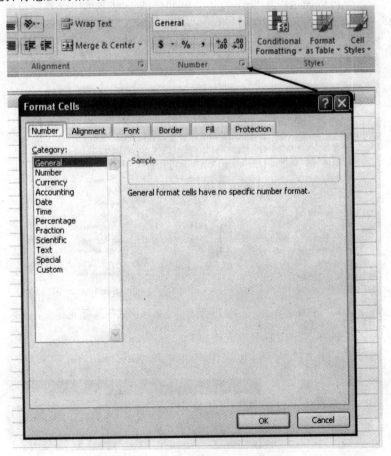

图7 **"设置单元格格式"对话框**

单元格引用（Cell Reference）：详见绝对单元格引用和相对单元格引用。

　　图表（Chart）：一个图表是工作表中选定数据的图形表示。微软 Excel 为你提供了多种图形选项。

　　你可以通过完成以下步骤来创建图表：

　　1. 选定你想要以图形表示的数据。

　　2. 在功能区中，点击"插入（Insert）"标签页。

　　3. 点击"图表（Charts）"菜单组的"图表（Chart）"按钮。详见图 8。

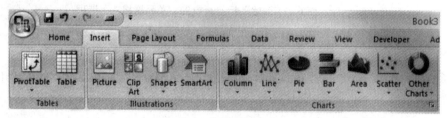

图 8　"图表"菜单组

　　条件格式（Conditional Formatting）：条件格式适用于某种特定的格式，例如当单元格中的内容满足某个特定条件时，令单元格变成红色。（以下步骤假设你想要高亮显示值大于 5 的单元格。）

　　你可以通过以下操作为某个单元格或一组单元格设置条件格式：

　　1. 选定单元格或单元格区域。

　　2. 点击"开始（Home）"标签页"样式（Styles）"菜单组中的"条件格式（Conditional Formatting）"按钮。详见图 9。

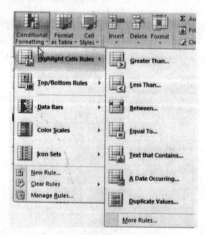

图 9　"条件格式"选项

　　3. 选择"高亮显示单元格规则（Highlight Cells Rules）"命令，然后点击"大于（Greater Than）"命令，就会出现"大于（Greater Than）"对话框。详见图 10。

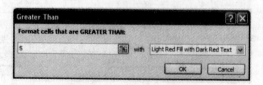

图 10　"大于"对话框

4. 在"大于（Greater Than）"对话框中，输入"5"，并选择你的条件格式准则（"浅红填充色深红色文本（Light Red Fill with Red Text）"），然后点击"确定（OK）"按钮。

条件格式示例：假设一个计算机系统管理课程的教授想要用红色高亮显示缺勤天数大于 5 的学生。该教授可以在缺勤天数列应用条件格式，使得缺勤天数大于 5 的学生可以用浅红填充色深红色文本高亮显示。图 11 给出了在缺勤天数列应用条件格式的示例。

	First Name	Last Name	Days Absent			Exam I	Exam II	Exam III	Final	Average

Computing Systems For Management Fall 2007

First Name	Last Name	Days Absent	Exam I	Exam II	Exam III	Final	Average
Pauline	Jeffery	0	100	82	78	95	88.75
Margaret	Brady	1	87	89	77	92	86.25
Larry	Martin	3	65	78	89	94	81.50
Ti	Yee	5	43	81	96	97	79.25
Lester	LaMonte	0	94	92	56	98	85.00
Fred	Reed	6	78	97	98	100	93.25
Lawanda	Smith	1	75	56	85	100	79.00
Peter	Sands	9	62	75	88	89	78.50
Jewel	Rochat	2	90	94	88	89	90.25
Aubrey	Strunk	1	70	75	85	88	79.50

图 11　条件格式示例

合并工作表（Consolidating Worksheets）：本书中，工作表的合并意味着将多张工作表中的数据汇总到一张汇总工作表中。

COUNT 函数（COUNT Function）：COUNT 函数用于确定某个给定的单元格区域内数值条目的数量。COUNT 函数的语法是：＝**COUNT（开始单元格：结束单元格）**。

COUNT 函数示例：假设 CSM 的教授想要了解有多少学生参加了第一场的考试。她可以在单元格 E15 中输入：＝**COUNT（E4：E13）**。图 12 给出了一个 COUNT 函数示例。

E15			fx	=COUNT(E4:E13)				

	A	B	C	D	E	F	G	H	I
1	**Computing Systems For Management**								
2	**Fall 2007**								
3	First Name	Last Name	Days Absent		Exam I	Exam II	Exam III	Final	Average
4	Pauline	Jeffery	0		100	82	78	95	88.75
5	Margaret	Brady	1		87	89	77	92	86.25
6	Larry	Martin	3		65	78	89	94	81.50
7	Ti	Yee	5		43	81	96	97	79.25
8	Lester	LaMonte	0			92	56		74.00
9	Fred	Reed	6		78	97		100	91.67
10	Lawanda	Smith	1		75	56	85	100	79.00
11	Peter	Sands	9		62	75			68.50
12	Jewel	Rochat	2		90	94	88	89	90.25
13	Aubrey	Strunk	1		70	75	85		76.67
14									
15	Count				9	10	8	7	

图 12　COUNT 函数示例

COUNTA 函数（COUNTA Function）：COUNTA 函数是一个用于总计单元格区域内非空单元格数量的统计函数。COUNTA 函数的语法是：＝**COUNTA（开始单元格：结束单元格）**。

COUNTIF 函数（COUNTIF Function）：COUNTIF 函数用于确定满足特定条件的单元格数量。例如，你想要了解每年收入超过 70 000 美元的教职人员数量。图 13 演示了 COUNTIF 函数的使用。

	G24	▼	fx	=COUNTIF(G4:G23,">70,000")			
	A	B	C	D	E	F	G	H

	A	B	C	D	E	F	G	H
1	College of Business Administration							
2	Faculty Information							
3	**Last Name**	**First Name**	**Gender**	**Degree**	**Department**	**Hire Date**	**Salary**	**Rank**
4	Abdul	Mohammed	Male	M.Ed.	General Business	8/1/1999	$ 72,000.00	Assistant
5	Barnes	Fred	Male	MS	Information Systems	8/1/2002	$ 42,000.00	Instructor
6	Chen	Geo	Male	Ed.D.	Information Systems	8/1/1999	$ 62,500.00	Assistant
7	Chiaf	Sally	Female	Ph.D.	Economics	8/1/1994	$ 75,000.00	Associate
8	Friel	Essie	Female	Ph.D.	Economics	8/1/1993	$ 72,000.00	Professor
9	Hulva	Tracy	Male	Ed.D.	Finance	8/1/1992	$ 78,000.00	Associate
10	Jones	Mary	Female	Ph.D.	Marketing	8/1/1992	$ 100,000.00	Professor
11	Lancaster	Zoribel	Male	J.D.	General Business	8/1/1990	$ 51,500.00	Associate
12	Malcom	John	Male	MBA	General Business	8/1/1996	$ 42,000.00	Instructor
13	Mencor	David	Male	J.D.	Finance	8/1/1990	$ 52,000.00	Associate
14	Namiesnoiwoski	Elaine	Female	Ph.D.	Finance	8/1/1994	$ 75,000.00	Associate
15	Nguyen	Stewart	Male	Ph.D.	Marketing	8/1/1996	$ 89,000.00	Associate
16	Peterson	Mike	Male	J.D.	General Business	8/1/1999	$ 55,000.00	Assistant
17	Plagg	Nathan	Male	Ph.D.	Management	8/1/1997	$ 72,000.00	Assistant
18	Porter	Larry	Male	Ph.D.	Information Systems	8/1/1988	$ 125,000.00	Professor
19	Reese	LouAnn	Female	MBA	Accounting	8/1/1998	$ 72,000.00	Assistant
20	Ritzhaupht	Courtney	Female	MBA	Management	8/1/1982	$ 50,000.00	Instructor
21	Uhlenhopp	Kevan	Male	Ed.D.	Management	8/1/1997	$ 72,000.00	Assistant
22	Weiss	Clare	Female	Ph.D.	Accounting	8/1/2001	$ 72,000.00	Assistant
23	Whaley	Dari	Female	Ed.D.	Accounting	8/1/1996	$ 70,000.00	Associate
24					**Greater Than $70,000**		12	

图 13　COUNTIF 函数示例

数据表（Data Table）：一个数据表汇总了多个模拟分析的结果。例如，假设你现在要购买一套房子，你想要评估不同的首付款对你每月的还款有什么影响。如图 14 所示，你可以同时比较多种情况下的结果。

微软 Excel 允许你创建单变量或双变量的数据表。对于单变量的数据表来说，你可以指定一个输入单元格和多个结果单元格。输入单元格引用了工作表中的一个单元格，你将修改该单元格作为分析的一部分。结果单元格引用了工作表中的一个单元格，将根据输入单元格的值的变化而改变。对于一个单变量数据表来说，你只能有一个输入单元格，但是可以有多个结果单元格。对于一个双变量数据表来说，你可以指定两个输入单元格，但是只能有一个结果单元格。

你可以通过以下步骤，创建一个单变量数据表：

1. 在输入单元格中，列出你想要微软 Excel 替换的输入值。（图 14 给出了不同首付款的输入值，放置在数据表的最左列。请记住，对输入单元格的引用，必须放置在数据表最左侧单元格的上方。）在图 14 中，引用放置在单元格 E4。在单元格 E4 中，你应当输入引用"＝B4"。

2. 为结果单元格提供引用。通过将表中的单元格引用指向结果单元格来提供引用。例如，在单元格 F4 和 G4 中，引用指向了单元格 B8 和 B10。在单元格 F4 中输入引用"＝B8"，在单元格 G4 中输入引用"＝G10"。

3. 选择表格区域，在图 14 中，该表格区域为单元格区域 E4：G9。

4. 在功能区中，选择"数据（Data）"标签页。

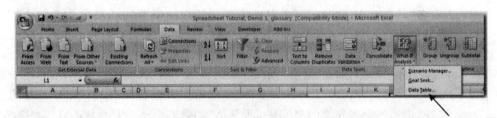

	Home Mortgage						
Payment Analysis				**One-Variable Data Table**			
Purchase Price	100000			Down Payment	Monthly Payment	Total Interest	
Down Payment	5000			$5,000	($648.07)	($138,304.29)	
Loan Amount	95000			$6,000	($641.25)	($136,848.45)	
Interest Rate	0.0725			$7,000	($634.42)	($135,392.62)	
Years	30			$8,000	($627.60)	($133,936.78)	
Monthly Payment	($648.07)			$9,000	($620.78)	($132,480.95)	
Total Payments	($233,304.29)			$10,000	($613.96)	($131,025.11)	
Total Interest	($138,304.29)						

图 14　数据表示例

5. 点击"数据工具（Data Tools）"菜单组中的"模拟分析（What-If Analysis）"按钮，然后选择"模拟运算表（Data Table）"命令，详见图 15。

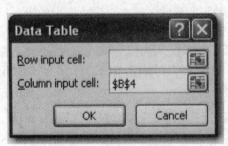

图 15　"数据表"命令

6. 提供输入单元格的行列位置。图 16 显示了"模拟运算表（Data Table）"对话框。（如果你的输入值以行排列，你需要在输入引用行的单元格框（Row Input Cell box）中输入引用，如果你的输入值以列排列，你需要在输入引用列的单元格框（Column Input Cell box）中输入引用。）在图 16 中，由于输入值是以列排列的，因此在输入引用列的单元格框（Column Input Cell box）中输入引用 。

图 16　"数据表"对话框

日期计算（Date Calculations）：在使用日期时，你必须明确你是要计算两个日期间的天数，还是需要在计算的天数中包含开始日期和结束日期。如果你需要计算两个日期间的天数，可以用结束日期减去开始日期获得。但是如果你的计算结果需要包含开始日期和结束日期，就需要一个更合适的公式：＝（结束日期－开始日期）＋1。微软 Excel 提供了多种日期函数，你可以使用系统的在线帮助进一步了解可用的日期函数。

DAVERAGE 函数（DAVERAGE Function）：在使用 Excel 表格时，DAVERAGE 函数是其中一种常用的数据库函数。当你使用高级过滤工具过滤列表时，你可以使用 DAVERAGE 函数返回某个特定列的可见单元格的平均值。DAVERAGE

函数能够返回某个指定列中可见单元格的平均值，并忽略该列中隐藏起来的单元格。DAVERAGE 函数的语法是：＝**DAVERAGE（表格名，"字段名"，条件）**。（详见 Excel 表格和高级过滤。）

DMAX 函数（DMAX Function）：在使用 Excel 表格时，DMAX 函数是其中一种常用的数据库函数。当你使用高级过滤工具过滤列表时，你可以使用 DMAX 函数返回某个特定列的可见单元格的最大值，并忽略该列中隐藏起来的单元格。DMAX 函数的语法是：＝**DMAX（表格名，"字段名"，条件）**。此时，可考虑使用系统的在线帮助功能复习数据库函数。（详见 Excel 表格和高级过滤。）

DMIN 函数（DMIN Function）：在使用 Excel 表格时，DMIN 函数是其中一种常用的数据库函数。当你使用高级过滤工具过滤列表时，你可能希望确定某个特定列的可见单元格的最小值。DMIN 函数返回某个特定列的可见单元格的最小值，并忽略该列中隐藏起来的单元格。DMIN 函数的语法是：＝**DMIN（表格名，"字段名"，条件）**。此时，可考虑使用系统的在线帮助功能复习数据库函数。（详见 Excel 表格和高级过滤。）

DSUM 函数（DSUM Function）：在使用 Excel 表格时，DSUM 函数是其中一种常用的数据库函数。当你使用高级过滤工具过滤列表时，你可能希望查看某个特定列的可见单元格的总和。DSUM 函数返回某个特定列的可见单元格的总和，并忽略该列中隐藏起来的单元格。DSUM 函数的语法是：＝**DSUM（表格名，"字段名"，条件）**。此时，可考虑使用系统的在线帮助功能复习数据库函数。（详见 Excel 表格和高级过滤。）

Excel 列表（Excel List）：在微软 Excel 2007 中，Excel 列表称为 Excel 表格。（详见 Excel 表格）。

Excel 表格（Excel Table）：（之前称为 Excel 列表。）一个 Excel 表格是一组具有相同结构的数据。Excel 表格由行和列构成，其中每行都表示一条记录，每列表示一个字段或数据的属性。通常来讲，表中的第一行包含了所有的字段名称。图 17 给出了一个 Excel 表格的示例。

	Last Name	First Name	Gender	Degree	Department	Hire Date	Salary	Rank
	College of Business Administration							
	Faculty Information							
Abdul	Mohammed	Male	M.Ed.	General Business	8/1/1999	$ 72,000.00	Assistant
Barnes	Fred	Male	MS	Information Systems	8/1/2002	$ 42,000.00	Instructor
Chen	Geo	Male	Ed.D.	Information Systems	8/1/1999	$ 62,500.00	Assistant
Chiaf	Sally	Female	Ph.D.	Economics	8/1/1995	$ 75,000.00	Associate
Friel	Essie	Female	Ph.D.	Economics	8/1/1993	$ 72,000.00	Professor
Hulva	Tracy	Male	Ed.D.	Finance	8/1/1992	$ 78,000.00	Associate
Jones	Mary	Female	Ph.D.	Marketing	8/1/1992	$100,000.00	Professor
Lancaster	Zoribel	Female	J.D.	General Business	8/1/1990	$ 51,500.00	Associate
Malcom	John	Male	MBA	General Business	8/1/1996	$ 42,000.00	Instructor
Mencor	David	Male	J.D.	Finance	8/1/1990	$ 52,000.00	Associate
Namiesnoiwoski	Elaine	Female	J.D.	Finance	8/1/1994	$ 75,000.00	Associate
Nguyen	Stewart	Male	Ph.D.	Marketing	8/1/1996	$ 89,000.00	Associate
Peterson	Mike	Male	J.D.	General Business	8/1/1999	$ 55,000.00	Assistant
Plagg	Nathan	Male	Ph.D.	Management	8/1/1997	$ 72,000.00	Assistant
Porter	Larry	Male	Ph.D.	Information Systems	8/1/1988	$125,000.00	Professor
Reese	LouAnn	Female	MBA	Accounting	8/1/1998	$ 72,000.00	Assistant
Ritzhaupht	Courtney	Female	MBA	Management	8/1/1982	$ 50,000.00	Instructor
Uhlenhopp	Kevan	Male	Ed.D.	Management	8/1/1997	$ 72,000.00	Assistant
Weiss	Clare	Female	Ph.D.	Accounting	8/1/2001	$ 72,000.00	Assistant
Whaley	Dari	Female	Ed.D.	Accounting	8/1/1996	$ 70,000.00	Associate

图 17　Excel 表格示例

你可以通过以下操作，创建一个 Excel 表格：

1. 点击数据区域内的任一单元格。

2. 在功能区中，点击"插入（Insert）"标签页。

3. 点击"表格（Tables）"菜单组中的"表格（Table）"按钮（详见图 18），就会出现"创建表（Create Table）"对话框，如果表区域的引用正确，则点击"确定（OK）"按钮。

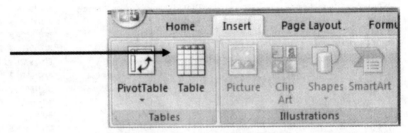

图 18 "表格"按钮

外部单元格引用（External Cell Reference）：外部单元格是从其他工作簿的工作表中引用一个单元格或单元格区域。为了引用一个包含在其他工作簿的工作表中的单元格，你可以使用以下语法：＝［工作簿名称］工作表名称！单元格地址。如果工作表或工作簿的名称中含有空格，你应该用单引号将该路径括起来。例如，你可以使用下列语法：＝'［工作簿名称］工作表名称'！单元格地址。使用你的系统在线帮助功能了解更多的外部单元格引用信息。

过滤（Filter）：（之前称为自动过滤。）过滤命令允许你从 Excel 表格中选择并显示满足某特定条件的记录。从该角度看，不满足条件的记录被隐藏了起来。（详见 Excel 表格。）

你可以通过如下操作，使用过滤命令：

1. 将单元格指针放在 Excel 表格的任意处。

2. 点击"数据（Data）"标签页"排序和过滤（Sort&Filter）"菜单组中的"过滤（Filter）"按钮。

3. 此时，Excel 表格中第一行的字段名称旁会有一个下拉箭头。该下拉箭头允许你指定过滤记录时所使用的条件。图 19 展示了已添加下拉箭头的 Excel 表格。（注意："过滤（Filter）"按钮是一个切换按钮。通过点击"过滤（Filter）"按钮，你可以开启或关闭下拉箭头。）

过滤示例：假设你只想查看信息系统的教职人员。这个需求要求你首先点击"部门（Department）"字段名称旁边的下拉箭头，出现下拉列表。详见图 20。该下拉列表提供多种过滤选项，包括文本过滤。在该文本值列表中选择"信息系统"。图 21 给出了该示例的结果。

公式（Formula）：公式是指定如何计算数据的数学表达式。一个公式可以简单也可以复杂，并包含预定义函数，如 AVERAGE，SUM 或 PMT 函数等。一个公式必须以"＝"开始。你可以通过同时按下 Ctrl 键和（`）键，查看工作表的公式。

Last Name	First Name	Gender	Degree	Department	Hire Date	Salary	Rank
Abdul	Mohammed	Male	M.Ed.	General Business	8/1/1999	$ 72,000.00	Assistant
Barnes	Fred	Male	MS	Information Systems	8/1/2002	$ 42,000.00	Instructor
Chen	Geo	Male	Ed.D.	Information Systems	8/1/1999	$ 62,500.00	Assistant
Chiaf	Sally	Female	Ph.D.	Economics	8/1/1994	$ 75,000.00	Associate
Friel	Essie	Female	Ph.D.	Economics	8/1/1993	$ 72,000.00	Professor
Hulva	Tracy	Male	Ed.D.	Finance	8/1/1992	$ 78,000.00	Associate
Jones	Mary	Female	Ph.D.	Marketing	8/1/1992	$100,000.00	Professor
Lancaster	Zoribel	Male	J.D.	General Business	8/1/1990	$ 51,500.00	Associate
Malcom	John	Male	MBA	General Business	8/1/1996	$ 42,000.00	Instructor
Mencor	David	Male	J.D.	Finance	8/1/1990	$ 52,000.00	Associate
Namiesnoiwoski	Elaine	Female	Ph.D.	Finance	8/1/1994	$ 75,000.00	Associate
Nguyen	Stewart	Male	Ph.D.	Marketing	8/1/1990	$ 89,000.00	Associate
Peterson	Mike	Male	J.D.	General Business	8/1/1999	$ 55,000.00	Assistant
Plagg	Nathan	Male	Ph.D.	Management	8/1/1997	$ 72,000.00	Assistant
Porter	Larry	Male	Ph.D.	Information Systems	8/1/1988	$125,000.00	Professor
Reese	LouAnn	Female	MBA	Accounting	8/1/1998	$ 72,000.00	Assistant
Ritzhaupt	Courtney	Female	MBA	Management	8/1/1982	$ 50,000.00	Instructor
Uhlenhopp	Kevan	Male	Ed.D.	Management	8/1/1997	$ 72,000.00	Assistant
Weiss	Clare	Female	Ph.D.	Accounting	8/1/2001	$ 72,000.00	Assistant
Whaley	Dari	Female	Ed.D.	Accounting	8/1/1996	$ 70,000.00	Associate

College of Business Administration

Faculty Information

图 19　过滤示例

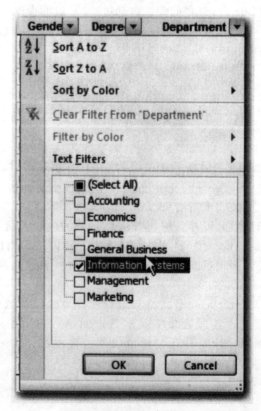

图 20　过滤的下拉列表

Last Name ▼	First Nam ▼	Gende ▼	Degre ▼	Department ▼	Hire Dat ▼	Salary ▼	Rank ▼
				College of Business Administration			
				Faculty Information			
Barnes	Fred	Male	MS	Information Systems	8/1/2002	$ 42,000.00	Instructor
Chen	Geo	Male	Ed.D.	Information Systems	8/1/1999	$ 62,500.00	Assistant
Porter	Larry	Male	Ph.D.	Information Systems	8/1/1988	$125,000.00	Professor

图 21　过滤结果

从 Access 中获取外部数据（Get External Data From Access）：该命令从微软 Access 的查询和表中检索数据。该命令位于"数据（Data）"标签页"获取外部数据（Get External Data）"菜单组中。

单变量求解（Goal Seek）：单变量求解是一个用于执行模拟分析的微软 Excel 命令。单变量求解要求你为某个特定的单元格指定目标值，称为设定目标值（Set Cell Value）。单变量求解同样要求你明确哪个包含该值的单元格需要更改，称为可变单元格（Changing Cell）。

你可以通过如下操作，使用单变量求解：

1. 点击功能区的"数据（Data）"标签页。

2. 在"数据工具（Data Tools）"菜单组中，点击"模拟分析（What-If Analysis）"按钮。

3. 选择"单变量求解（Goal Seek）"命令，详见图 22，会出现"单变量求解（Goal Seek）"对话框。图 23 给出了"单变量求解（Goal Seek）"对话框。

图 22　"单变量求解"命令

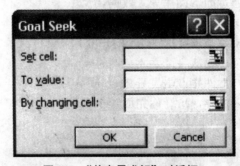

图 23　"单变量求解"对话框

工作表分组（Group Worksheets）：有时，你需要同时处理两张或多张工作表。例如，你可能希望多张工作表应用相似的工作表格式。与分别设置工作表格式不同，你可以将工作表分组，并将其作为一个分组设置格式。当处理工作表分组时，记住你对其中一张工作表做了更改的同时，也对该组中的其他工作表做了更改。当你完成工作表分组的操作后，你应该取消工作表分组。

通过如下操作，对不相邻的工作表进行分组：

按住 Ctrl 键，同时点击你想要将其放入工作表分组的工作表标签。

通过如下操作，对相邻的工作表进行分组：

按住 Shift 键，同时点击你想要放入工作表分组的第一个工作表标签和最后一个工作表标签。

通过如下操作，取消工作表分组：

右键单击其中一个工作表的标签，在快捷菜单中选择"取消工作表分组（Ungroup Sheet）"选项。

IF 函数（IF Function）：IF 函数是一个用于判断某指定条件真或假的逻辑函数。IF 函数的语法为：**＝IF（条件，为真时的值，为假时的值）**。

IF 函数示例：假设 CSM 教授给每个没有缺勤的学生加 25 分。图 24 给出了如何使用 IF 函数。

	I4			fx	=IF(C4=0,25,0)				
	A	B	C	D	E	F	G	H	I	J
1	**Computing Systems For Management**									
2	**Fall 2007**									
3	**First Name**	**Last Name**	**Days Absent**		**Exam I**	**Exam II**	**Exam III**	**Final**	**Bonus**	**Average**
4	Pauline	Jeffery	0		100	82	78	95	25	95.00
5	Margaret	Brady	1		87	89	77	92	0	86.25
6	Larry	Martin	3		65	78	89	94	0	81.50
7	Ti	Yee	5		43	81	96	97	0	79.25
8	Lester	LaMonte	0		94	92	56	98	25	91.25
9	Fred	Reed	6		78	97	98	100	0	93.25
10	Lawanda	Smith	1		75	56	85	100	0	79.00
11	Peter	Sands	9		62	75	88	89	0	78.50
12	Jewel	Rochat	2		90	94	88	89	0	90.25
13	Aubrey	Strunk	1		70	75	85	88	0	79.50

图 24　IF 函数示例

导入外部数据（Import External Data）：微软 Excel 使你能够简便地从其他数据源中导入数据。

你可以通过如下操作导入数据：

1. 点击功能区的"数据（Data）"标签页。

2. 在"获取外部数据（Get External Data）"菜单组中，选择数据源。详见图 25。例如，如果你想要从一个文本文件中导入数据，点击"自文本（From Text）"按钮。然后选择文件并点击"导入（Import）"按钮，就会出现一个由多个对话框组成的文本导入向导，指导你完成整个文本导入过程。

图 25　"获取外部数据"菜单组

插入工作表列（Insert Sheet Columns）：（之前称为插入列命令。）微软 Excel 使你能够简便地在工作表中插入列。点击功能区中的"开始（Home）"标签页。在"单元格（Cells）"菜单组中，点击"插入（Insert）"按钮上的下拉箭头，然后选择"插入工作表列（Insert Sheet Columns）"命令。

默认情况下，微软 Excel 将新列直接插入到选定列的左侧。如果活动单元格为 B4，并且你执行了"插入工作表列（Insert Sheet Columns）"命令，微软 Excel 会将当前的列 B 移动到右边，列 B 变为列 C，你新插入的列为列 B。

IRR 函数（IRR Function）：IRR 函数是一个用于确定一系列现金流内部收益率的金融函数。IRR 函数的语法是：**＝IRR（值，估计）**。值参数表示包含现金流的单元格区域。估计参数是你给出的可能内部收益率最佳估计值。其中估计参数可以省略。

宏（Macro）：宏是一组自动指示。当执行宏时，微软 Excel 就为你完成这些指示。例如，你可能希望微软 Excel 将一张工作表中的数据复制到另一张工作表中，打印工作表组，或者清空某个特定的工作表区域。宏为你提供了工作表或工作簿的定制设计步骤。你可以使用微软 Excel 的宏录制来创建一个宏。

你可以通过以下操作使用宏录制：

1. 点击功能区中的"开发工具（Developer）"标签页。（如果没有显示"开发工具（Developer）"标签页，你需要将它添加到功能区中。使用系统的在线帮助了解如何将"开发工具（Developer）"标签页添加到功能区中。）

2. 点击"代码（Code）"菜单组中的"录制宏（Record Macro）"按钮。详见图 26。

图 26　"录制宏"按钮

3. 命名宏，并点击"确定（OK）"。

4. 该宏录制工具就会录制你的操作。

5. 当你完成操作后，点击"停止录制（Stop Recording）"按钮。详见图 27。

图 27　"停止录制"按钮

MAX 函数（MAX Function）：MAX 函数返回某个指定区域的最大值。MAX 函数的语法是：**＝MAX（开始单元格地址：结束单元格地址）**。

MEDIAN 函数（MEDIAN Function）：MEDIAN 函数用于确定一系列数值的中位数。MEDIAN 函数的语法是：**＝MEDIAN（开始单元格地址：结束单元格地址）**。

微软查询（Microsoft Query）：微软查询用于从外部数据源，如从微软 Access 数据库中检索数据。（使用系统的在线帮助功能了解更多有关微软查询的信息，并学习如何使用它连接不同的数据源）。

你可以通过如下操作，访问微软查询：

1. 点击功能区的"数据（Data）"标签页。

2. 点击"获取外部数据（Get External Data）"菜单组中的"自其他来源（From Other Sources）"按钮。（以下步骤假设你将使用微软查询向导。）

3. 选择"来自微软查询（From Microsoft Query）"选项，详见图 28。

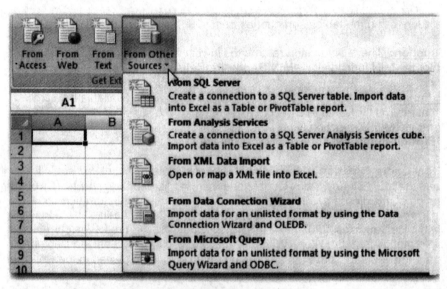

图 28　使用微软查询检索外部数据

4. 此时，你可以调用微软查询向导（Query Wizard），也可不使用微软查询向导。查询向导将帮助你构建查询。为了使用查询向导，需要检查"选择数据源（Choose Data Source）"对话框中"使用查询向导创建/编辑查询（Use the Query Wizard to create/edit queries）"是否被勾选。图 29 显示了"选择数据源（Choose Data Source）"对话框。

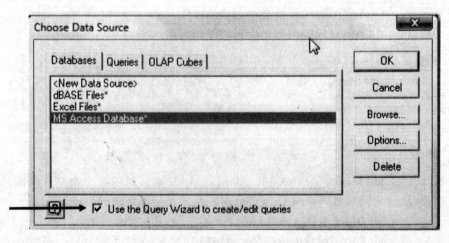

图 29　"选择数据源"对话框

5. 双击 MS Access Database 选项，找到你的微软 Access 数据库，然后点击"确定（OK）"按钮。此时，你将能够使用微软 Access 数据库中的表和查询来构建查询。

MIN 函数（MIN Function）：MIN 函数返回多个值中的最小值。MIN 函数的语法是：**＝MIN（开始单元格地址：结束单元格地址）**。

MODE 函数（MODE Function）：MODE 函数是微软 Excel 中一个可用的统计函数。该函数返回指定区域内出现最多次数的值。MODE 函数的语法是：**＝MODE（开始单元格地址：结束单元格地址）**。

MSNStockQuote 函数（MSNStockQuote Function）：为了使用 MSNStock-Quote 函数，你应当从微软的网站中下载 MSN Money Stock Quotes 加载项。在编写该术语时，微软并没有为微软 Excel 2007 更新该加载项。但是，你仍然可以下载 Excel 2003—2002 加载项。该加载项可以在微软 Excel 2007 中使用。MSNStockQuote 函数用于从网站中检索当前股票报价信息。利用该函数，你可以指定检索你需要的股票信息，并指定该股票信息在工作表中的位置。

嵌套功能（Nesting Functions）：嵌套功能是对函数进行嵌套，即一个函数中包含了其他函数。假设一个教授想要为他的学生加分。加分是基于每个学生的缺勤次数给出的。如果一个学生没有缺勤，则加 25 分。如果一个学生仅缺勤一次，则加 10 分。如果一个学生的缺勤次数多于 1，则不加分。在这种情况下，你可以使用公式＝**IF（C4＝0，25，IF（C4＝1，10，0））** 来计算每个学生的正确加分。注意第 2 个 IF 函数的位置。

NOW 函数（NOW Function）：NOW 函数返回当前的日期和时间。NOW 函数的语法是：**＝NOW（）**。

分页（Page Break）：分页命令可以使工作表中的部分单独打印。例如，你可能希望在第一页中打印输入部分，在第二页打印结果部分。你可以插入水平或垂直分页。

你可以通过如下操作，插入垂直分页符：

1. 选定你要插入分页符右侧的列。
2. 点击"页面布局（Page Layout）"标签页。
3. 点击"页面设置（Page Setup）"菜单组中的"分隔符（Breaks）"按钮。
4. 选择"插入分页符（Insert Page Break）"命令。

你可以通过如下操作，插入水平分页符：

1. 选定你要插入分页符下面的第一行。
2. 点击"页面布局（Page Layout）"标签页。
3. 点击"页面设置（Page Setup）"菜单组中的"分隔符（Breaks）"按钮。
4. 选择"插入分页符（Insert Page Break）"命令。

数据透视图（Pivot Chart）：数据透视图报表是根据数据透视表的内容得出。数据透视图报表具有互动性，允许用户动态改变该报表的外观。

你可以通过如下操作，创建数据透视图报表：

1. 将鼠标放置在数据透视表的其中一个单元格中。
2. 点击功能区中的"选项（Options）"标签页。
3. 点击"工具（Tools）"菜单组中的"数据透视图（Pivot Chart）"按钮。详见图 30。

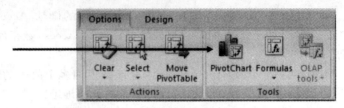

图30 "数据透视图"按钮

4. 此时，会出现"插入图（Insert Chart）"对话框。选择你的图形，然后点击"确定（OK）"按钮。详见图31。

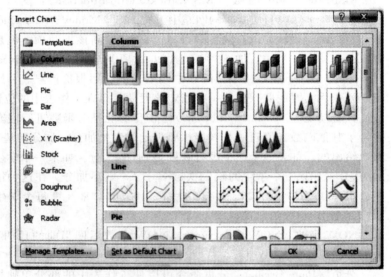

图31 "插入图"对话框

数据透视表（Pivot Table）：数据透视图将 Excel 表格中的数据（或外部数据源的数据）组织成报表形式。一个数据透视表允许用户动态地查看不同的数据规模。你可以通过设定不同的行、列、页以及数据字段来迅速调整数据透视表的布局。

你可以通过如下操作创建数据透视表：

1. 将鼠标放置在 Excel 表格的其中一个单元格中。

2. 点击功能区中的"插入（Insert）"标签页。

3. 点击"表格（Tables）"菜单组中的"数据透视表（Pivot Table）"按钮。详见图32。

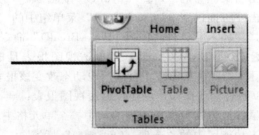

图32 "数据透视表"按钮

1. 此时会出现"创建数据透视表（Create Pivot Table）"对话框。在"创建数据透视表（Create Pivot Table）"对话框中，你可以指定需要分析的数据，以及数据透视表的位置。详见图 33。

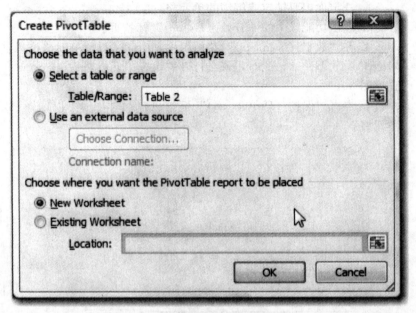

图 33　"创建数据透视表"对话框

2. 点击了"确定（OK）"按钮后，就会出现"数据透视表布局向导（Pivot Table Layout Guide）"。详见图 34。（注意：在图 34 中，数据透视表布局向导的外观是经典模式。你可以通过更改"数据透视表（Pivot Table）"中的显示选项改变布局向导的外观。）

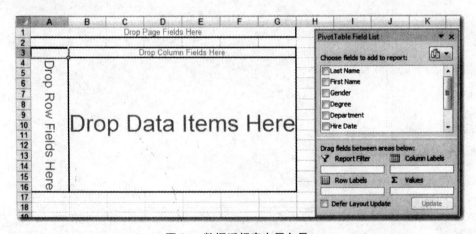

图 34　数据透视表布局向导

3. 你可以把字段名称拖动到布局向导的页、行、列和数据区域中。

PMT 函数（PMT Function）：支付函数是一个根据特定利率和贷款金额，确定定期支付金额的金融函数。PMT 函数的语法是：**＝PMT（利率，还款期数，现值，未来值，类型）**。

单元格保护（Protecting Cells）：微软 Excel 可以让你保护一个单独的单元格、工作表或工作簿。任何你想要设置保护的单元格都首先需要被锁定。同样，如果你不想为一个单元格设置保护，应当取消该单元格的锁定属性。

你可以通过如下操作，锁定（或解锁）一个单元格：

1. 选定你想要锁定或解锁的单元格。

2. 点击功能区中的"开始（Home）"标签页。

3. 在"数字（Number）"菜单组中，启动"设置单元格格式（Format Cells）"对话框。详见图 35。此时，就会打开"设置单元格格式（Format Cells）"对话框。详见图 36。

4. 点击"保护（Protection）"标签页，此时，你可以选择锁定或解锁选定的单元格。

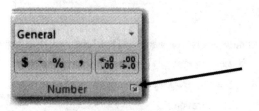

图 35　"数字"菜单组

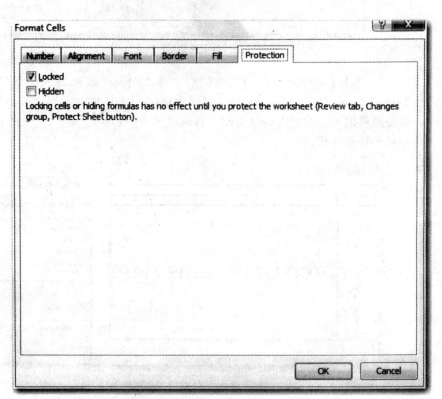

图 36　"设置单元格格式"对话框

你可以通过如下操作，保护你的工作表：

1. 点击功能区中的"审阅（Review）"标签页。

2. 点击"更改（Changes）"菜单组中的"保护工作表（Protect Sheet）"按钮，然后点击"确定（OK）"按钮。详见图 37。

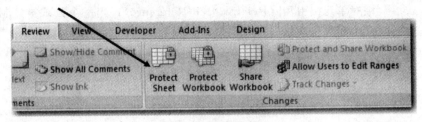

图 37　保护工作表

　　区域名称（Range Name）：在处理单元格时，有时为某个单元格或单元格区域设定名称，比使用实际的单元格引用如 A4 或 A6：H26 更简便。一个区域名称可分配给一个或多个单元格。例如，假设正在处理某个 Excel 表格，表格的显示区域为 A6：H26。你可以简便地为该单元格区域命名，如命名为数据库。一旦你为它指定了名称，就可以在引用单元格时使用该名称而不是实际的单元格引用。

　　你可以通过如下操作，为一组单元格设置区域名称：

1. 选定单元格区域。
2. 点击功能区中的"公式（Formulas）"标签页。
3. 点击"定义的名称（Defined Names）"菜单组中"定义名称（Define Name）"按钮。详见图 38。此时，会出现"新建名称（New Name）"对话框。
4. 在"新建名称（New Name）"对话框中，输入该区域的名称，然后点击"确定（OK）"按钮。详见图 39。

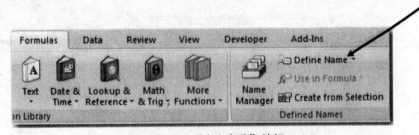

图 38　"定义名称"按钮

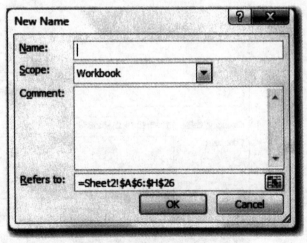

图 39　"新建名称"对话框

相对单元格引用（Relative Cell Reference）：当一个公式被复制到新的单元格时，一个相对单元格引用会根据公式的新位置做出调整。假设你在单元格 C8 中输入"＝A8＋B8"，然后你将该公式复制到单元格 C9 中。由于 A8 和 B8 是相对单元格引用，因此 C9 中的公式为"＝A9＋B9"。

方案管理器（Scenario Manager）：在执行模拟分析时，你往往需要查看不同情况或方案的结果。方案管理器使你能够创建、保存并比较不同的方案。同样，方案管理器允许你指定希望更改哪些单元格作为分析的一部分。方案管理器对话框允许你添加、编辑、删除、查看不同的方案。通过点击"摘要（Summary）"按钮，你可以生成一个报表。

你可以通过如下操作，访问方案管理器对话框：

1. 点击功能区中的"数据（Data）"标签页。

2. 点击"数据工具（Data Tools）"菜单组中的"模拟分析（What-If Analysis）"按钮。详见图 40。

3. 选择"方案管理器（Scenario Manager）"命令，就会出现"方案管理器（Scenario Manager）"对话框。详见图 41。

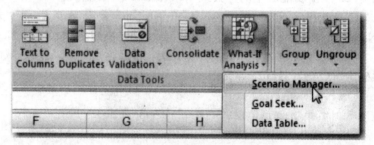

图 40 "模拟分析"按钮

图 41 "方案管理器"对话框

方案摘要（Scenario Summary）：方案摘要工具可以根据之前定义的方案生成一份报表。

你可以通过如下操作，生成方案摘要：

1. 点击"方案管理器（Scenario Manager）"对话框中的"摘要（Summary）"按钮。图 41 给出了"方案管理器（Scenario Manager）"对话框。

2. 选择一种报表类型，并点击"确定（OK）"按钮。图 42 给出了"方案摘要（Scenario Summary）"对话框，图 43 给出了根据图 41 的两个方案得出的方案摘要报表。

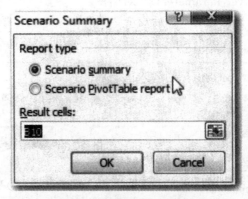

图 42　"方案摘要"对话框

	A	B	C	D	E	F	G
2	**Scenario Summary**						
3				Current Values:	1001 Prairie Lane	1250 Midnight Circle	
5	**Changing Cells:**						
6		Purchase_Price	$	250,000.00	$ 150,000.00	$ 250,000.00	
7		Down_Payment	$	25,000.00	$ 12,000.00	$ 25,000.00	
8		Interest_Rate		7.25%	8.00%	7.25%	
9		Years		30	30	30	
10	**Result Cells:**						
11		Total_Interest		($327,562.79)	($226,534.24)	($327,562.79)	
12	Notes: Current Values column represents values of changing cells at						
13	time Scenario Summary Report was created. Changing cells for each						
14	scenario are highlighted in gray.						

图 43　方案摘要报表

求解（Solver）：求解是微软 Excel 提供的一种强大的模拟分析加载工具。求解能够找到使单元格的值最大化、最小化或达到特定值的解决方案。在进行求解操作时，你必须指定目标单元格、更改的单元格以及任何约束。目标单元格是你希望最大化、最小化或达到特定值的单元格。例如，你可能希望找到一个解决方案使得利润最大化，成本最小化，同时能够带来 60 000 美元的收入。更改单元格是求解工具为了找到最佳方案而需要调整的单元格。例如，你可以令求解工具调整那些包含你的花费、数量、销售量以及单价的单元格。约束是求解中的限制。（注意：你可能需要安装求解加载项，请参看系统的在线帮助获得更多信息。）

你可以通过如下操作使用求解工具：

1. 点击功能区中的"数据（Data）"标签页。

2. 点击"分析（Analysis）"菜单组中的"求解（Solver）"按钮。详见图 44。

图 44　"求解"按钮

3. 此时就会出现"规划求解（Solver Parameters）"对话框，图 45 给出了"规划求解（Solver Parameters）"对话框。

4. 输入你的规划，然后点击"求解（Solver）"按钮。

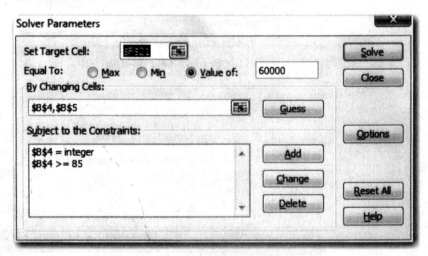

图 45　"规划求解"对话框

排序（Sort）：微软 Excel 可以根据一列或多列的值来排列行数据。该数据可以按升序或降序排列。一个快速排序的方法是点击你想要进行排序的列，然后点击"开始（Home）"标签页"编辑（Editing）"菜单组中的"排序和过滤（Sort&Filter）"按钮。详见图 46。然后你可以选择"A 到 Z 升序（Sort A to Z）"或"Z 到 A 降序（Sort Z to A）"命令。如果你需要根据两列或多列中的值对行进行排序，你可以使用"自定义排序（Custom Sort）"命令。

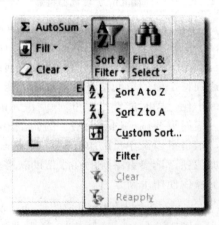

图 46　排序和过滤

假设你需要根据等级然后根据姓氏对图 47 中的教职人员数据进行排序，你可以进行如下操作：

1. 点击表格中的一个单元格。

2. 点击功能区中的"开始（Home）"标签页。

3. 点击"编辑（Editing）"菜单组中的"排序和过滤（Sort & Filter）"按钮。

4. 选择"自定义排序（Custom Sort）"命令，就会出现"排序（Sort）"对话框。详见图 48。

College of Business Administration

Faculty Information

Last Name	First Name	Gender	Degree	Department	Hire Date	Salary	Rank
Abdul	Mohammed	Male	M.Ed.	General Business	8/1/1999	$ 72,000.00	Assistant
Barnes	Fred	Male	MS	Information Systems	8/1/2002	$ 42,000.00	Instructor
Chen	Geo	Male	Ed.D.	Information Systems	8/1/1999	$ 62,500.00	Assistant
Chiaf	Sally	Female	Ph.D.	Economics	8/1/1994	$ 75,000.00	Associate
Friel	Essie	Female	Ph.D.	Economics	8/1/1993	$ 72,000.00	Professor
Hulva	Tracy	Male	Ed.D.	Finance	8/1/1992	$ 78,000.00	Associate
Jones	Mary	Female	Ph.D.	Marketing	8/1/1992	$ 100,000.00	Professor
Lancaster	Zoribel	Male	J.D.	General Business	8/1/1990	$ 51,500.00	Associate
Malcom	John	Male	MBA	General Business	8/1/1996	$ 42,000.00	Instructor
Mencor	David	Male	J.D.	Finance	8/1/1990	$ 52,000.00	Associate
Namiesnolwoski	Elaine	Female	Ph.D.	Finance	8/1/1994	$ 75,000.00	Associate
Nguyen	Stewart	Male	Ph.D.	Marketing	8/1/1996	$ 89,000.00	Associate
Peterson	Mike	Male	J.D.	General Business	8/1/1999	$ 55,000.00	Assistant
Plagg	Nathan	Male	Ph.D.	Management	8/1/1997	$ 72,000.00	Assistant
Porter	Larry	Male	Ph.D.	Information Systems	8/1/1988	$ 125,000.00	Professor
Reese	LouAnn	Female	MBA	Accounting	8/1/1998	$ 72,000.00	Assistant
Ritzhaupht	Courtney	Female	MBA	Management	8/1/1982	$ 50,000.00	Instructor
Uhlenhopp	Kevan	Male	Ed.D.	Management	8/1/1997	$ 72,000.00	Assistant
Weiss	Clare	Female	Ph.D.	Accounting	8/1/2001	$ 72,000.00	Assistant
Whaley	Dari	Female	Ed.D.	Accounting	8/1/1996	$ 70,000.00	Associate

图 47　排序前的教职人员列表

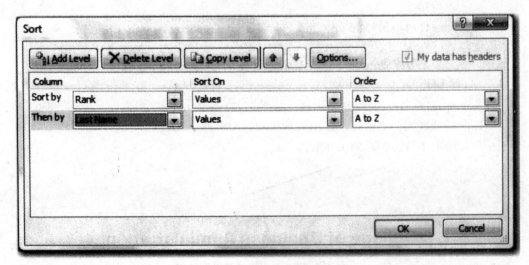

图 48　"排序"对话框

5. 在"排序（Sort）"对话框中，指定排列顺序。点击"添加条件（Add Level）"按钮来增添条件。注意在图 48 中，微软 Excel 首先以等级排列（主要关键字），然后以姓氏排列（次要关键字）。同时注意到你可以为每个排列指定升序或降序选项。

6. 点击"确定（OK）"按钮。图 49 给出了结果。

College of Business Administration

Faculty Information

Last Name	First Name	Gender	Degree	Department	Hire Date	Salary	Rank
Abdul	Mohammed	Male	M.Ed.	General Business	8/1/1999	$ 72,000.00	Assistant
Chen	Geo	Male	Ed.D.	Information Systems	8/1/1999	$ 62,500.00	Assistant
Peterson	Mike	Male	J.D.	General Business	8/1/1999	$ 55,000.00	Assistant
Plagg	Nathan	Male	Ph.D.	Management	8/1/1997	$ 72,000.00	Assistant
Reese	LouAnn	Female	MBA	Accounting	8/1/1998	$ 72,000.00	Assistant
Uhlenhopp	Kevan	Male	Ed.D.	Management	8/1/1997	$ 72,000.00	Assistant
Weiss	Clare	Female	Ph.D.	Accounting	8/1/2001	$ 72,000.00	Assistant
Chiaf	Sally	Female	Ph.D.	Economics	8/1/1994	$ 75,000.00	Associate
Hulva	Tracy	Male	Ed.D.	Finance	8/1/1992	$ 78,000.00	Associate
Lancaster	Zoribel	Male	J.D.	General Business	8/1/1990	$ 51,500.00	Associate
Mencor	David	Male	J.D.	Finance	8/1/1990	$ 52,000.00	Associate
Namiesnolwoski	Elaine	Female	Ph.D.	Finance	8/1/1994	$ 75,000.00	Associate
Nguyen	Stewart	Male	Ph.D.	Marketing	8/1/1996	$ 89,000.00	Associate
Whaley	Dari	Female	Ed.D.	Accounting	8/1/1996	$ 70,000.00	Associate
Barnes	Fred	Male	MS	Information Systems	8/1/2002	$ 42,000.00	Instructor
Malcom	John	Male	MBA	General Business	8/1/1996	$ 42,000.00	Instructor
Ritzhaupht	Courtney	Female	MBA	Management	8/1/1982	$ 50,000.00	Instructor
Friel	Essie	Female	Ph.D.	Economics	8/1/1993	$ 72,000.00	Professor
Jones	Mary	Female	Ph.D.	Marketing	8/1/1992	$ 100,000.00	Professor
Porter	Larry	Male	Ph.D.	Information Systems	8/1/1988	$ 125,000.00	Professor

图 49　排序结果

分类汇总（Subtotal）：分类汇总命令提供了对 Excel 表格进行小计和合计的功能。当在你的工作表中插入分类汇总时，需要确保你的列表以正确的顺序进行了排列。例如，如果你需要在各部门更改中插入分类汇总，你应当按部门对 Excel 表格进行排序。

你可以通过如下操作插入分类汇总：

1. 选定表格。

2. 点击功能区中的"数据（Data）"标签页。

3. 点击"分级显示（Outline）"菜单组中的"分类汇总（Subtotal）"按钮。详见图 50。（此时就会出现"分类汇总（Subtotal）"对话框。此时，你可以指定在何处插入分类汇总，使用何种函数，对哪些字段进行分类汇总。）详见图 51。图 52 给出了分类汇总的工作表。

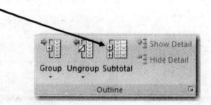

图 50　"分类汇总"按钮

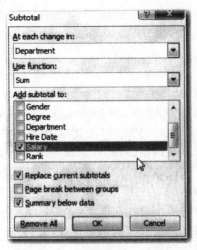

图 51 "分类汇总"对话框

1 2 3		A	B	C	D	E	F	G	H
	1					**College of Business Administration**			
	2					**Faculty Information**			
	3	**Last Name**	**First Name**	**Gender**	**Degree**	**Department**	**Hire Date**	**Salary**	**Rank**
	4	Reese	LouAnn	Female	MBA	Accounting	8/1/1998	$ 72,000.00	Assistant
	5	Weiss	Clare	Female	Ph.D.	Accounting	8/1/2001	$ 72,000.00	Assistant
	6	Whaley	Dari	Female	Ed.D.	Accounting	8/1/1996	$ 70,000.00	Associate
	7					**Accounting Total**		$ 214,000.00	
	8	Chiaf	Sally	Female	Ph.D.	Economics	8/1/1994	$ 75,000.00	Associate
	9	Friel	Essie	Female	Ph.D.	Economics	8/1/1993	$ 72,000.00	Professor
	10					**Economics Total**		$ 147,000.00	
	11	Hulva	Tracy	Male	Ed.D.	Finance	8/1/1992	$ 78,000.00	Associate
	12	Mencor	David	Male	J.D.	Finance	8/1/1990	$ 52,000.00	Associate
	13	Namiesnoiwoski	Elaine	Female	Ph.D.	Finance	8/1/1994	$ 75,000.00	Associate
	14					**Finance Total**		$ 205,000.00	
	15	Abdul	Mohammed	Male	M.Ed.	General Business	8/1/1999	$ 72,000.00	Assistant
	16	Peterson	Mike	Male	J.D.	General Business	8/1/1999	$ 55,000.00	Assistant
	17	Lancaster	Zoribel	Male	J.D.	General Business	8/1/1990	$ 51,500.00	Associate
	18	Malcom	John	Male	MBA	General Business	8/1/1996	$ 42,000.00	Instructor
	19					**General Business Total**		$ 220,500.00	
	20	Chen	Geo	Male	Ed.D.	Information Systems	8/1/1999	$ 62,500.00	Assistant
	21	Barnes	Fred	Male	MS	Information Systems	8/1/2002	$ 42,000.00	Instructor
	22	Porter	Larry	Male	Ph.D.	Information Systems	8/1/1988	$ 125,000.00	Professor
	23					**Information Systems Total**		$ 229,500.00	
	24	Plagg	Nathan	Male	Ph.D.	Management	8/1/1997	$ 72,000.00	Assistant
	25	Uhlenhopp	Kevan	Male	Ed.D.	Management	8/1/1997	$ 72,000.00	Assistant
	26	Ritzhaupht	Courtney	Female	MBA	Management	8/1/1982	$ 50,000.00	Instructor
	27					**Management Total**		$ 194,000.00	
	28	Nguyen	Stewart	Male	Ph.D.	Marketing	8/1/1996	$ 89,000.00	Associate
	29	Jones	Mary	Female	Ph.D.	Marketing	8/1/1992	$ 100,000.00	Professor
	30					**Marketing Total**		$ 189,000.00	
	31					**Grand Total**		$1,399,000.00	

图 52 分类汇总示例

　　SUM 函数（SUM Function）：SUM 函数提供了指定单元格区域的总计值。SUM 函数的语法为：**＝SUM（开始单元格地址：结束单元格地址）**。

SUMIF 函数（SUMIF Function）：SUMIF 函数根据特定的条件，对指定单元格区域的值进行总计。SUMIF 函数的语法为：**＝SUMIF（评估区域，条件，区域总和）**。

模板（Template）：模板是一个使用标准格式的格式化工作簿。对特定应用来说，标准格式非常有用，例如发票或销售跟踪。

VLOOKUP 函数（VLOOKUP Function）：VLOOKUP 函数根据某个特定的查询值从查询表中进行检索。VLOOKUP 函数的语法是：**＝VLOOKUP（查询值，表格数组，列索引号，查询范围）**。查询值是需要在查询表中进行查询的值，如一名学生的平均成绩。表格数组指定了表格的范围，如 A17：B21。列索引号表示了含有返回值的查询表的列。在图 53 中，查询表包含两列。第一列含有等级评定条件，第二列含有评定等级结果。在图 53 中，VLOOKUP 函数将在表格中的第一列查找匹配学生平均成绩的近似值，然后在相同的行中检索相应的评定等级，该评定等级位于查询表的第二列。

注意，单元格 J4 含有如下函数：＝VLOOKUP（I4，＄A＄17：＄B＄21，2）。在这种情况下，VLOOKUP 函数使用单元格 I4 中的值作为查询值。当 VLOOKUP 函数在查询表中找到近似匹配后，它将返回该查询表同一行的第二列中的值。查询范围参数是一个可选参数。如果没有指定，VLOOKUP 函数假设为近似匹配而不是精确匹配。

J4		fx	=VLOOKUP(I4,$A$17:$B$21,2)						
	A	B	C	D	E	F	G	H	I	J
1	Computing Systems For Management									
2	Fall 2007									
3	First Name	Last Name	Days Absent		Exam I	Exam II	Exam III	Final	Average	Letter Grade
4	Pauline	Jeffery	0		100	82	78	95	88.75	B
5	Margaret	Brady	1		87	89	77	92	86.25	B
6	Larry	Martin	3		65	78	89	94	81.50	B
7	Ti	Yee	5		43	81	96	97	79.25	C
8	Lester	LaMonte	0		94	92	56	98	85.00	B
9	Fred	Reed	6		78	97	98	100	93.25	A
10	Lawanda	Smith	1		75	56	85	100	79.00	C
11	Peter	Sands	9		62	75	88	89	78.50	C
12	Jewel	Rochat	2		90	94	88	89	90.25	A
13	Aubrey	Strunk	1		70	75	85	88	79.50	C
14										
15	Grade Lookup Table									
16	Average	Letter Grade								
17	0	F								
18	60	D								
19	70	C								
20	80	B								
21	90	A								

图 53　VLOOKUP 示例

网络查询（Web Query）：微软 Excel 可以为你从网页中检索数据，如最新的股票信息。微软 Excel 可以让你创建你自己的网站查询，并且使用一个保存的查询。使用你的系统在线帮助功能了解网站查询的创建、保存和编辑。

工作表格式（Worksheet Formatting）：对于你完成的每个案例，你应该使用良好的设计技能。一个在工作表中应用标准格式的方法是使用"套用表格样式（Format as Table）"命令。

你可以通过如下操作，使用"套用表格样式（Format as Table）"命令：

1. 选定你需要设置格式的工作表区域。

2. 点击功能区中的"开始（Home）"标签页。

3. 点击"样式（Styles）"菜单组中的"套用表格样式（Format as Table）"按钮，就会出现一个下拉菜单。该下拉菜单中提供了多种格式选项，选择你想要的格式。

数据库术语

本数据库术语与本书配套。在完成本书中的数据库案例时，也需要一些数据库技能。案例中的技能检定功能指出了完成该案例所需要的主要技能。在着手开始完成案例前，你应该使用技能检定功能，以帮助自己确定是否需要复习某项技能。

数据库术语部分给出了本书中所用到的许多技能的简要解释和回顾。该术语是为微软 Access 2007 的用户设计的，并没有给出相关技能的详细解释。如果需要详细了解如何使用某项技能，应该使用系统的在线帮助功能获得该技能的更多信息。系统在线帮助功能是一个了解技能，以及获得如何在数据库应用程序中使用该技能的详细说明的很好方式。

数据库技能

高级报表设计（Advanced Report Design）：该功能在本书中使用，高级报表设计意味着使用高级格式选项来定制一个报表，而不是完全靠使用报表向导来生成。设计客户报表时，你可以有许多高级格式选项可供选择，例如增加报表、组、页面页眉和页脚；求和、求部分和；图表和分页。记住你可以调整整个报表的属性、各部分属性，以及在报表中增加控件。

为创建一个客户报表，你需要：

1. 在创建标签页中找到报表组，点击"报表向导（Report Wizard）"按钮，如图 1 所示。

图1　"报表向导"按钮

2. 在报表向导对话框，点击向下箭头，根据你的报表选择一张报表或查询，报表向导将通过对话框，询问你一系列关于报表的问题，根据你的需求进行选择，图 2 展示了报表向导对话框的第一个页面。

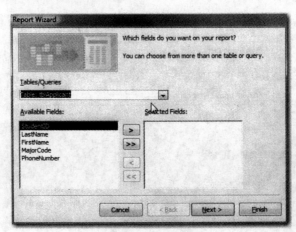

图2　报表向导对话框

3. 在报表向导对话框的下一页面，选择需要的分组级别，点击"下一步（Next）"按钮。

4. 报表向导会询问你报表的排序次序，选择你的排序次序，点击"下一步（Next）"按钮。

5. 报表向导会询问你报表的布局方式，选择一种布局，点击"下一步（Next）"按钮。

6. 报表向导会询问你报表的风格，选择一种报表，点击"下一步（Next）"按钮。

7. 报表向导会请你为报表制定标题，并确定是要浏览报表还是修改报表设计，输入报表名称，选择修改报表设计，点击完成。参见图 3。

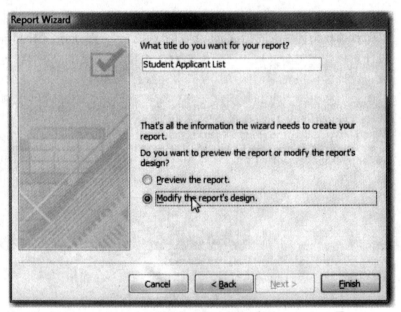

图 3　修改报表设计选项

8. 报表设计窗口打开。此时你可以编辑刚刚创建的报表。图 4 展示了报表设计视图。

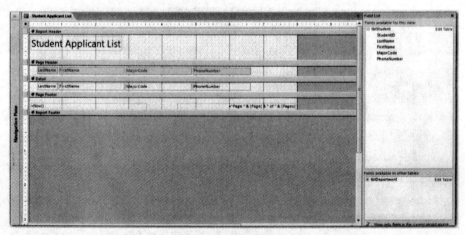

图 4　报表设计视图

高级报表举例：假设你需要设计一个如图 5 展示的学生表的客户报表。

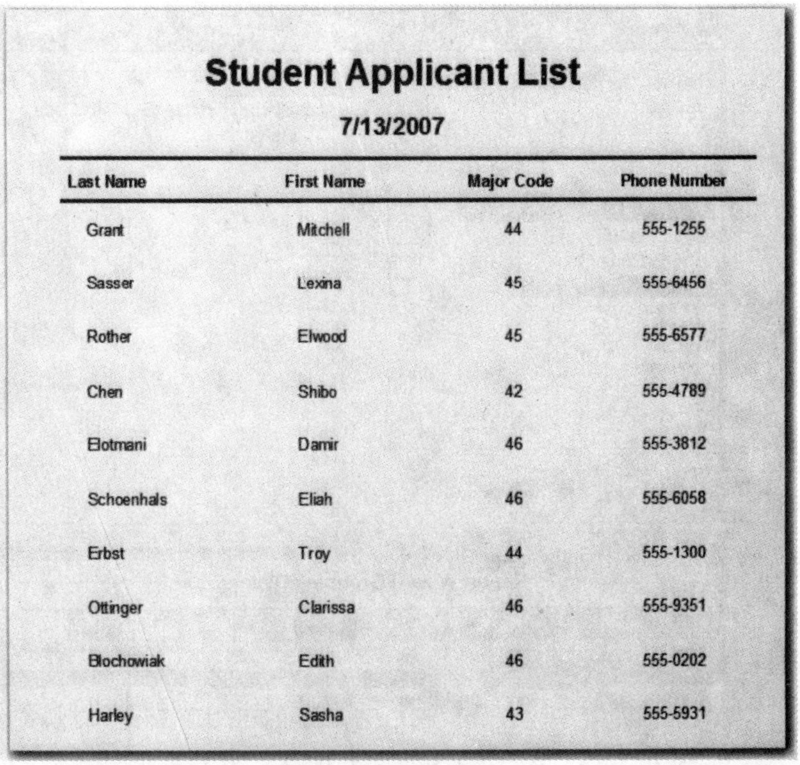

Student Applicant List

7/13/2007

Last Name	First Name	Major Code	Phone Number
Grant	Mitchell	44	555-1255
Sasser	Lexina	45	555-6456
Rother	Elwood	45	555-6577
Chen	Shibo	42	555-4789
Elotmani	Damir	46	555-3812
Schoenhals	Eliah	46	555-6058
Erbst	Troy	44	555-1300
Ottinger	Clarissa	46	555-9351
Blochowiak	Edith	46	555-0202
Harley	Sasha	43	555-5931

图 5　报表向导对话框

为了准备这个报表，你应该：

1. 在创建标签页中找到报表组，点击"报表向导（Report Wizard）"按钮。

2. 在报表向导对话框中，从表/查询中选择学生表，如图 6 所示。

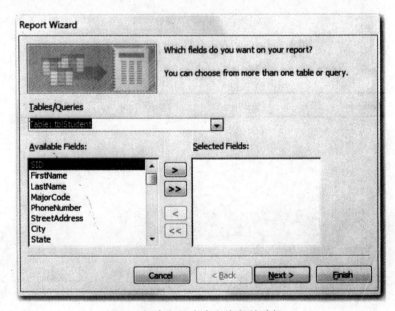

图 6　报表向导中表和字段的选择

3. 当提示时，选择不添加分组级别，如图 7 所示。

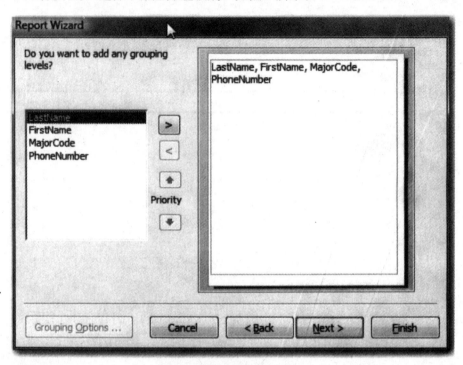

图 7 报表分组级别对话框

4. 当提示时，确定分类的字段和排序。（依你的报表而定，你也可以选择不分类这些数据。）如图 8 所示。

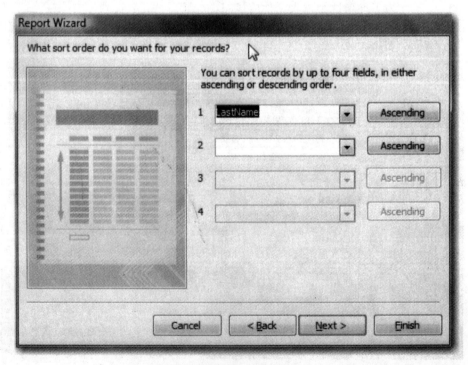

图 8 报表分类排序对话框

5. 当提示时，选择报表的布局，如图 9 所示。

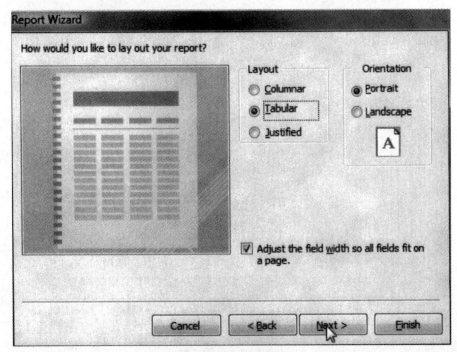

图 9 报表布局对话框

6. 当提示时，选择报表的风格，如图 10 所示。

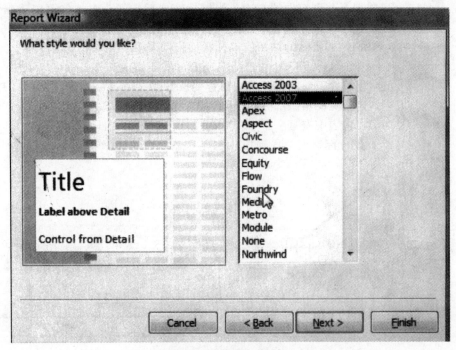

图 10 报表风格对话框

7. 当提示时，输入报表的名称，选择修改报表设计，参见图 11。

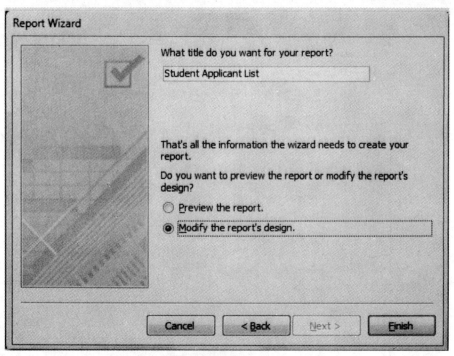

图 11　报表命名对话框

为了修改报表标题，你应该：

1. 点击包含"学生申请表单"文字的控件，缩放控制点将会出现。

2. 将鼠标移到控件的右边，当鼠标变成双向箭头时，你可以重新调整控件的大小。

3. 使用字体组中的按钮使得标题加粗和居中。

4. 调整页面页眉大小可能也是必要的。要实现调整，你可以：

把鼠标放在页面的顶端，当鼠标变成双箭头并有一粗线横穿在两箭头之间时，向下拖拽，将页面页眉部分调整到你需要的尺寸。

为了在报表中安置一个未绑定的控件，例如当前日期，你可以：

1. 在设计标签页中找到控件组，点击"文本框（Text Box）"按钮，如图 12 所示。

图 12　"文本框"按钮

2. 在报表页眉处，选择你希望该控件开始处点击鼠标。记住你可以随时调整控件大小。

3. 点击控件内部，输入"＝NOW（)"。

4．选择该控件设置属性格式。例如，你可以点击格式标签页中的字体组，选择居中按钮。你还可以设置字体颜色，或加粗。图 5 展示了当前日期居中，加粗，字体为 16。

5．双击控件标签，按下 Delete 键。

6．增加一个绑定控件在你的报表中，你可以从字段清单框中，把字段拖拽到希望该控件在报表中呈现的位置。（在本例中，报表向导已经是报表的一个绑定控件了。）你可以设置控件的属性，也可以更改大小。在报表的主体部分，姓、名、专业代码和电话号码控件就是绑定控件的样例。在页面页眉部分的姓、名、专业代码和电话号码控件就是未绑定控件的样例。计算控件也可以放置在报表中。

在报表中去掉一个控件，你应该：

选中这个控件，按下 Delete 键。

聚合功能（Aggregate Function）：聚合函数可以计算一组记录的值。微软 Access 提供多种聚合功能，包括合计、求总、求平均、求最小、求最大。

聚合功能举例：假设学院办公室需要按系统计学生的职务。图 13 展示了合计功能如何在查询中使用的。图 14 展示了查询的结果。

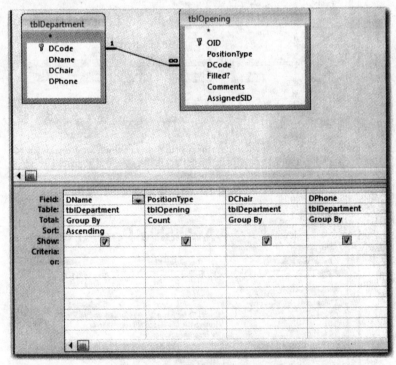

图 13　在查询中使用合计功能

DName	CountOfPositionType	DChair	DPhone
Accounting	3	Dr. Terrell	888-1432
Finance	2	Dr. Ice	888-1434
Information Systems	2	Dr. Miller	888-1435
Management	2	Dr. Tullis	888-1436
Marketing	1	Dr. Gray	888-1437

图 14　合计结果

在微软 Excel 中分析（Analyze It with Microsoft Excel）：在微软 Excel 2007 中，这一功能已经定制好了。（参见导出数据至微软 Excel。）

自动过滤（微软 Excel）（AutoFilter（Microsoft Excel））：在微软 Excel 2007 中，这一功能叫做过滤。（参见微软 Excel 中过滤。）

自动查找查询（AutoLookup Query）：自动查找查询在一对多联系的表中使用。自动查找查询使用一对多联系中，多联系方的表中的联合字段来为一联系方的表自动提供数据。自动查找查询在建立主表单和子表单时特别有用。

自动查找查询举例：假设学院办公室请你设计一个按系获取可用职位数据的表单。这个需求的核心就是建立自动查找查询。图 15 展示了按系职位查询的设计视图。请注意表之间有一对多的联系。同样还需注意的是，在查询视图中，Dcode（系编号）字段来自 tblOpening（职位）表，而不是 tblDepartment（系）表。保存这个查询后，你可以使用表单向导来建立一个表单，允许学院办公室按系输入和查看每个可用职位的数据。图 16 展示了基于按系职位查询的表单样例。

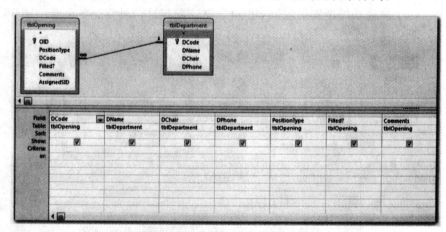

图 15　自动查找查询设计视图

图 16　基于自动查找查询的可用职位表单

计算控件（Calculated Control）：计算控件展示了表达式的结果。一个表达式可以包括运算符、对象名称、函数、字面量值、常量。在此处，你需要利用系统在线帮助功能来学习更多有关计算控件的知识。

为了在报表中加入计算控件，你应该：

1. 在设计标签页中找到控件组，点击"文本框（Text Box）"按钮，如图 17 所示。

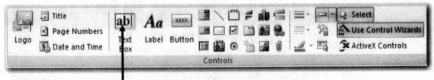

图 17　控件组中的"文本框"按钮

2. 将控件安置在表单或报表中。

3. 点击控件内部，输入表达式。

计算字段（Calculated Field）：计算字段在查询中使用。计算字段展示了一个计算的结果，通常还包括其他一个或几个字段。因为一个计算字段的值可能会改变，所以计算字段不存储在表中。计算字段的值在每次查询运行的时候更新，以保证计算字段的值是准确的。当使用计算字段时，你应该在计算字段名称后输入冒号和表达式。图 18 展示了一个包含计算字段的查询的设计视图，图 19 展示了查询的结果。

为了在查询中加入计算字段，你可以：

1. 在查询的设计视图中，点击设计窗口中的空字段。

2. 输入计算字段的名称，再输入冒号，以及表达式。

计算字段举例：假设你的学院有 10 个可用的学生职位。每个职位的薪水基于职位的类别和工作时间。学院办公室希望知道每类职位分派了多少资金。再假设每个职位的工作时间为 15 周。为了向学院办公室提供这一信息，你需要设计一个包括计算字段的选择查询。如图 18 和图 19 所示。

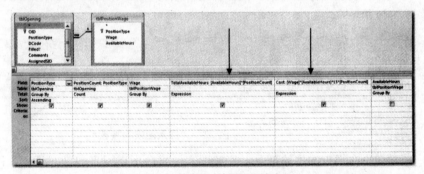

图 18　计算字段的查询设计窗口

PositionType	PositionCount	Wage	TotalAvailableHours	Cost
G3	2	$9.50	40	$5,700.00
G4	1	$9.75	40	$5,850.00
S1	3	$8.00	30	$3,600.00
S2	1	$8.50	15	$1,912.50
S3	3	$8.75	60	$7,875.00

图 19　计算字段的查询结果

图表（微软 Excel）（Chart（Microsoft Excel））：图表就是表、查询或工作表中的选中数据的图形化展示。在本书中，你需要使用微软 Access 和微软 Excel 中的图表。可以使用多种方法准备图表。

为了在微软 Excel 中创建图表，可遵循以下步骤：

1. 从微软 Access 中导出数据到微软 Excel 中。

2. 在微软 Excel 中，选择你希望展示在图表中的数据。

3. 在插入标签页中找到图表组，点击其中一个图表按钮，如图 20 所示。

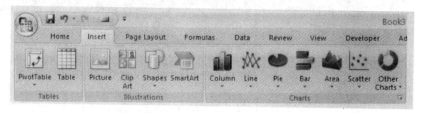

图 20　微软 Excel 中的图表组

图表向导（Chat Wizard）：图表向导会帮助你根据表或查询创建一个图表。向导会询问你一系列的问题，并根据你的回答准备图表。

为了在微软 Access 中创建图表，应遵循以下步骤：

1. 在创建标签页中找到报表组，点击"报表设计（Report Design）"按钮，如图 21 所示。

图 21　"报表设计"按钮

2. 在设计标签页中找到控件组，点击"插入图表（Insert Chart）"按钮，如图 22 所示。

图 22　"插入图表"按钮

3. 在报表的主体部分，拖拽图表。将会出现图表向导对话框，图 23 展示了图表向导对话框。

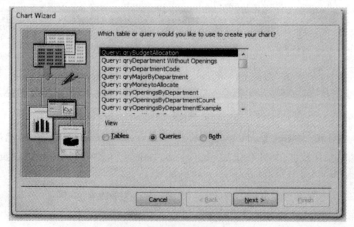

图 23　图表向导对话框

4. 选择用于创建图表的表或查询，点击"下一步（Next）"按钮。图表向导会询问你用于图表的字段、图表类型、图表布局和图表的标题。

5. 要查看图表，点击视图组的"视图（View）"按钮，选择报表视图。

组合框（Combo Box）：最终用户会使用组合框来从列表中选择一个值。用户点击组合框旁边的向下箭头。图 24 展示了系编号和分派学生的组合框示例。分配学生组合框打开了，展示了可用值的列表。有多种方法可以在表单中添加组合框。

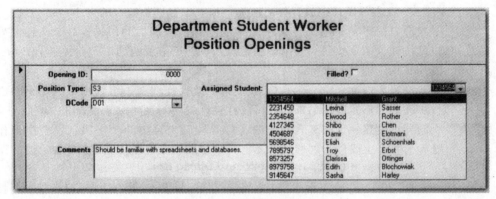

图 24　有组合框的表单

为了在表单中添加组合框，你可以：

1. 在设计标签页中找到控件组，点击"组合框（Combo Box）"按钮，如图 25 所示。

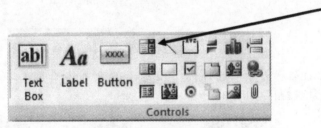

图 25　"组合框"按钮

2. 回答组合框向导的问题。你需要确定组合框获取其数值的方式，选择为组合框提供数值的表或查询，选定将变成组合框中的列的字段，排列次序，是否隐藏列，确定在组合框中选择数值后微软 Access 的操作，以及组合框命名。

命令按钮（Command Button）：命令按钮向导可以使你很容易地增加一个命令按钮到你的表单中。新增加的按钮可以分配一个宏，当点击按钮时，宏就被触发。图 26 展示了一个命令按钮。

图 26　"打印记录"按钮

为了在表单中添加命令按钮，你可以：

1. 在设计标签页中找到控件组，点击"按钮（Button）"命令，见图 27。

图 27　"按钮"命令

2．在表单设计中放置你的鼠标，拖动鼠标调整按钮的大小。

3．下一步，回答命令按钮向导的问题，根据你的回答，命令按钮向导为表单设计按钮。命令按钮向导请你制定点击按钮后触发的动作，在按钮上显示文本还是图片，指定按钮的名称。

交叉表查询（Crosstab Query）：交叉表查询在一组数据中运用聚合功能，并按工作表的形式展示结果。你可以在设计视图中创建交叉表查询，或使用交叉表查询向导。创建一个交叉表查询时，你必须确定至少 3 个字段：一个字段作为行标题，另一个字段作为列标题，还有一个字段包含你希望联系的数据。

你可以通过如下操作来创建交叉表查询：

1．在创建标签页中找到其他组，点击"查询设计（Query Design）"按钮，如图 28 所示。

图 28　"查询设计"按钮

2．在显示表中，选择你希望基于的交叉表查询的表或查询，点击"关闭（Close）"按钮，如图 29 所示。

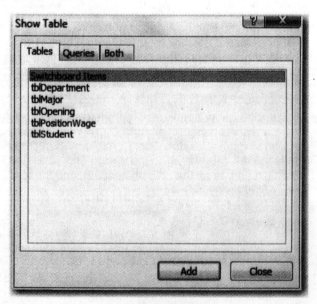

图 29　显示表对话框

3. 在设计标签页中找到查询类型一组，点击"交叉表（Crosstab）"按钮，见图 30。

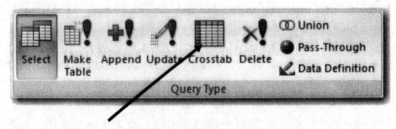

图 30　"交叉表"按钮

4. 增加字段作为交叉表查询的行标题，如图 31 所示，字段名为系名称。在交叉表一行中，从下拉菜单中选择行标题。

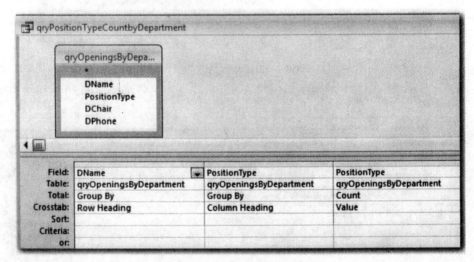

图 31　交叉表查询的设计视图

5. 增加作为交叉表查询列标题的字段，如图 31 所示，字段名为职位类别。在交叉表一行中，从下拉菜单中选择列标题。

6. 增加包含你想要求和的数据值的字段，如图 31 所示，字段名为职位类别。在交叉表一行中，从下拉菜单中选择"值"选项。在总计一行中，选择你需要的计算，图 31 中选择了合计。

7. 运行查询，图 32 展示了交叉表查询的结果。

DName	G3	G4	S1	S2	S3
Accounting		1	1		1
Finance			1	1	
Information Systems	1				1
Management	1		1		
Marketing					1

图 32　交叉表查询的结果

交叉表查询举例：假设学院办公室想要查看每个系中可用的学生职位的数量和类型。图 31 和图 32 展示了交叉表是如何完成这一要求的。

数据访问页（DataAccessPage）：微软 Access 2007 没有提供数据访问页。在微软 Access 的之前版本中，数据访问页是一个链接微软 Access 数据库的网页。数据访问页通过浏览器打开，允许用户查看不同层次的数据细节。根据数据访问页的设计，用户可以更新数据库中的数据。

导出数据至微软 Excel（Export Data to Microsoft Excel）：（之前叫做在微软 Excel 中分析数据。）这一功能允许你将表、表单或查询导出到微软 Excel 中。

为了将表、表单或查询导出到微软 Excel 中，你需要：

1. 从导航面板中，点击表、表单或查询的名称。

2. 从外部数据标签页中找到导出组，点击 Excel 按钮，如图 33 所示。

图 33　导出组

3. 在导出—Excel 工作表对话框中，指定文件名和文件格式和导出项，如图 34 所示。

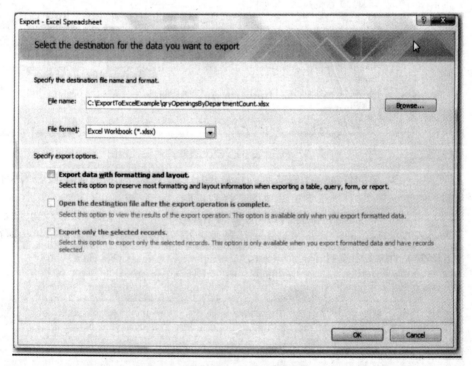

图 34　导出—Excel 工作表对话框

4. 在保存导出步骤对话框中，你可以选择保存导出步骤，见图 35。

过滤（微软 Excel）（Filter（Microsoft Excel））：过滤功能允许你选择和展示在 Excel 表中满足某些条件的记录。那些没有满足条件的记录暂时隐藏。

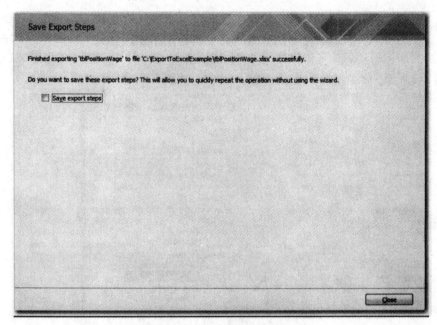

图 35　保存导出步骤对话框

要使用过滤命令，你应该：

1. 将光标置于 Excel 中的任意一个你想过滤的单元格中。

2. 在数据标签页中找到排序和过滤组，点击"过滤（Filter）"按钮。

3. 此时，第一行的字段名旁边有一个向下的箭头，这个箭头允许你确定过滤数据的条件。图 36 展示了 Excel 表中增加了向下的箭头。（提示："过滤（Filter）"按钮作为开关使用，点击"过滤（Filter）"按钮，你可以点开或关闭向下箭头。）

College of Business Administration
Faculty Information

Last Name	First Nam	Gende	Degre	Department	Hire Dat	Salary	Rank
Abdul	Mohammed	Male	M.Ed.	General Business	8/1/1999	$ 72,000.00	Assistant
Barnes	Fred	Male	MS	Information Systems	8/1/2002	$ 42,000.00	Instructor
Chen	Geo	Male	Ed.D.	Information Systems	8/1/1999	$ 62,500.00	Assistant
Chiaf	Sally	Female	Ph.D.	Economics	8/1/1994	$ 75,000.00	Associate
Friel	Essie	Female	Ph.D.	Economics	8/1/1993	$ 72,000.00	Professor
Hulva	Tracy	Male	Ed.D.	Finance	8/1/1992	$ 78,000.00	Associate
Jones	Mary	Female	Ph.D.	Marketing	8/1/1992	$100,000.00	Professor
Lancaster	Zoribel	Male	J.D.	General Business	8/1/1990	$ 51,500.00	Associate
Malcom	John	Male	MBA	General Business	8/1/1996	$ 42,000.00	Instructor
Mencor	David	Male	J.D.	Finance	8/1/1990	$ 52,000.00	Associate
Namiesnoiwoski	Elaine	Female	Ph.D.	Finance	8/1/1994	$ 75,000.00	Associate
Nguyen	Stewart	Male	Ph.D.	Marketing	8/1/1996	$ 89,000.00	Associate
Peterson	Mike	Male	J.D.	General Business	8/1/1999	$ 55,000.00	Assistant
Plagg	Nathan	Male	Ph.D.	Management	8/1/1997	$ 72,000.00	Assistant
Porter	Larry	Male	Ph.D.	Information Systems	8/1/1988	$125,000.00	Professor
Reese	LouAnn	Female	MBA	Accounting	8/1/1998	$ 72,000.00	Assistant
Ritzhaupht	Courtney	Female	MBA	Management	8/1/1982	$ 50,000.00	Instructor
Uhlenhopp	Kevan	Male	Ed.D.	Management	8/1/1997	$ 72,000.00	Assistant
Weiss	Clare	Female	Ph.D.	Accounting	8/1/2001	$ 72,000.00	Assistant
Whaley	Dari	Female	Ed.D.	Accounting	8/1/1996	$ 70,000.00	Associate

图 36　过滤样例

过滤举例：假定你想要查看信息系统系教工名单。这一要求需要你先单击系字段旁边的向下箭头。然会出现一个下拉列表，见图37。下拉列表中提供了几个过滤选项，包括文本过滤选项。在文本列表中，你要选择"信息系统"。图38展示了过滤结果。

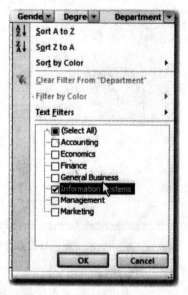

图37 过滤下拉列表

College of Business Administration
Faculty Information

Last Name	First Nam	Gende	Degre	Department	Hire Dat	Salary	Rank
Barnes	Fred	Male	MS	Information Systems	8/1/2002	$ 42,000.00	Instructor
Chen	Geo	Male	Ed.D.	Information Systems	8/1/1999	$ 62,500.00	Assistant
Porter	Larry	Male	Ph.D.	Information Systems	8/1/1988	$125,000.00	Professor

图38 过滤结果

按表单过滤（Filter by Form）：按表单过滤允许你根据一定条件找到记录。用户使用一个表单来输入搜索条件。点击字段名称旁边的向下箭头，输入搜索条件，选择搜索的值。

通过表单工具使用过滤，你可以：

1. 在开始标签页中找到排序和过滤组，点击"高级（Advanced）"按钮，如图39所示。

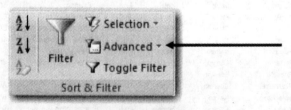

图39 排序和过滤组

2. 选择在原有区域显示过滤结果。

3. 点击你希望搜索的区域。向下箭头会显示出来，图 40 展示了将姓字段作为当前搜索区域的示例。

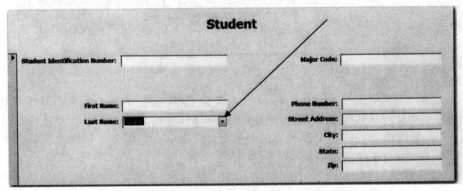

图 40　按表过滤示例

4. 在排序和过滤组中，点击"切换过滤（Toggle Filter）"按钮，参考图 39，结果就会展示出来。

5. 移除这个过滤，再次点击"切换过滤（Toggle Filter）"按钮。

查找不匹配项查询向导（Find Unmatched Query Wizard）：查找不匹配项查询向导可以在一个表中找到与另一个表不匹配的记录。

使用查找不匹配项查询向导，你可以：

1. 在创建标签页中找到其他组，点击"查询向导（Query Wizard）"按钮。

2. 在新建查询对话框中，选择"查找不匹配项查询向导"选项，如图 41 所示。

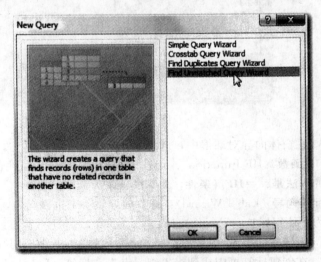

图 41　查找不匹配项查询向导

3. 提供一系列的对话框，确定在查询结果中包含有哪张表或查询中的记录，确定哪张表或查询包含相关记录，确定在两张表中都有的信息，选择查询结果中所需的字段，为该查询命名。

表单设计（Form Design）：这项功能在本书中使用，表单设计或窗体设计意味着设计用户友好的、专业界面的数据输入表单。当设计表单时，你可进行一些选择（如图 42 所示）。使用系统在线帮助功能来了解更多窗体设计选项。

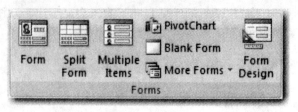

图 42　窗体组

表单向导（Form Wizard）：微软 Access 为你提供表单向导来快速设计表单。通过一系列的对话框，表单向导会询问你一些关于表单内容和外观的一些问题。向导根据你的回答设计表单。表单设计完成后，你可以选择修改表单的内容和外观。

为了使用表单向导，你应该：

1. 在创建标签页中找到窗体组，点击"更多窗体（More Forms）"按钮。

2. 在下拉列表中选择窗体向导。窗体向导对话框出现，如图 43 所示。

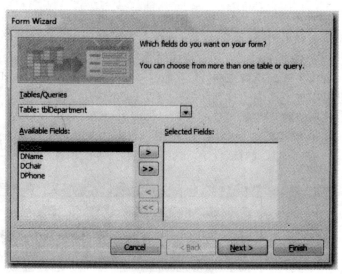

图 43　窗体向导对话框

3. 在窗体向导对话框中，选择窗体布局、风格和名称。

IIF 函数（IIF Function）：快速 IF 函数判断一个条件正确还是错误。快速 IF 函数的语法是：＝IIF（条件，为真的值，为假的值）。

标签向导（Label Wizard）：标签向导是一个报表向导，为你创建通信标签。

为了使用标签向导，你应该：

1. 在导航面板中，点击你希望在哪个表或查询中使用标签。

2. 在创建标签页中找到报表组，点击"标签（Label）"按钮，见图 44。

图 44　"标签"按钮

3. 标签向导对话框出现，如图 45 所示。

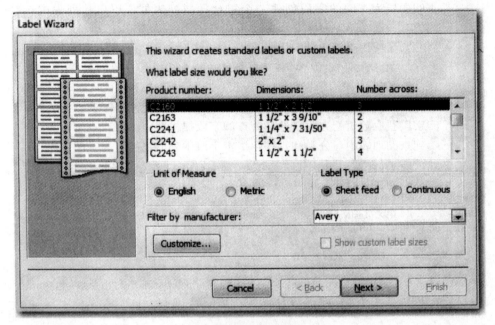

图 45 标签向导对话框

4. 标签向导对话框会询问你一系列的问题，根据你的回答创建通信标签。标签向导会请你确定标签的大小、字体和颜色，包含字段、字段排序、为标签命名。图 46 展示了用微软 Access 标签向导生成的通信标签。

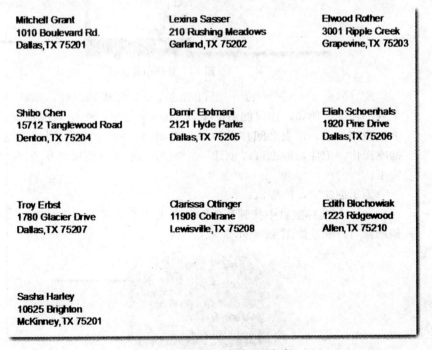

图 46 标签向导生成的通信标签

查阅向导（Lookup Wizard）：查阅向导为给定的一个字段创建允许值列表。

通常，这个列表值基于另一个表的字段值。列表值还可以来自查询或你自己创建。查阅向导为查阅的字段创建一个组合框或列表框，用户从列表中选择一个合适的值。

为了使用查阅向导，你应该：

1. 在表设计视图中，在字段名称一栏中输入新字段的名称。

2. 对于字段的数据类型，点击下拉列表，选择查阅向导选项，如图 47 所示。查阅向导对话框将会打开。接下来，查阅向导会询问你一系列的问题，包括确定查阅字段获取数值的方式，选择为查阅字段提供数值的表或查询，表中哪些字段要展示到查阅列表中，分类和排序，指定字段中列的宽度，为查阅字段指定名称。

Field Name	Data Type
SID	Number
FirstName	Text
LastName	Text
PhoneNumber	Text
StreetAddress	Text
City	Text
State	Text
Zip	Text
MajorCode	Number
	Text
	Memo
	Number
	Date/Time
	Currency
	AutoNumber
	Yes/No
	OLE Object
	Hyperlink
	Attachment

图 47　查阅向导选项

宏（Macro）：一个宏是一组自动的命令。宏被触发时，微软 Access 会执行一系列的命令。例如，你可能需要微软 Access 打印一个记录或报表，打开表单或报表，找到记录，在表之间移动数据，退出 Access。宏可以为你定制这一系列的数据库操作。记住，你也可以创建一个宏组。你可以使用系统在线帮助功能来创建宏组。

为了创建宏，你应该：

1. 在创建标签页中找到其他组，点击"宏（Macro）"按钮，如图 48 所示。宏创建窗口打开，如图 49 所示。

图 48　"宏"按钮

2. 在操作一栏，点击第一个空白框旁的向下箭头，选择合适的操作，例如 OpenForm。在空白框中输入宏名称。

3. 在弹出的对话框中，输入宏操作要求的数据。

宏举例：假设需要用一个宏打开系表单。

1. 在创建标签页中找到其他组，点击"宏（Macro）"按钮，宏创建窗口打开，如图 49 所示。

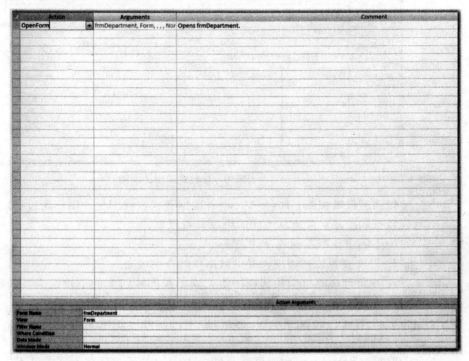

图 49　打开系表单的宏

2. 在操作一栏，点击第一个空白框旁的向下箭头，选择"打开表单（Open-Form）"操作。

3. 在空白框中输入"打开系表单（Opens frmDepartment）"。

4. 按下 F6 键。（这将帮助你将鼠标移动到操作要求面板中的窗体名称一栏。）

5. 点击向下箭头，选择系窗体。

6. 在视图一栏中，确保选择的是窗体。

7. 保存宏。

8. 运行宏，点击数据库工具栏中的"运行宏（Run Macro）"按钮。

参数查询（Parameter Query）：参数查询帮助用户在每次查询运行时，查找符合条件的数据。创建参数查询时，你在条件一行中输入提示信息。参数查询被触发，并展示表中符合搜索条件的记录。（见选择查询。）

为了创建参数查询，你应该：

1. 创建一个选择查询。

2. 在条件一行中，在用户应该提供一个值的字段中输入提示信息。提示信息包含在括号中。例如，如果用户需要提供一个系编号，提示信息应该为"〔请输入系编号〕"。如图 50 所示。

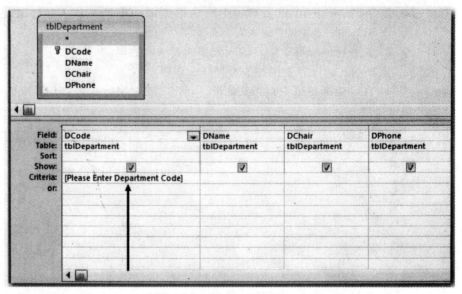

图 50　参数查询设计视图

数据透视表视图（Pivot View）：数据透视表视图允许用户通过指定不同的行、列、数据和过滤字段来从不同的维度查看数据。

为了创建数据透视表，你应该：

1. 打开要为数据透视表提供数据源的查询或表。

2. 在设计标签页中找到视图组，点击视图按钮上的下拉箭头，选择数据透视表视图。数据透视表窗口将会打开。

3. 在数据透视表字段列表对话框中，你可以拖拽字段名称到行、列、数据、过滤区域。

联系（Relationship）：联系是两个表中的关系。存在不同的联系，如一对一、一对多和多对多。如果你需要关联的是系表和职位表中的数据，那么你可以定义两个表之间的联系。这两个表中必须要有相同的一列。例如，系表中含有系编码字段，职位表中也有系编码字段。（记住字段名称不一定要相同。）这两类需要相同的数据类型。在此处，你应该查看系统在线帮助功能来了解更多联系的知识。

为了定义一个联系，你应该：

1. 在数据库工具标签页中找到显示/隐藏组，点击"联系（Relationships）"按钮，如图 51 所示。联系窗口将会打开，如图 52 所示。

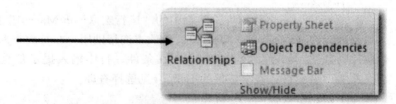

图 51　"联系"按钮

2. 如果一个表在联系窗口没有出现，点击联系组中的"显示表（Show Table）"按钮，如图 53 所示。联系组在设计标签页中。你可以双击表名来添加表至联系窗口中。

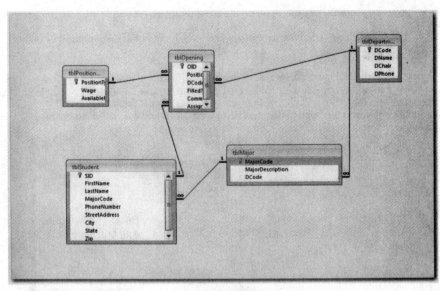

图 52　联系窗口

图 53　"显示表"按钮

3. 点击第一个表中的字段名称，将该字段拖拽至第二个表中对应的字段名称上。（换句话说，你可以选中第一个表的主键，将它拖拽到第二个表的外键上。）编辑关系对话框出现。在对话框中，你可以实施参照完整性，规定连接的类型，或者别的修改。

报表设计（Report Design）：在本书中使用报表设计意味着准备一个界面友好的、外观专业的报表。在设计报表时，你有多种选择来创建报表。包括使用报表向导、报表工具或空报表工具，如图 54 所示。

图 54　报表组

为了设计一个报表，你应该：

1. 在创建标签页中找到报表组，选择一个报表工具。

2. 如果选择报表向导，你可以快速生成一个简单报表，还可以在设计视图中修改它。

报表向导（Report Wizard）：图 54 展示了微软 Access 提供的报表向导。通过对话框，报表向导会询问关于报表内容和外观的一系列问题，根据你的回答设计报表。报表设计完成后，你可以选择修改报表内容和外观。

选择查询（Select Query）：一个选择查询根据指定的条件从一个表或多个表中提取数据。

为了创建一个选择查询，你应该：

1. 在创建标签页中找到其他组，点击"查询设计（Query Design）"按钮，如图 55 所示。设计网格和显示表对话框将会出现，如图 56 所示。

图 55　其他组

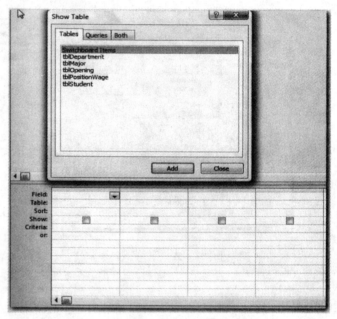

图 56　查询设计窗口

2. 在显示表对话框中，双击查询要使用的表名。

3. 双击字段名称列表中的字段名，来增加字段到设计网格中。

4. 在条件一行，输入选择条件。例如，只显示信息系统系中填写过职位的数据，你可以在系名称字段的条件行中输入"信息系统（Information Systems）"，在"字段？（Filled?）"的条件行中输入"是（Yes）"，如图 57 所示。

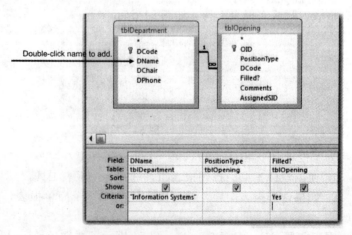

图 57　选择查询的设计视图

5. 在设计标签页中找到结果组，点击运行按钮来执行查询，如图 58 所示。

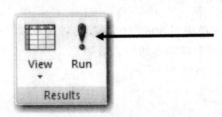

图 58　结果组

子表单（Subform）：子表单包含在主表单中。通常主表单显示某个数据表中的记录，子表单显示另一个数据表中的记录。微软 Access 提供了多种方法来创建子表单。你可以使用系统在线帮助功能来了解更多关于子表单的知识。图 59 展示了主表单和子表单，创建一个子表单和主表单的最简单的方法是使用窗体向导。

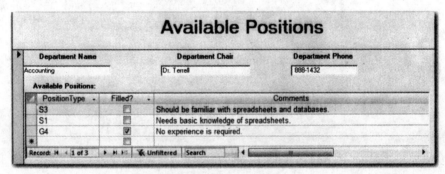

图 59　主窗体和子窗体

为了创建一个主表单和子表单，你应该：

1. 在创建标签页中找到窗体组，点击"更多窗体（More Forms）"按钮。
2. 选择窗体向导选项，窗体向导对话框将展示出来。
3. 在对话框中，为主表单选择窗体使用的表，如图 60 所示。

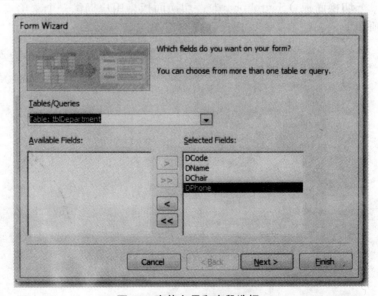

图 60　窗体向导和字段选择

4. 选择主表单中包含的字段，如图 60 所示。

5. 在点击"下一步 (Next)"按钮之前，在对话框中，为子表单选择窗体使用的表。选择子表单中包含的字段。点击"下一步 (Next)"按钮。

6. 表单向导会询问你如何查看数据。选择表单和子表单选项，点击"下一步 (Next)"按钮，如图 61 所示。

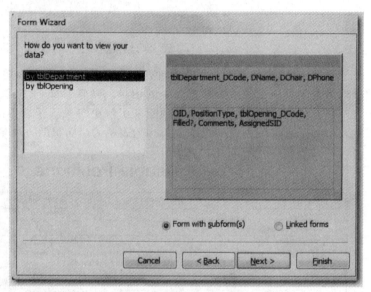

图 61　窗体向导视图选项

7. 表单向导会请你选择一个布局。选择数据表选项，点击"下一步 (Next)"按钮。

8. 表单向导会请你选择一个风格。选择一个风格，点击"下一步 (Next)"按钮。

9. 表单向导会请你为窗体和子窗体指定标题。在为窗体和子窗体命名完成后，点击"完成 (Finish)"按钮。

10. 选择设计视图，为新表单作出任何必要的调整。

切换面板 (Switchboard)：切换面板为用户提供一个菜单进入到数据库的各个项目中，如表单、表、报表和查询。图 62 展示了一个简单的切换面板。

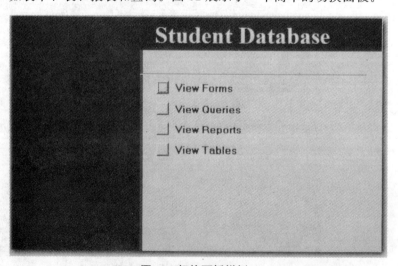

图 62　切换面板样例

为了创建切换面板，你应该：

1. 在数据库工具栏标签页中找到数据库工具组，点击"切换面板管理（Switchboard Manager）"按钮，如图 63 所示。

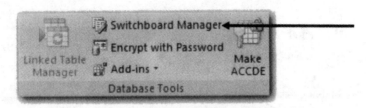

图 63　"切换面板管理"按钮

2. 当提示是否新建一个切换面板时，选择"是"。切换面板管理对话框将会出现。此时，你需要增加切换页面和项目到切换面板上，如图 64 所示。

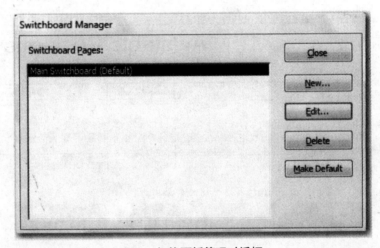

图 64　切换面板管理对话框

标签页控件（Tab Control）：标签页控件是一种将子表单放置在主表单上的方法。图 65 展示了使用标签页控件的例子。注意标签页控件有两个页面：学生职位表和系职位表。

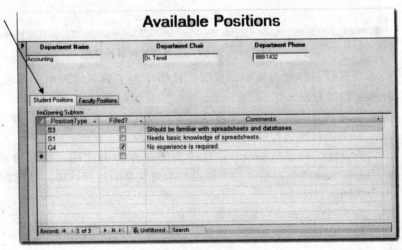

图 65　标签页控件样例

为了在表单上创建一个标签页控件，你应该：

1. 打开表单设计视图，在设计标签页中找到控件组，点击"标签页控件（Tab Control)"按钮。见图 66。

图 66　"标签页控件"按钮

2. 在表单主体部分，拖拽鼠标来更改控件的大小，如图 67 所示。

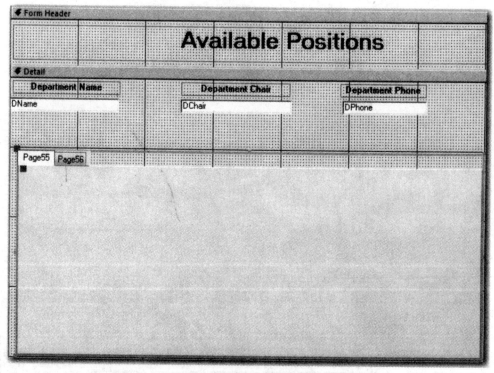

图 67　标签页控件设计视图

3. 从导航面板中，找到你希望作为子表单的表单，将表单拖拽到新建的标签页控件上。

4. 在此处，你可能需要修改标签页控件中子表单展示的位置。

5. 双击标签页控件。当属性对话框出现时，修改名称。

表设计（Table Design)：这项功能在本书中使用，指创建表的过程。记住，找出需要创建哪些表和哪些字段是一个更复杂的过程，这一技能在数据库管理课程中会学到。

为了创建一张表，你应该：

1. 在创建标签页中找到表组，点击"表设计（Table Design)"按钮，如图 68 所示。

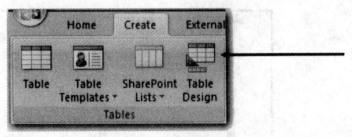

图 68　"表设计"按钮

2. 在每个字段中，你可以指定字段名称、数据类型、说明和属性。你需要选择一个字段作为主键。图 69 展示了表设计窗口。

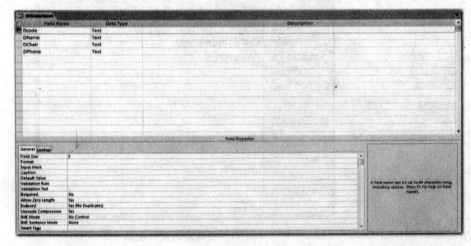

图 69　表设计视图

更新查询（Update Query）：更新查询为字段带来全局性的变化。例如，假设支付给学生的小时工资上涨 10％，你可以创建一个更新查询来更新小时工资。记住，更新查询的结果不能撤销。

为了创建更新查询，你应该：

1. 在创建标签页中找到其他组，点击"查询设计（Query Design）"按钮，点击关闭按钮。

2. 增加包含你希望更新字段的表。

3. 在设计标签页中找到查询类型组，点击"查询更新（Update Query）"按钮，如图 70 所示。

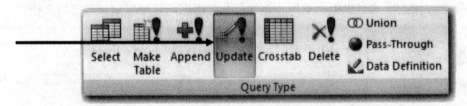

图 70　"查询更新"按钮

4. 在设计网格中点击增加需要更新的字段，如图 71 所示。

5. 在"更新到（Update To）"一行中，输入更新字段值的表达式。

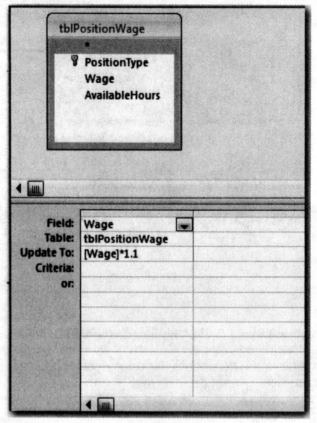

图 71　更新查询设计视图

6. 运行查询。

Word 邮件合并向导（Word Mail Merge Wizard）：邮件合并向导允许你增加一个查询或表的数据到微软 Word 文档中。

为了增加数据到微软 Word 文档中，你应该：

1. 在外部数据标签页中找到导出组，点击"更多（More）"按钮旁的向下箭头。

2. 选择"合并到 Word（Merge it with Microsoft Office Word）"命令。Word 邮件合并向导将会打开。选择将数据链接到现有的 Word 文档或是创建新文档并将数据与其链接，点击"确定（OK）"按钮。微软 Word 文档将被打开，邮件合并对话框显示在窗口的右侧。

3. 通过提供一系列的邮件合并对话框，你可以定制自己的文档。

网页术语

　　网页术语与本书配套。在完成本书中的网页案例时，也需要一些网页技能。案例中的技能检定功能指出了完成该案例需要的主要技能。在着手开始完成案例前，你应该使用技能检定功能，以帮助自己确定是否需要复习某项技能。

　　网页术语部分给出了本书中所用到的许多技能的简要解释和回顾。该术语并没有给出相关技能的详细解释。如果你需要详细了解如何使用某项技能，应该使用系统的在线帮助功能获得该技能的更多信息。系统在线帮助功能是一个了解技能，以及获得如何在网页应用程序中使用该技能的详细说明的很好方式。

网页技能

基本网页设计（Basic Web Page Design）：这项功能在本书中，是指创建和开发一个简单网页的能力。在设计网页时，你需要决定信息放置的位置、字体、颜色、背景、内容、标识、链接、页面高度和图片。

标题（Header）：标题是网页的第一部分和第二部分。标题向网页访问者提示该部分的内容，帮助访问者决定是否浏览该部分的内容。例如，工作经历部分可以加上标签"工作经历"，同样，如果你在网站中介绍自己的家庭，这部分可以命名为"家庭"。

超文本标记语言（HTML）：超文本标记语言是创建网页使用的语言。

超链接（Hyperlink）：超链接帮助读者跳到不同的位置。一个超链接可以链接到网页的其他部分，或同一服务器中的另一文档，甚至在几千公里外的服务器上的文档。一个字、一段文本或一张图片都可以作为超链接。

图片插入（Image Insertion）：通过网页编辑可以很容易地在你的网页中增加图片。图片可以促进网页的展示，也可以作为超链接。许多网站提供网页用的图片。

列表（List）：网页上一系列项目的列表。你可以创建不同类型的列表，包括项目符号列表、编号列表、目录列表和菜单列表。

段落（Paragraph）：一个段落就是表达同一思想的一组句子。段落之间用空行隔开。可以使用段落分隔符。

表（Table）：表按照行和列展示数据。

文本编辑（Text Editing）：文本编辑就是修改之前输入的文本。

网页编辑（Web Page Editor）：网页编辑就是用来创建专业外观网页的一个程序。

译后记

　　《管理信息系统案例——利用应用软件进行决策》（第 4 版）提供了多个与管理信息系统相关的小型案例，包括工作表（即 Excel）案例、数据库案例及网页案例三个主题。案例结合特定场景下工作和生活中对信息管理的需求，全面阐述了案例背景、设计规范和解决方案等。这些案例覆盖面广、通俗易懂、难度适中、实践性强，对于管理信息系统学习和实践均具有重要的指导意义和应用示范作用。

　　本书可以作为信息管理与信息系统专业，或其他管理类、经济类、信息类专业的"管理信息系统"课程的辅助教材使用。

　　本书由尹秋菊主译，参与各案例翻译工作的有杨婧、刘明月等。由于译者水平有限，在翻译过程中，难免存在不足和缺陷，敬请广大读者批评指正。

PEARSON

尊敬的老师：

您好！

为了确保您及时有效地申请培生整体教学资源，请您务必完整填写如下表格，加盖学院的公章后传真给我们，我们将会在2～3个工作日内为您处理。

请填写所需教辅的开课信息：

采用教材				□ 中文版 □ 英文版 □ 双语版
作 者		出版社		
版 次		ISBN		
课程时间	始于 年 月 日	学生人数		
	止于 年 月 日	学生年级		□ 专科 □ 本科 1/2 年级 □ 研究生 □ 本科 3/4 年级

请填写您的个人信息：

学 校			
院系/专业			
姓 名		职 称	□ 助教 □ 讲师 □ 副教授 □ 教授
通信地址/邮编			
手 机		电 话	
传 真			
official email（必填） （eg：×××@ruc. edu. cn）		email （eg：×××@163. com）	
是否愿意接受我们定期的新书讯息通知： □ 是 □ 否			

系/院主任：_____ （签字）

（系 / 院办公室章）

_____年___月___日

资源说明：

——常规教辅资源（PPT、教师手册、题库等）：请访问 www. pearsonhighered. com/educator（免费）

——MyLabs/Mastering 系列在线平台：适合老师和学生共同使用；访问需要 Access Code（付费）

100013　北京市东城区北三环东路 36 号环球贸易中心 D 座 1208 室

电话：(8610) 57355169　传真：(8610) 58257961

Please send this form to：Service. CN@pearson. com

教师教学服务说明

  中国人民大学出版社工商管理分社以出版经典、高品质的工商管理、财务会计、统计、市场营销、人力资源管理、运营管理、物流管理、旅游管理等领域的各层次教材为宗旨。

  为了更好地为一线教师服务，近年来工商管理分社着力建设了一批数字化、立体化的网络教学资源。教师可以通过以下方式获得免费下载教学资源的权限：

  在"人大经管图书在线"（www. rdjg. com. cn）注册，下载"教师服务登记表"，或直接填写下面的"教师服务登记表"，加盖院系公章，然后邮寄或传真给我们。我们收到表格后将在一个工作日内为您开通相关资源的下载权限。

  如您需要帮助，请随时与我们联络：

  中国人民大学出版社工商管理分社

  联系电话：010－62515735，62515749，82501704

  传真：010－62515732，62514775   电子邮箱：rdcbsjg@crup.com.cn

  通讯地址：北京市海淀区中关村大街甲 59 号文化大厦 1501 室（100872）

教师服务登记表

姓　名		□先生　□女士	职　称		
座机/手机			电子邮箱		
通讯地址			邮　编		
任教学校			所在院系		
所授课程	课程名称	现用教材名称	出版社	对象（本科生/研究生/MBA/其他）	学生人数
需要哪本教材的配套资源					
人大经管图书在线用户名					

院/系领导（签字）：

院/系办公室盖章